젊은 부자의 수수께끼

부자는 너처럼 안해

젊은 부자의 수수께끼

부자는 너처럼 안해

김정수 지음

ᒐ 중앙경제평론사

부자가 되기 위해서는 무엇이 필요할까?

"부자는 누구인가? 만족하는 이다.
만족하는 이는 누구인가? 그런 이는 없다."
- 벤저민 프랭클린

젊은 갑부 발랑은 프랑스의 부자 순위 50위 안에 들 정도로 많은 재산을 가지고 있었다. 그런데 갑작스럽게 암에 걸려 임종을 앞두게 되었고, 그는 사람들에게 유언을 남겼다.

"나는 가난하게 태어나 이만큼 되기까지 우여곡절도 많았소. 죽음을 눈앞에 두고 보니 '성공의 비밀'을 나 혼자만 알고 가서는 안 되겠다는 생각이 듭니다. 그래서 문제를 내서 알아맞히는 사람에게 1백만 프랑을 상금으로 제공하려 합니다. 그 답을 통해 사람들이 나처럼 부자가 되길 바랍니다. 문제는 '가난한 사람에게 가장 부족한 것은 무엇인가?'이고, 답은 은행의 개인 금고에 넣어두었으며, 금고 열쇠는 담당 변호사에게 맡겨두었소."

유언장이 공개된 후 수천 통의 편지가 신문사 앞으로 도착했다. 그중에는 발랑에게 미친 사람이라며 욕을 하는 이도 있었고, 신문사가 판매량을 높이려 수작을 부린다고 혀를 차며 비난하는 사람도 있었다. 하지만 상금을 타기 위해 나름의 답을 보내는 사람들이 훨씬 더 많았다.

그들이 보낸 답은 다양했다. 예컨대 가난한 사람에게 가장 부족한 것이 돈이라고 말하는 사람도 있었고, 어떤 사람은 기회라고도 했다. 기술과 재능을 꼽기도 했으며, 정부와 사회의 관심, 돈 많은 부모 등을 말하기도 했다. 그 밖에도 뛰어난 외모, 배우자, 알라딘의 요술 램프 등등 갖가지 답변들이 넘쳐났다.

하지만 그 어떤 것도 발랑이 원하는 답과 일치하지 않았다. 신문사 앞으로 보내온 총 48,561통의 편지 중에 발랑이 낸 수수께끼 같은 문제의 답을 정확히 맞힌 것은 없었다. 그런데 편지 개봉이 끝나갈 무렵 드디어 상금을 받을 행운의 주인공이 나타났다. 그는 겨우 아홉 살의 어린 소녀였다. '타일러'라는 이름의 이 소녀가 제시한 답은 '야심'이었다. 그리고 바로 그것이 발랑이 원한 답이었다.

사실 가난한 사람에게 부족한 것이 돈이나 기술, 기회일 수도 있겠지만, 그들이 부자가 되지 못하는 가장 큰 이유는 돈을 벌어서 성공하겠다는 야심이 없기 때문이라는 것이 발랑이 말하고자 하는 핵심이었다. 어쨌든 사람들이 생각하지 못했던 것을 어린 소녀가 맞힌 것이다. 당연히 사람들은 소녀가 어떻게 그것을 알 수 있었는지 궁금해했고 소녀는 이렇게 대답했다.

"저보다 두 살 많은 언니가 가끔 남자 친구를 집에 데려오는데 그 오빠는 저를 볼 때마다 어린애가 욕심이 많다고 구박했어요. 하지만 저는 그게 욕심이라고 생각하지 않아요. 자기가 갖고 싶은 걸 손에 넣으려는 건 욕심이 아니라 야심이거든요."

사람들은 발랑이 낸 문제의 정답이 '야심'이라는 것에 아무도 이의를 제기하지 않았다. 이 수수께끼는 사회적으로 큰 파장을 일으켰다. 바다 건너 영국과 미국까지 영향을 미쳤다. 훗날에도 큰 부를 쌓은 부자들은 이 문제에 관한 이야기를 들으면 모두 고개를 끄덕였다. 그만큼 '나는 반드시 부자가 되겠다'는 결심은 부자가 되게 하는 특효약이자 동시에 그 싹을 트게 하는 기적의 약인 것이다.

한 조사에 의하면 대다수의 부자들은 결핍 때문에 큰 부자가 되겠다는 마음을 먹었다고 한다. 그에 따르면 세계의 자수성가 부호들은 부자가 되기 전부터 가난을 혐오하고 부를 갈망했으며, 이는 공통적인 현상이었다. 즉, 그들은 백만장자가 되겠다는 포기할 수 없는 영원불변의 목표를 세웠으며, 그것이 자신이 부자가 된 이유라고 말하고 있다는 것이다.

그렇다면 실패하는 사람들 대부분은 성공에 이르는 꿈을 꾸지 않았기 때문이라는 이야기가 된다. 실제로 가난한 사람들 중에는 욕심 없이 사는 것을 자랑으로 여기는 이들도 있다. 물론 그것을 탓할 필요는 없지만 그들이 먼저 알아야 할 것은 '욕심'과 '야망'을 구별하는 것이다. 그런 관점에서 본다면 가난한 사람이 가난한 상태에 머무르는 것은 그 어떤 그럴듯한 이유보다도 돈을 많이 벌고 나아가 성공의 주인공이 되겠다는 야심의 부재가 가장 크게 작용한다고 할 수 있다.

그렇다! 앞으로 이 책에서 계속해서 이야기하겠지만 돈 많고 성공적인 삶을 사는 사람들이 모두 부유한 가정환경에서 자랐거나 머리가 똑똑하지는 않다. 물론 개중에는 그런 행운을 타고난 사람도 있겠지만, 그들이 부자가 된 이유는 바로 성공을 향한 야망이 컸기 때문이다. 반면 대부분의 실패자들은 이유가 무엇이든 성공에 이르는 꿈을 꾸지 않았거나 꿈을 꾸었어도 유의미한 행동이 없는 경우가 많다. 오해 없기 바란다. '유의미한 행동'이다.

이렇게 보면 가난은 결국 마음의 병이라고도 할 수 있다. 그리고 그 병든 마음을 먼저 바꾸지 않으면 성공은 요원한 이야기일 뿐이다. 반면 부자가 되어 자신이 원하는 미래를 멋지게 살겠다는 의지와 마음가짐이 있다면 성공하지 못할 이유도 없을 것이다. 이 책은 그런 이야기를 하고자 쓰였다. 혹시 같은 이유로 이 책을 들고 있다면 선택을 잘한 것이다. 축하드린다.

이 책을 읽어야 하는 사람으로는 부자가 되고자 하는 생각, 즉 '야심'이 있는 사람을 꼽을 수 있다. 말하자면 현재 자신이 처한 상황과 처지에 만족하지 못하고 부자가 되려는 사람이 우선 대상이다. '나는 이미 부자인데'라고 생각하는 사람이 있다면 그에게도 추천한다. 왜냐하면 이 책에서 얻은 아이디어로 지금보다 더 큰 부자가 되는 것을 마다하지는 않을 테니까.

마지막으로 책의 내용이 아무리 좋아도 단지 아이디어를 얻는 데 그치고 행동으로 옮기지 않는다면 그것은 책을 읽는 데 투자한 시간만큼 낭비한 셈이다. 반면 꼼꼼히 읽고 실행에 옮긴다면 원하는 만큼 성취의 기쁨도 함께할 것이다.

귀하가 어떤 인연으로 이 책을 만났든 중요한 것은 책에서 제시하는 수많은 내용으로부터 영감을 얻어 부자가 되고자 하는 꿈을 이루는 것이다. 그때 비로소 저자의 집필 의도는 충분히 달성되는 것이다. 행운을 빈다.

2020년 3월
김정수

1장

" **더 나은 삶과
기회는 어려운가?** "

2장

" 가난한 사람은
왜 가난한가? "

3장

" 부자 마인드는
무엇이 다른가? "

4장

" 머니 프리덤의
경로를 잡아라 "

더 나은 삶과 기회는 어려운가?

"

"

Happy families are all alike;
every unhappy family is unhappy in its own way.

행복한 가정은 모두 비슷하게 닮았지만, 불행한 가정은 불행한 모습이 제각기 다르게 마련이다.
— 레프 톨스토이(Lev Tolstoy, 《안나 카레니나》 중에서)

가난은 모든 '악(惡)의 근원'이라고 한다.
그렇다고 부(富)가 모든 '선(善)의 근원'이라고 주장할 수는 없다.
어느 누구도 가난해져야 할 이유는 없으며
누구라도 가난을 다른 사람에게 강요할 권리도 없다는 점은 분명하다.

01 세상 모든 일은 불공평이 특징이다

　자유를 찾아 끝없는 탈출을 시도하는 이야기, 영화 〈빠삐용〉의 주제는 "너의 죄는 인간으로서 가장 큰 죄인 인생을 낭비한 죄이니라!"라는 판사의 꾸지람을 듣는 악몽에서 가장 잘 드러난다. 공통점이라고는 살려는 의지와 이제 마지막 죽을 장소에 버려졌다는 것뿐인 두 남자 빠삐용(스티브 맥퀸 분)과 드가(더스틴 호프만 분)가 영화의 주인공으로 혼신의 연기를 펼친다.

　원작에 따르면 주인공인 앙리 샤리에르는 처음 수감된 뒤 탈출하기까지 11년이 걸린다. 가슴에 나비 문신이 있어 '빠삐용'이라고 불렸던 주인공은 몇 번의 탈출을 시도한 끝에 드디어 탈출이 절대로 불가능하다는 곳, 섬 자체가 감옥인 악마의 섬(Devil's island)에서 기구한 삶을 이어가야만 했다.

악마의 섬에서는 노역도 없고 감시도 없으며 텃밭도 가꾸고 가축도 키울 수 있다. 유일한 친구인 드가네 집에 언제든지 놀러 갈 수도 있다. 이미 오래전에 탈출을 포기한 드가는 벌써 가축들 하나하나에게 이름까지 지어주고 일상의 재미를 만끽하며 살고 있다.

이렇게 기존 수감 생활과 비교하면 별다른 불편이 없는 환경으로 이들의 생활은 섬에 거주하는 프랑스 병사와 비교해도 크게 다를 것이 없다. 그러나 빠삐용은 끝내 죽음을 무릅쓰고 절벽에서 망망대해를 향해 몸을 던져 탈출할 꿈을 꾼다.

악마의 섬은 늘 거센 파도가 몰려오는 데다 바닷속에는 상어 떼가 우글거려 탈출이 원천적으로 불가능한 곳이다. 하지만 빠삐용은 이에 굴하지 않고 끊임없이 파도가 몰아치는 바다를 보면서도 희망을 잃지 않는다. 머리는 이미 백발이 되었고 이도 몽땅 빠진 몰골에 고문 후유증으로 절룩거리면서도 그는 악마의 섬에서 탈출할 방법을 찾기 위해 매일 절벽에서 야자 열매 포대를 바다로 던지며 해류를 연구한다. 반면 인생을 체념하며 여생을 고도에서 보내려는 드가는 이를 외면한다.

마침내 빠삐용은 거친 파도의 출렁거림 속에서 하나의 규칙을 발견한다. 그것은 바로 이안류(離岸流)인데 해안에서 바다로 급격히 흐르는 해류로서 섬 쪽으로 세차게 몰아치던 파도가 일정한 주기마다

한 번씩 바다로 밀려나는 현상이다. 이를 확인한 빠삐용은 드디어 탈출을 결행한다.

빠삐용은 수십 미터의 절벽에서 야자 열매가 가득 담긴 자루를 먼저 떨어뜨리고 곧이어 자신도 뛰어내린다. 이어 자루에 올라타고 파도에 몸을 맡겨 악마의 섬을 탈출한다. 바다로 뛰어내린 빠삐용은 수평선으로 점차 멀어져가고, 단 한 명의 동료였던 드가는 이런 모습을 물끄러미 지켜보다가 쓸쓸히 발길을 돌린다.

빠삐용으로 하여금 목숨을 걸고 무모한 탈출을 감행하도록 한 것은 무엇일까? 도대체 그는 무엇으로부터 탈출하고자 한 것일까?

인신의 자유라는 관점에서 본다면 드가와 빠삐용은 악마의 섬에서 이미 충분히 자유롭다. 더구나 탈출해서 무엇을 할 거냐는 물음에 빠삐용은 아직 생각해볼 겨를이 없었다고 답한다. 영화 내내 단 한 번도 빠삐용의 입을 통해 자유가 얼마나 숭고하고 가치 있는 것인지 등의 말을 한 적도 없다. 그러므로 그가 끝까지 추구하고 마침내 절벽에서 몸을 던진 이유가 자유에 대한 갈망이었다고 하기에는 무언가 많이 부족하지만 그것 말고는 달리 설명할 말이 없다.

사실 빠삐용은 밟으면 그대로 밟혀야 하고 누르면 그대로 눌려 있어야 하는 나비처럼 연약하기 짝이 없는 죄수이다. 이와 반대로 감옥은 인간이 만들었지만 너무나도 비인간적이고 무시무시할 정도로 막강한 '제도(institution)'라는 공권력이다. 이 제도는 굴복하지 않는 자에게는 너무나 가혹하지만 순종하는 자에게는 달콤하다. 하지만 인간이라면 누구나 태평양을 배경으로 메아리처럼 울려 퍼지는 영화 주제곡 '바람처럼 자유롭게(Free as the Wind)'를 추구할 것이다.

인간의 특징은 밥만 먹고 사는 존재가 아닌 꿈과 희망을 먹고 사는 존재라는 점이다. 따라서 명확하고 선명한 꿈이 없다면 그는 이미 죽은 자와 같다고 할 수 있다. 말하자면 지금 우리에게 필요한 것은 가슴 뛰는 자유이다. 그중에서도 가장 크게 원하는 것이 지금보다 더 나은 삶과 기회라고 한다면 그것은 바로 돈 문제로 바로 귀결될 수밖에 없다.

돈이 없는 자, 즉 가난한 사람의 앞날이 반드시 어두울 거라고 단정할 수는 없다. 하지만 그들이 가는 길이 어려움 없는 평탄하고 순탄한 길일 거라고 자신 있게 이야기하기도 어렵다.

예컨대 '가난이 죄냐?', '돈이 없는 게 죄냐?'고 묻는다면 대답은 명백하다. 가난이 죄는 아니다. 하지만 인간 사회에서 발생하는 범죄의 90% 정도가 돈 문제와 관련되어 있다는 것은 이미 불편한 진실을 넘어 공공연한 비밀이다. 가난이 죄 이전에 이미 현실인 것이다.

이 책에서는 많은 사람들이 도저히 탈출이 불가능하다고 여기는 '돈'이라는 악마의 섬에서 탈출할 수 있는 방법, 즉 '머니 프리덤'이라는 이안류를 찾고자 한다. 이론적으로 볼 때 일단 돈을 벌 수 있는 방법을 찾기만 하면 재정 문제에서 자유로워질 것은 자명하다.

하지만 대다수의 사람들에게 머니 프리덤은 희망사항일 뿐이다.

아마도 그것은 돈을 잡으려고 시도조차 하지 않는 사람, 잡고도 놓아버리는 사람, 노력과 연구 없이 땀 흘리지 않고 피상적으로 접근하고 보는 사람 들이 많기 때문일 것이다.

분명한 것은 부(富)의 주인공이 되고자 한다면 꿈과 열정, 용기가 반드시 필요하다는 점이다. 그것은 마치 삶에 안주하는 드가보다는 잡히고 또 잡혀도 무시무시한 파도의 아가리에 몸을 던지며 탈출을 꿈꾸는 빠삐용과 같은 모습일 것이다.

누구도 가난해야 할 이유는 없다

가난은 모든 '악(惡)의 근원'이라고 한다. 그렇다고 해서 부(富)가 모든 '선(善)의 근원'이라고 주장할 수는 없다. 이것은 가치에 관한 부분이므로 굳이 부연 설명할 필요는 없을 것이다. 중요한 것은 어느 누구도 가난해져야 할 이유는 없으며, 누구라도 가난을 다른 사람에게 강요할 권리도 없다는 점이다. 이 말은 누구나 부자가 될 권리가 있고 그것을 누구도 말리지 않는다는 것과 같다.

하지만 일반화시킬 수 없는 이유, 즉 전쟁이나 천재지변, 사고와 같이 가난하게 될 수밖에 없는 이유를 가진 사람들을 제외한 나머지 사람들 역시 부자가 될 수 있는 많은 기회를 그냥 지나쳐 버리는 것이 사실이다. 부자가 될 수 있는 그 많은 기회를 다른 사람들에게 헌납하면서 자신은 가난한 상태에 머물러 있다. 그러기에 이 세상에는 가난한 사람들이 그토록 많은 것이다.

사람들의 돈에 대한 태도는 이율배반 또는 표리부동으로 대표된다. 가령 이런 식이다. 대가에 많은 관심을 가지면서도 돈 때문에 일하는 것은 아니라고 극구 변명한다. 물론 빈민촌에서 가난하고 헐벗은 사람들과 함께하는 자선 사업가도 있고 무보수의 자원봉사자도 있다. 그들이 하는 말이라면 믿을 수 있고 존경스럽기도 하다.

그러나 많은 사람들이 그저 자기 속내는 숨기고 듣기 좋고 그럴듯한 말로 호도한다. 특히 툭하면 고상하게 국민의 이익을 내세우고 국민을 위한다고 하지만 실은 자기 실속과 밥그릇만을 따지는 집단들이 부지기수로 넘쳐난다.

우리 사회에서 존경받는다는 사람들 중에는 "돈은 중요한 것이 아니고 직업에는 귀천이 없다. 그리고 어떤 일을 하든지 보람을 찾아야 한다"고 강조하는 이들이 많다. 그 말이 틀린 것은 아니지만 자신들은 챙길 것 다 챙기면서 다른 사람들에게는 "돈은 중요한 것이 아니다. 보람을 가지고 일하라"고 말하는 것은 지나친 위선이자 표리부동이라고 할 수 있다.

돈에 대한 위선과 자기기만

수많은 사람들이 돈을 벌고자 무언가를 하면서도 그 사실을 밝히는 것은 꺼리며 어떻게 해서든지 미화시켜 말하려고 한다. 분명 자본주의 사회에서는 열심히 노력해서 많은 돈을 벌어야 한다. 예컨대 프로 선수는 돈을 벌기 위해 열심히 뛰며 더 많은 돈을 받고자 노력하고 또 그 노력에 대해 평가받는다. 그들에게 돈은 자신의 노력에 대한 대가이자 노력하지 않은 사람들과 자신을 차별화하는 자존심이며 명예이다. 돈을 적게 받으면 당연히 자존심에 상처를 받고 명예에 금이 간다.

부자가 되는 것도 같은 원리이다. 부자들도 프로처럼 평가받아야 하고 실제로도 그렇다. 따라서 부자가 되고자 한다면 돈에 대한 위선과 자기기만에서 벗어나야 하는 것이다.

이 세상에는 부자보다 가난한 사람들이 훨씬 더 많은데 여기에는 환경도 큰 몫을 차지한다. 가령 사람마다 각자의 환경이 있고, 환경과 운명 간에는 인과관계가 있다. 일반적으로 가난한 사람은 대부분 가난한 사람들 속에서 생활한다. 그러다 보니 마음 상태나 생각, 일의 방식까지 주위의 가난한 사람들과 같아진다.

예컨대 가난한 사람 주변에는 가난한 사람밖에 없다. 그들의 대화 주제 역시 싸게 파는 할인점에 대한 이야기나 절약하는 기술 정도일 뿐이다. 어떤 사람에게 번득이는 아이디어와 생존 능력이 있다 하더라도 그의 시야는 점점 더 자기가 속한 울타리에 적응하여 좁아지고, 결국 패기와 의지는 마모되어 버린다.

그런 과정이 거듭될수록 가난한 사람들은 부자들에 대해 이성적으로 인식하고 판단하기가 어려워진다. 당연히 편견이 없는 편안한 마음으로 그들의 좋은 수단을 배우기는 더욱 어려워진다.

그 결과 가난한 사람은 부자를 갈망하면서도 부자들에 대해 어쩔 수 없는 위화감을 느낀다. 그들이 어떻게 부자가 되었는지 알아보려고 하지 않는다. 그저 운이 좋았거나 부모를 잘 만나 부자가 됐을 거라고 지레짐작한다. 물론 그런 요소도 일부 있을 것이다. 하지만 단지 운이 좋아서 부자가 된 사람은 극히 제한적이다. 부자는 모두 부자가 되기 위해 치열하게 노력한 사람이며 그들만의 비결이 있다.

일반적으로 가난한 사람은 부자를 부러워하면서도 그들을 멀리한다. 부자에 대해 이야기할 때는 비꼬는 말투가 나오게 마련이고, 언제든지 부자들의 추악함을 안주삼아 위안을 받으며 마음속에는 칼을 숨겨놓고 있다. 하지만 중요한 것은 부자들은 그들이 실제로 얼마나 부족하고 추한지에 관계없이 어쨌든 부자가 되었고, 그것은 결코 쉬운 일이 아니라는 점이다.

가난한 사람에게도 지혜와 아이디어는 있다. 하지만 그 지혜를 활용하는 일 대부분이 생존 측면에 머물고 있다. 결국 가난한 사람들 속에서 생활하는 가난한 사람이 부자의 길로 가는 계단을 오르기는 쉽지 않으며, 정말로 그 길을 가고 싶다면 먼저 자신이 서 있는 계단에 이별을 고해야 한다. 이것은 결코 배반이 아니라 자아의 개선과 발전이다. 무척 어렵겠지만 이 과정을 거쳐야만 한다.

사실 우리나라와 같은 자본주의 사회에서는 누구도 가난해져야 할 이유도 없고, 누구라도 다른 사람에게 가난을 강요할 권리도 없다. 누구나 부자가 될 권리가 있다는 말이다. 그러나 불행한 소식은 예전과 달리 앞으로는 가난한 사람이 부자가 될 기회가 점점 더 사라지게 된다는 것이다.

당신은 무엇 때문에 사십니까?

미국의 심리학자 윌리엄 마스턴(W. M. Marston)은 시민 3천 명을 대상으로 "당신은 무엇 때문에 사십니까?"라는 주제의 설문조사를 했다. 과연 어떤 대답이 나왔을까? 응답자의 94%가 "미래를 기다리면서 현재를 그저 참아내고 있다"고 답했다.

그들이 말하는 '미래'란 '아이들이 자라서 떠날 때', '1년 뒤' 혹은 '승진할 때' 등이었다. 더 놀라운 것은 그저 '어떤 일'이 벌어지기만을 기다린다는 응답자도 적지 않았다는 것이다. 이런 결과를 접하다 보면 많은 사람들이 막연한 희망을 갖는 데 너무 익숙해져 현재의 삶에서 의미를 찾으려는 노력이 부족하다는 생각을 지울 수 없다.

더구나 이것이 돈 문제와 결부되면 더 복잡해진다. 사실 지금과 같은 글로벌 산업 사회에서 사람들에게 유토피아를 그려보라고 한다면 첫 번째로 거의 틀림없이 '빈곤 없는 세상'이라고 할 것이다.

물론 실제적으로 들어가면 예컨대 50평짜리 아파트에 고급 승용차, 돈 걱정 없는 세상, 뚱뚱해질 걱정 없이 마음껏 먹고 마실 수 있으며 건강하게 장수하는 것 그리고 비행기 좌석이 더 상향되는 조건 등등이라고 답할 것이다.

그러나 당신이 어떤 대답을 했든 현실은 전혀 다르다. 샐러리맨의 평균 수입으로는 겨우 먹고살 수 있을 정도라서 여유로운 생활은 기대하기 어렵다. 자녀 교육비, 생활비, 주택 자금 대출, 자동차 대금 대출, 그 밖에 생각지도 않은 지출 등으로 가만히 있어도 돈은 줄줄이 빠져나간다. 마치 날개가 달린 듯이 어디론가 날아가 버리는 것이다. 더구나 저출산 고령화로 부담이 늘어나는 미래에는 돈이 점점 더 필요해질 수밖에 없다.

이러한 때에 수중에 돈마저 없다면 상황이 심각해진다. 물론 돈이 없는 것, 즉 가난은 모든 악의 근본이기도 하지만 어느 누구도 가난해져야 할 이유는 없다. 또한 누구라도 가난을 다른 사람에게 강요할 권리도 없다. 그럼에도 돈에 대해 각자가 어떤 생각을 가지고 있는가는 중요하다.

혹시 '나는 하루하루 생활이 가능할 정도의 돈만 있으면 돼'라고 생각하는가? 물론 겸양의 정신을 갖는 것은 좋다. 이는 삼가면서도 겸허한 태도를 중시한다는 뜻인데 이러한 사고나 정신이 몸에 배어서 돈에 대한 사고방식도 자연히 그렇게 형성된 것은 아닌지 의심해볼 필요가 있다. 왜냐하면 이런 사고방식에서 벗어나지 않는 이상 현재의 생활에서 벗어날 길은 없기 때문이다.

겸손하며 삼가는 모습은 분명 아름답다. 하지만 그 모습과 사고방식이 옳다 하더라도 현실과 괴리된다면 그것은 겸양이 아닐 것이다. 물론 각자 자기의 철학에 따라 그런 사고방식으로 생활해도 괜찮을

지 모른다. 하지만 가족은 어떨까? 말로는 표현하지 않아도 마음속으로는 더 많은 수입을 기대하고 있지 않을까?

가진 자들과 못 가진 자들로 빠르게 분열

경제적 기준만으로 본다면 대한민국은 성공한 국가라고 할 수 있다. 1960년대에 80달러 정도였던 1인당 국민총소득은 2018년 드디어 3만 달러를 넘어섰다. 거의 300배 넘게 증가한 것으로 이는 인류가 전혀 경험해보지 못한 전무한 세계 최고 기록이다.

그러나 아이러니하게도 경제협력개발기구(OECD)가 측정한 한국인의 '삶의 질' 수준은 하위권을 벗어나지 못하고 있다. 1인당 국민총소득이 3만 달러에 육박해도 행복감이 더는 늘어나지 않는 것이다. 오히려 한국인의 행복지수는 빠른 경제 성장과 반비례해 감소하면서 매우 낮은 수준에 머물고 있다.

행복지수가 그토록 낮은 밑바탕에는 극심한 빈부 격차와 사회적 불평등이 자리하고 있다. 사실 여러 차원에서 한국의 불평등은 OECD 회원국 중에도 최고 수준이다. 지나친 불평등이 사람들의 행복감을 떨어뜨리고 자살, 과잉 경쟁, 일 중독, 우울증, 저출산 등의 수많은 사회 문제를 만들어내고 있다.

말하자면 지난 40~50년간 아무리 경제성장률이 올라가고 1인당 소득이 상승하고 한국이 세계적인 경제 대국이 되었어도 이런 사회 문제들이 해결되지 않는 한 행복감은 올라가지 않을 것이다.

결국 우리의 문제는 경제를 뛰어넘는다는 이야기가 된다. 오히려 한국 사회의 가장 심각한 문제는 '사회·경제적인 불평등'이라고 말하는 것이 더 정확한 진단일 것이다. 실제로 부자와 가난한 사람의 격차는 더 벌어지고, 정규직과 비정규직 간의 차별은 더욱 심각하다. 더구나 남자와 여자의 소득 격차는 이미 오래전부터 세계에서 가장 높은 수준이다.

새로운 소식도 아니지만 실업자와 극빈층은 최소한의 인간다운 생활을 누리기조차 어렵다고 절망하고, 대기업이 중소기업과 자영업자를 쥐어짜는 약육강식의 정글이 되어가고 있다. 이런 생존 경쟁에 적응하지 못하는 사람들은 절벽 아래로 추락한다. 여기서 끝도 아니다. 세대 갈등을 넘어 중년에 비해 청년과 노인 세대의 빈곤율은 지나치게 높아졌다. 또한 소득과 자산이 소수의 부자에게 집중됨으로써 가진 자와 못 가진 자로 사회는 빠르게 분열되고 있다.

우울하게도 한국 사회의 근간이 되어야 할 대부분의 중산층은 아무리 노력해도 부자가 되기 어렵다고 체념한다. 안타깝게도 한국은 먹이사슬의 정점에 있는 포식자만이 살아남을 수 있는 정글이 되어가고 있으며 여기에는 살아남는 사람과 살아남지 못하는 사람만 존재할 뿐이다. 결과적으로 한국 사회는 부익부 빈익빈 사회로 급속히 재편되고 있다.

더욱 악성인 것은 다른 나라보다도 한국에서는 세습이 보편적인 사회 현상 중 하나로서 이것이 불평등을 더욱 심화시킨다는 점이다.

2017년 재벌닷컴 자료에 따르면 상장사 상위 1%의 경영인을 볼 때 전문 경영인보다 상속형 부자인 재벌 2세와 3세의 비율이 압도적이고, 자기 힘으로 창업한 부자는 거의 손에 꼽을 정도이다. 이런 상황에서 오늘날 젊은 세대가 부모의 경제력에 따라 자신의 운명이 결정된다고 믿는 것은 당연한 현실의 반영이기도 하다.

실제로 세습 사회의 등장으로 능력에 기초한 자유로운 사회 이동이 거의 사라지고 있다. 계층 상승의 주요 통로가 되는 교육 기회가 부모의 경제력에 따라 결정되고, 균등한 기회라는 가치가 약화되면서 '금수저'와 '흙수저'로 사회가 분열되고 있는 것이다. 결국 현재 금수저가 아니라면 부자가 되는 계층 상승의 사다리에 올라타기 위해서는 많은 고민을 해야만 하는 시점인 것이다.

인생과 세상 모두 공평하지 않다

진부한 표현이지만 인생과 세상 모두 공평하지 않다. 달리 표현하면 인간 사회에서 불평등은 너무나 자연스러운 현상이다. 실제로 인류의 모든 진화는 불평등을 전제로 한다. 더구나 이것이 돈 문제로 접근해 들어가면 상황은 더욱 불편해진다.

오늘날과 같은 고도의 물질만능주의 시대에 돈이 큰 힘을 가진 방패막이가 된다는 사실을 부인할 사람은 많지 않을 것이다. 그 결과 현실에서는 돈이 없는 사람은 돈이 있는 사람의 처분에 따라 좌지우지되는 것이 사실이다. 더구나 이것은 개인이 얼마나 능력이 있는지, 타고난 재능이 있는지, 교육을 얼마나 잘 받았는지와 상관없이 적용된다. 유쾌하지 않은 명제일 수 있으나 이것은 그 사람이 누구이고 무엇을 할 수 있는지와 상관없이 통장 잔액만으로 그 사람을 평가하는 것이다.

조금 심하게 이야기하자면 새로운 사람을 만났을 때 '저 사람은 돈이 얼마나 있을까?'가 주요 관심사 중 하나이다. 만약 그가 돈이 있다면 환영받을 것이고 좋은 사업 기회도 그를 기다릴 것이다. 그러나 반대로 빈곤의 징조를 내비치는 사람에게 관심을 보내는 일은 매우 특별한 경우이다. 이렇게 경제 능력이 없는 사람의 운명은 애처로울 뿐이다.

문제는 재물이나 재물을 행사할 수 있는 능력에 따라 사람을 평가하려는 경향이 일부 특정한 사람에게만 국한된 현상이 아니라는 점이다. 인지하든 못하든 간에 우리 모두가 이러한 성향을 지니고 있다. 불편하지만 현대 자본주의 체제에서 재물이 뒷받침되지 않는다면 이것은 다만 껍데기에 불과하다.

부자가 되겠다는 꿈은 아마도 모든 이들이 품고 있는 소망일 것이다. 부자가 되기 위해 당첨 확률이 매우 낮다는 것을 알면서도 복권을 사서 긁어보기도 하고, 누군가가 주식을 해서 큰돈을 벌었다고 하면 평소에 관심을 두지 않던 경제나 금융 관련 기사를 찾아보기도 한다. 하지만 안타깝게도 대부분의 경우 '돈이 있어야 돈을 번다'고 말하면서 현실을 받아들이며 체념하곤 한다.

그런데 사실 '돈이 돈을 번다'는 이야기는 일상 속의 우스갯소리로 듣고 끝낼 말이 아닌 것 같다. 부자가 되고 싶은 꿈과 돈이 돈을 버는 현실로 인해 체념이 반복되는 와중에 우리는 대체 어떤 생각으로 꿈을 펼쳐야 할까?

경제 능력의 결과 창출은 쉽지 않다

최근 청년층의 56%가 '불행하다'는 생각을 하고 있다는 설문조사 결과가 나왔다. 한국노동연구원이 2018년 9월 전국의 15~34세 남녀 2,500명을 대상으로 행복 의식에 관해 실시한 설문조사 결과에 따르면 '불행하다'는 응답이 전체의 56%에 달했고, '행복하다'는 답은 22%에 그쳤다. 특히 수도권에 사는 여성일수록 '불행하다'고 응답했는데, 재미있는 것은 미래에는 지금보다 더 나아질 거라고 기대하는 모습을 보였다는 점이다.

예컨대 과거(3년 전), 현재, 미래(3년 후)의 삶에 대한 행복감 조사(10점 만점)에서 과거의 행복감 평균은 4.99점, 현재는 5.11점, 미래는 6.13점으로 집계됐다. 이는 과거보다는 현재, 현재보다는 미래가 행복할 것으로 기대한다는 것이다. 어찌 보면 미래를 밝게 보는 바람직한 설문 결과임에 틀림없다. 그럼에도 불구하고 밝은 미래를 위한 여러 조건 중에서도 경제 능력이 중요하다고 한다면 원하는 결과 창출은 쉽지 않아 보인다.

현실을 한번 보자. 2018년 우리나라 1인당 국민총소득이 처음으로 3만 달러를 넘어섰다. 그러나 이것을 실제로 체감하는 사람은 거의 없다. 왜냐하면 일반 국민들의 삶은 더 팍팍해졌기 때문이다. 물론 3만 달러가 넘는 소득 증대는 자랑할 만하고 축하할 일이 분명하다. 한국은 6·25 전쟁 막바지인 1953년 1인당 국민총소득 67달러에서 시작하여 60년대 이후 고도성장을 거치며, 1977년에는 1천 달러, 1994년 1만 달러에서 드디어 2018년 3만 달러에 이른 것이다. 유례를 찾아보기 힘든 쾌거이다.

부연 설명할 것이 더 있다. 전 세계에서 1인당 국민총소득이 3만 달러를 넘는 나라는 20여 개국이다. 더구나 인구 5천만 명 이상이면서 3만 달러를 넘는 나라는 한국을 포함해 미국, 프랑스, 영국, 독일, 일본, 이탈리아 등 7개국에 불과하다. 외형상 우리는 명실상부한 선진국 반열에 올라선 것이다.

이런 엄청난 기록에도 불구하고 3만 달러 돌파를 즐거워하기에는 현실이 녹록지 않다. 그것은 소득 증가에도 불구하고 이자와 세금 부담이 더 빠르게 늘면서 실제 손에 쥐게 되는 여유 자금이 눈에 띄게 줄고 있기 때문이다. 여기에 분배지표, 고용지표 등이 악화 일로를 걸으면서 소득과 소비의 양극화가 심화되고 있다.

부동산을 중심으로 자산 증가율이 소득 증가율을 크게 앞지르면서 빈부 격차가 확대되었고, 산업 구조조정과 예전의 정규직 중심에서 바뀐 고용시장 재편도 양극화를 부추기고 있다. 더욱 악성은 1인당 국민총소득 1만~2만 달러 초기 때와는 달리 경제의 주 소비층인 중산층이 빠르게 사라지고 있다는 점이다.

구체적으로는 1인당 국민총소득 2만 달러 시대를 지나오면서 소득과 소비의 양극화는 더욱 거세졌다. 이것은 일부 중산층의 경우 자산과 소득이 늘어 고소득층으로 편입된 부분도 있지만, 더 많은 사람들이 소득 정체나 전반적인 고용 악화 등의 여파로 저소득층으로 전락하면서 나타난 현상이다. 중산층 붕괴로 그들이 새로운 빈곤층에 편입됨으로써 사회 전체적으로는 부익부 빈익빈 현상의 심화와 함께 빈곤의 악순환에 허덕이게 되는 것이다.

설상가상으로 전체 인구 중 65세 이상 노인의 비율이 상승하는 고령화 사회가 빠르게 진행되면서 기업의 구조조정 또한 더욱 활발히 진행될 것은 뻔히 보이는 수순이다. 게다가 연금도 크게 기대할 수 없을 뿐더러 질병으로 드러눕는 경우조차 생길 것이다. 그런 이유로 느긋하게 '하루하루의 생활이 가능할 정도만 있으면 된다'고 방심하다가는 상황이 정말 나쁜 쪽으로 기울고 만다.

하지만 그렇다고 반드시 의기소침할 필요는 없다. 왜냐하면 오늘날에도 가난한 사람이 부자가 될 수 있는 기회는 도처에 널려 있기 때문이다. 부자가 되고자 한다면 마땅히 감사한 마음으로 기회를 잡고 놓치지 말아야 하며, 그것을 발전의 기반으로 삼아 가급적 짧은 시간에 성공을 이루어내야만 한다.

급변하는 사회 환경에서 자신을 지키기 위해 무언가를 할 수 있는 현재가 바로 기회이다. 정신을 바짝 차려 현재 수입 이상의 돈을, 아니 그것을 훨씬 뛰어넘는 돈을 벌지 않으면 안 된다. 쓰나미가 덮친 뒤 제방을 쌓는 것은 때늦은 행동이기 때문이다.

가난에서 벗어날 수 없는 이유 '한 걸음'

가난한 사람들의 진정한 문제는 가난 자체가 아니라 오히려 그 현상을 받아들이고 해석하는 과정에서의 어리석음에 있다. 어려운 상황에 처해 있는 현실을 원망하거나 한탄하기만 하는 것은 아무런 해결책도 되지 못한다. 먼저 자신의 현실을 인정하고 그 상황을 냉정하게 바라보고 이겨나갈 수 있어야 한다.

예컨대 가정환경이나 출신 배경 등의 스타트 라인은 인생이라는 장기적인 관점에서 보면 일시적인 영향만 끼칠 뿐이다. 그런 요소들은 한 사람의 인생 전체에 영향을 끼치지 못한다. 그런 관점에서 본다면 기본적으로 부자와 가난한 사람 사이의 거리가 처음부터 큰 것은 아니었다. 처음에는 한 걸음 정도의 차이밖에 되지 않지만 힘들게 일한 몇 년의 시간이 지난 후에는 그것이 천지 차이로 벌어진다. 인생에 있어서 가장 중요한 관건은 바로 그 '한 걸음'에 달려 있다.

가난을 참아내는 사람들의 능력을 보면 때로는 감탄이 나올 만큼 놀랍다. 그들은 모두 부자가 되길 원한다. 하지만 말로만 가난이 싫다고 할 뿐 가난을 증오하지 않는다. 말하자면 그들은 육체의 고된 시련과 영혼의 수모를 겪으면서도 가난을 벗어나기 위한 그 어떠한 행동도 취하지 않는 것이다.

핵심은 여기에 있다. 인생에 있어서 치열한 전투 없이는 가난을 벗어날 수 없고 부를 쌓을 수도 없다. 소파에 누워 가난에 대해 아무리 이러쿵저러쿵 떠들어봤자 그것은 아무 희망도 없는 행동일 뿐이다. 실제로 실천하고 행동해야 하는 것이다.

실제 사례를 봐도 수없이 많은 자수성가 부자들이 자신이 속한 가난한 환경에서 기다리지 않고 그 가난에 저항했으며 그런 절망적인 상황을 받아들이지도 않았다. 일본 최고의 부자 손정의는 가난한 재일교포 가정에서 태어났지만 스스로 헤쳐나왔고, 빌 게이츠는 하버드 대학교를 중퇴하고 마이크로소프트(MS)사를 시작했으며, 압권은 뭐니 뭐니 해도 아버지가 소를 판 돈을 훔쳐서 도망친 정주영이다.

그렇다! 누구나 가난한 가정환경에서 태어날 수 있고 그런 상황이 불만스러울 수도 있다. 그렇지만 어떤가? 만약 당신이 처한 환경이 위의 상황들과 같다면 그렇게 도망칠 수 있겠는가? 중요한 것은 대개의 가난뱅이는 그처럼 도망치지 못한다는 점이다. 문제는 그런 결단이 없으면 자신의 처지를 스스로 극복해 나갈 방법을 생각해낼 수 없다는 것이고, 그 결과 가난에서 벗어날 수 없다는 것이다.

부자가 되려면 부자를 따라서 하라

세상에는 부자도 많지만 그보다 훨씬 더 많은 가난한 사람들이 존재한다. 같은 하늘 아래에 살지만 그토록 많은 가난뱅이들이 존재하는 이유와 그들이 가난한 이유 역시 하늘의 별만큼이나 다양하다.

사실 가난한 사람은 자신과 가족들의 생계와 생존을 위해 평생 바쁘게 살아간다. 한순간도 마음 편히 쉬지 못하고 매일같이 분주히 뛰어다니지만 노력에 비해 성과는 미미하다. 그 결과 어떤 노력을 기울인다 해도 다른 사람들의 눈에는 그들 모두가 언제나 고단한 나날을 보내는 것으로 비칠 뿐이다.

아이러니하게도 가난한 사람들이 가난을 감수하는 이유는 가지각색이고, 그들이 마음속에 품고 있는 원망 또한 수없이 많다. 하지만 분명한 사실은 그 누구도 가난에 찌들어서 칙칙하게 살아가야 할 이유는 없다는 것이다. 더 고무적인 것은 오늘날 대부분의 국가는 국민의 생활을 향상시키기 위해 노력하고 있으며, 현재 우리가 살고 있는 사회 역시 더 나은 삶을 위해 많은 기회를 제공해주고 있다는 점이다.

'백만장자'라는 단어로 상징되는 큰 부자가 되어 '돈으로부터의 자유'를 얻을 수 있는 기회 또한 더 이상 꿈이 아니다. 말하자면 부자가 되려고 노력하는 이들 앞에는 기회라는 대문이 활짝 열려 있다는 것이다. 우리는 가난을 싫어하고 부자가 되길 꿈꾸며 영리하게 성실히 일한다면 누구나 부자가 될 수 있는 시대에 살고 있다.

중요한 것은 이것이다. 즉, 부자가 되고 싶다면 부자가 하는 것을 그대로 따라 하는 것이 가장 빠른 길이라는 점이다. 이때 '부자의 줄에 서라'는 것은 단순히 부자가 가진 돈만을 좇으라는 것이 아니다. 부자가 어떻게 생각하고 행동하는지 그들의 삶과 철학을 이해하고 노력하라는 뜻이다. 어떻게 이야기한다 해도 부자는 결국 자본주의 체제에서 승리한 사람들이다. 그런 이유로 부자가 되고자 한다면 부자에게 노하우를 배워야 하는 것은 너무나 당연하다.

유사 이래 강자는 번성하고 약자는 도태되는 것이 생존 법칙이었다. 하지만 태어나면서부터 강자가 될지 약자가 될지를 선택할 수 있는 사람은 없다. 그럼에도 불구하고 만약 가난한 사람이 꼭 부자가 되고 싶다면 모든 방법을 동원하고 최선을 다해 강자가 되려고 노력해야 한다.

부자는 자신의 장단점을 잘 파악하고 비록 강인한 육체는 아닐지라도 불굴의 의지를 가지고 있다. 처음부터 넓은 견문을 가지지는 않았겠지만 지식과 담력이 있으며, 시간이 흐르면서 축적이 된 기량과 지혜를 가지고 있다. 이에 반해 가난뱅이는 무능하고 불평은 많으며 나태한 데다 무지하기까지 하다. 또한 그들은 인생의 가치를 발견하지 못하고 창조와 열정, 사랑과 믿음이 부족한 채로 살아간다. 이런 상태에서는 부자가 되려는 꿈은 점점 더 멀어져갈 뿐이다.

부자와 가난뱅이의 근본적 차이

그렇다면 부자와 가난한 사람의 근본적인 차이는 무엇일까? 해답은 '세상을 바라보는 시각'에 있다고 할 수 있다. 예컨대 부자는 어떤 문제에서 기회를 보는 반면 가난한 사람들은 문제를 단지 문젯거리로 본다. 부자는 앞으로 다가올 성장을 보지만 가난한 사람들은 앞으로 다가올 손실을 보고, 부자들이 보상에 집중할 때 가난한 사람들은 위험에 집중한다. 즉, 어떤 문제를 접했을 때 부자는 긍정적인 면을 강조한다는 점에서 차이가 있다.

가난한 사람들은 기본적으로 두려움을 바탕에 깔고 선택한다. 당연히 이런 상황에서는 '무엇이 잘못일까?', '무엇이 잘못될 수 있을까?'를 계속해서 생각하므로 그 문제에 몰입되는 것이다. 말하자면 그들의 머릿속에는 '잘 안될 것 같은데', '잘못되면 어쩌지' 등의 생각들로 가득하다.

하지만 부자들은 자기 삶의 결과에 책임지는 자세, 즉 '잘되게 할 수 있어' 혹은 '다 잘될 거야'라는 마인드로 행동한다. 바꿔 말하면 부자들은 성공을 기대하면서 자신의 능력을 확신하고 믿는다. 문제가 발생하면 달리 성공할 방법을 찾을 수 있다고 자신하는 것이다.

일반적으로 '하이 리스크, 하이 리턴(High Risk, High Return)'이라는 말이 통용되는 것처럼 보상이 클수록 위험도 비례해서 커지는 것은 너무도 당연하다. 그것을 잘 아는 부자들은 끊임없이 기회의 측면을 바라보기 때문에 기꺼이 위험을 감수하는 것이다. 그들은 설령 상황이 최악으로 치닫더라도 자신이 투자한 돈을 되찾을 수 있다고 믿는다.

이와 달리 가난한 사람들은 습관적으로 실패를 불러온다. 자신과 자신의 능력에 대해 확신이 없기 때문에 일이 성공하지 않으면 망하는 것으로 여긴다. 문제를 기회로 보는 것이 아니라 문젯거리로 보기 때문에 위험을 감수하는 게 마땅치 않다. 하지만 분명한 사실은 모험하지 않으면 보상도 없다는 점이다.

물론 위험을 감수한다는 것과 실패를 기꺼이 받아들인다는 말이 동의어는 아니다. 사실 부자들의 행동을 보면 '근거가 있는' 위험에 뛰어드는 것이다. 사전에 치밀하게 조사하고 부지런히 움직이고 확실한 정보와 사실을 기반으로 결정한다. 그러나 어쨌든 부자라고 해도 뭐든지 다 알고 있는 것도, 미리 다 알고 덤비는 것도 아니다. 오히려 최대한 짧은 시간 내에 할 수 있는 일을 하고, 그 다음에 들어오는 정보를 토대로 하여 대처 수준과 수위를 결정하는 것이다.

가난한 사람들의 주장을 들어보면 부자들과 큰 차이는 없다. 그들도 기회가 오면 잡을 준비가 되어 있다고 말한다. 하지만 그들이 하는 일은 덤비기가 무서워서 우물쭈물 망설이는 것처럼 '우유부단하게 시간 벌기'가 특징이다. 그렇게 몇 주일 혹은 몇 달을 미루다가 대개는 좋은 기회조차 잃는다. 웃기는 것은 기회를 놓치고 나면 '나는 열심히 준비하는 중이었는데' 하는 식으로 상황을 합리화하고 알리바이를 만든다는 점이다.

물론 그런 면도 있을 것이다. 하지만 그들이 '준비하고 있는' 동안에 부자들은 바로 뛰어들어서 벌써 한몫 챙기고 빠져나온다. 결국 가난한 사람이 정말 부자가 되고자 한다면 불평만 하지 말고 부자들을 벤치마킹하여 그대로 해보는 것이 관건이다. 부자가 어떻게 생각하고 행동하는지, 또 어떤 가치로 삶과 철학을 이해하는지를 살펴보면서 그들의 장점을 빨리 자기 것으로 만들어야 한다.

처음부터 부자로 시작한 사람은 없다

가난한 사람 내지는 경제적으로 어려운 사람에게 사회는 흔히 '실패한 사람'이라고 낙인찍기를 좋아한다. 가령 '열심히 살지 않았기 때문에 가난하다'고 폄하하는 것이다. 물론 이는 가난 자체를 사회의 책임이 아닌 개인의 문제로 돌리는 가장 손쉬운 방법이기도 하다.

사실 부자들의 성공 비결은 의외로 간단하다. 크게 성공한 부자들에게는 공통된 특징이 있는데 그것은 바로 판단력과 과감한 결단력, 행동력 그리고 포기하지 않는 뚝심이다. 이런 면은 별로 얻을 것이 없는 곳에서, 그것도 과감하게 행동하지도 않으면서 사업의 기회를 찾으려고만 하는 가난뱅이와 극명히 대조되는 특징이기도 하다.

또한 부자는 어떠한 상황에서도 꿈꾸고 생각하고 시도하며 실천하려는 용기를 낸다. 대개의 부자는 성공하기 위해 거리낌 없이 준비해 나가지만, 어쩔 수 없이 실패하더라도 인정하고 쓰러진 그 자리에서 다시 일어나 목표를 실현하기 위해 걸어갈 준비를 한다.

물론 부자나 가난뱅이를 막론하고 모든 사람들은 자신만의 꿈을 꿀 수 있다. 하지만 둘의 차이점은 가난뱅이는 항상 '꿈은 꿈일 뿐'이라며 스스로 한계를 정하고 그것을 이루기 위한 노력을 하지 않는다는 것이다. 그리고 자신의 노력이 실패로 돌아갈 때에는 또다시 좌절이 계속될까 두려워 그 즉시 자리를 떨치고 일어나 전진하려는 노력을 하지 않는다. 부자가 쓰러진 자리에서 다시 일어나 목표를 향해 달려가는 것과는 다른 행동 패턴이다.

그렇다! 부자는 위기를 만나 넘어질 수는 있지만 그것 때문에 무너지지는 않는다. 하지만 가난한 사람은 위험을 감수할 용기도 없거니와 모험도 하지 않으려 하기 때문에 그 자리에서 '어떻게 되겠지' 하고 버틸 뿐이다. 말하자면 공격을 하지 않는 축구팀과 같다. 수비에만 신경을 쓰는 팀은 이길 수 없다. 절대 세계 1위가 될 수 없다. 공격과 수비에 모두 능한 팀이 최고가 될 수 있는 것이다.

이 세상에 자신을 모두 던지지 않고 얻을 수 있는 것은 없다. 가난한 사람이 그 가난에서 헤어나지 못하고 영원히 가난할 수밖에 없는 이유는 '자신을 아끼지 않고 던진다'는 말의 진정한 의미를 알지 못하기 때문이다.

부연 설명할 필요도 없겠지만 사실 부자가 큰 재산을 쌓을 수 있는 것은 공격 행위, 즉 투자를 잘하기 때문이다. 시기적절하게 정확한 투자를 함으로써 더 많은 이윤을 얻기 때문인 것이다. 그런데 투자에는 항상 모험이 따르고 때로는 큰 위험도 감수해야 한다. '하이 리스크, 하이 리턴'이라는 말처럼 위험이 크면 클수록 대가도 크게 마련이다.

당연한 말이지만 우리가 사는 이 세상에는 각종 천재지변과 재난이 가득하며 그것은 어떤 한 사람에게만 한정되어 일어나지 않는다. 사람들은 재난을 만나면 그것을 피하고자 악전고투하는데 그것을 무사히 극복하는 사람이 있는가 하면, 더 많은 사람들은 고난을 피하지 못한 채 자신의 의지와 꿈을 철저히 짓밟히고 만다.

문제는 이 부분이다. 예컨대 힘든 일을 만나 어려움 속에서도 부자가 되는 사람들은 그 재난을 자신을 더욱 강하게 단련시키는 계기로 삼는다. 성공과 실패의 교차 속에서 의연히 대처해 나가는 것은 쉽지 않지만 기꺼이 그렇게 한다. 이것은 단지 그 사람의 의지와 성품에 국한된 문제만은 아니다. 일을 처리하는 방식과 그 일을 해내고자 하는 근성과 집념의 문제인 것이다.

관 뚜껑이 닫히기 전까지 실패란 없다

자신의 꿈을 향해 백지에서부터 시작해 근성과 집념을 바탕으로 하여 최고의 공격이 최선의 수비라는 자세로 사업을 성공시킨 자수성가 부자의 이야기는 배울 점이 많다.

다음은 42세에 맨손으로 창업하여 19년 만에 세계 바이오 시장의 판도까지 바꾼 셀트리온 서정진 회장이 즐겨 하는 말이다. "수많은 실패가 유일한 자산이다", "리스크가 없다면 사업 아닌 장사이다", "관 뚜껑이 닫히기 전까지 실패란 없다."

그는 흙수저 출신으로 밑바닥에서 출발하여 자수성가로 한국의 주식 부호 4위까지 오른 입지전적인 인물이다. 사실 물려받은 것 하나 없이 극한 상황에서 신체 포기 각서까지 쓰고 사채 조달을 해야 할 만큼 힘들었던 사업을 일궈 기존 재벌들을 물리치고 주식 부호 4위에 오른 것은 무엇보다 큰 의미가 있다.

1997년 외환위기 이전까지만 해도 그는 대기업의 임원으로 잘 먹고 잘살았다고 한다. 외환위기로 대우그룹은 해체 위기에 놓였고, 당시 임원이었던 그는 경영 악화에 대해 책임을 느끼고 1999년 12월 31일 사표를 낸다. 졸지에 실업자가 된 그는 같은 처지의 대우차 출신 동료 여섯 명과 2000년 셀트리온의 전신인 넥솔을 창업했다.

넥솔에서는 '앞으로는 바이오가 뜬다'는 이야기를 듣고 생명공학 사업을 해보기로 했다. 하지만 그를 포함해 넥솔 창업 멤버 중 생명공학이나 생물학을 전공한 사람은 한 명도 없었다. 그는 몸으로 부딪히며 답을 찾는 스타일답게 의학 서적을 탐독하고 생명공학과 약학을 독학했으며, 해외에서 시체 해부 수업을 받으며 공부를 지속해나갔다.

또한 1년 동안 전 세계를 돌아다니며 생명공학 석학을 만나고, 제넨텍을 비롯한 글로벌 바이오 기업들도 탐방했다고 하는데 이는 '현장에 답이 있다'는 그의 철학 때문이기도 했다.

'수많은 실패가 유일한 자산'이라는 평소 서 회장의 말처럼 그의 실패담은 셀 수 없이 많다. 셀트리온을 세우기 전 상조 서비스 사업을 하기 위해 장례용품 시장을 조사하다가 사후 체험을 자처하며 관 속에 들어가 누워봤다는 일화도 유명하다. 그렇게 열정을 쏟았음에도 창업 이후 그가 경험한 실패는 너무도 많다.

당근을 수입했다가 방부제 처리를 하지 않아 모조리 썩어버리는 바람에 눈물을 머금고 폐기한 일도 잘 알려져 있다. 또한 경영 컨설팅부터 통신 등 돈이 된다는 사업은 닥치는 대로 손을 댔지만 뜻대로 된 것이 없었다. 바이오 사업을 시작하고 나서도 여러 번 고비를 넘겼다. 이런 과정을 거쳐 셀트리온이 자리 잡기까지 10년간 그에게는 항상 '사기꾼'이라는 꼬리표가 따라다녔다. 그럼에도 근성과 뚝심으로 묵묵히 밀고 나간 것이 셀트리온을 세계적인 바이오 기업으로 키워낸 비결이라고 한다.

그가 창업을 꿈꾸는 이들에게 희망을 주는 이유는 또 있다. 그것은 한국에서 성공의 조건으로 꼽히는 나이나 학벌, 돈 등이 없이 맨몸으로 부딪쳐 성공 신화를 이뤘다는 점이다. 앞에서 이야기한 것처럼 그는 42세에 셀트리온의 전신인 넥솔을 창업했고, 창업 멤버는 대우차에서 함께 일했던 동료들이었다.

창업 멤버는 모두 30대 중후반의 실업자들로 SKY 등 명문대 출신은 한 명도 없었으며 더구나 대우가 파산하면서 퇴직금도 제대로 받지 못한 상태였다. 결국 그들은 직장생활을 하며 조금씩 모아둔 종잣돈 5천만 원을 가지고 사업을 시작했는데 이들이 가진 것이라고는 망하면 안 된다는 절박함뿐이었다고 한다.

우여곡절 끝에 서 회장은 백신 개발 회사인 미국 백스젠과 기술 제휴 계약을 맺고 2003년 투자금을 끌어모아 인천 송도 간척지에 생산 공장을 지었다. 그런데 완공을 1년 앞둔 2004년에 에이즈 백신의 임상 3상이 실패했다. 어렵게 투자해 지은 공장이 한순간에 물거품이 될 처지였다. 부도를 막기 위해 은행을 찾아다녔지만 돈을 빌릴 수 없었다.

지푸라기라도 잡는 심정으로 명동 사채 시장을 찾아가 신체 포기 각서를 쓰고 돈을 빌렸다. 그 당시 각서를 하도 많이 써서 사채업자들이 떼어갈 장기가 없다고 했을 정도였다고 한다. 사업도, 삶도 너무 힘들어 자살을 시도했지만 죽는 것조차 쉽지 않았다. 그렇게 죽음의 문턱까지 가본 경험은 그를 변화시켰다. 그는 이렇게 말한다. "모든 것이 마지막이라고 생각하니 작은 일에도 주변 사람에게 감사하게 되었죠."

또한 그는 사업은 예측하는 것이라며 '리스크(위험)가 없다면 사업이 아니라 장사'라고 설파한다. 2020년쯤에는 현업에서 물러나 창업 꿈나무를 키울 계획이라고 한다. "다음 세대들에게 제 이야기를 들려주고 싶습니다. 절실하게 노력하면 변화를 일으킬 수 있다는 것을 말이죠."

사람들은 흔히들 자신이 가난한 이유로 돈도 없고 빽도 없고 돈 많은 부모도 없다는 등의 핑계를 댄다. 또한 '그때 선택을 달리 했다면', '조금 더 참았다면', '더 잘했다면', '조심했다면' 결과가 달라졌을 거라며 후회하기도 한다. 아이러니한 것은 훗날에는 지금이 바로 '그때'가 될 텐데 지금은 아무렇게나 보내면서 자꾸 '그때'만을 찾는다는 것이다.

어찌 됐든 서회장의 이야기를 들으면서 깨닫게 되는 것은 흔히 침을 튀기며 말하는 자신이 가난뱅이일 수밖에 없는 그 수많은 이유들도 결국은 그럴듯한 알리바이에 불과하다는 점이다.

02 경제적 능력이 없으면 자유도 없다

    스프링 벅은 아프리카 초원에 사는 양의 한 부류이다. 점프력이 뛰어나 '스프링 벅(springbuck)'이라는 이름이 붙은 이들은 평상시 소규모일 때는 다른 양들처럼 떼를 지어 다니며 한가롭게 풀을 뜯어먹는다. 그러나 수가 늘어나고 무리가 커지면 평소와는 다른 행동을 보이기 시작한다.

    무리의 앞쪽에 있는 양들이 풀을 먼저 먹어버리면 뒤쪽에 있는 양들은 먹을 것이 부족해진다. 그러면 이들은 조금이라도 더 앞으로 나가 풀을 차지하려고 경쟁을 하게 된다. 이들의 움직임은 점점 빨라지기 시작하고 연쇄적으로 앞에 있던 양들마저도 무리에서 뒤질

세라 뛰기 시작한다.

　뒤쪽의 양들이 빠른 속도로 앞으로 달려오므로 앞쪽의 양들은 선두를 빼앗기지 않기 위해 더 속도를 내어 뛸 수밖에 없다. 이렇게 해서 수천 마리에 이르는 스프링 벅들이 풀을 뜯을 새도 없이 쉬지 않고 산과 들을 달려 앞으로 뛰어가게 되는 것이다.

　이윽고 강가에 다다르게 되어도 빠른 속도로 내달려온 스프링 벅의 무리는 갑자기 정지할 수가 없다. 결국 뒤쪽에서 밀려드는 무리에 떠밀려 어쩔 수 없이 강물 속으로 빠져서 원치 않게 몰살을 하고 마는 것이다. 이렇게 분명한 목적도 없이 앞으로만 달려가다 끝내 최악의 상황에 빠지게 되는 것을 '스프링 벅의 비극'이라고 한다. 이 비극적인 사례는 남들이 하는 대로 무작정 따라 하려는 사람들의 생각과 행동에 경종을 울린다.

　물론 무엇을 어떻게 해야 할지 길이 잘 안 보일 때는 다수의 사람들이 하는 것을 따라 하는 것이 안전하게 보일 수도 있다. 잘 모를 때는 다수가 선호하는 길을 따라가는 것이 무난해 보이기 때문이다. 그런 이유로 세상의 흐름이 바뀌고 한 치 앞도 내다보기 힘든 오늘날과 같은 변혁기에는 때에 따라 이런 선택이 필요한지도 모르겠다.

　많은 사람들이 불안함과 초조함 속에서 두려운 마음을 가질 수밖에 없는 시기이기에 대중이 선택한 것이라면 옳은 선택일 거라고 믿는다. 설사 그 선택이 잘못됐다 하더라도 다수이기 때문에 누가 어떻게 하지 못할 거라는 안도감을 갖기도 한다.

다행스럽게도 다수의 무리가 달려가는 곳에서 성공과 안정을 보장해준다면 더 이상의 축복이 없을 것이다. 그러나 열심히 달려서 도착한 곳이 안타깝게도 낭떠러지 끝이라면, 그래서 앞의 스프링 벽처럼 아무리 발버둥 쳐도 무리와 함께 추락할 수밖에 없다면 다수 속에 끼어 있다고 해도 개인에게는 올바른 선택이 아닐 것이다.

우리는 살아가면서 수많은 선택의 기로에 선다. 사실 길은 어디에든 있다. 하지만 무작정 아무 길이나 남들을 따라나설 수는 없다. 왜냐하면 수많은 선택의 갈림길에서 남들이 가는 길로 무턱대고 따라나섰다가 결과가 좋으면 상관없지만 벼랑 끝에 매달리는 어려운 처지가 되기라도 한다면 문제가 심각해지기 때문이다.

예컨대 여행에서 만나는 길과 삶에서 만나는 길은 다르다. 여행에서는 간혹 길을 잘못 들었더라도 한참 헤매다 보면 길을 제대로 찾을 수도 있겠지만, 삶의 길은 한번 잘못 들어서면 되돌아갈 수 없고 다시 헤어나기도 힘들다. 그리고 분명한 사실은 무작정 길을 나섰다가 방향을 잃고 헤매기에는 우리의 인생이 너무 짧다는 점이다.

자기만의 인생의 길을 찾아가는 것은 결코 쉬운 일이 아니며 외롭고도 시간이 많이 소요되는 일이다. 그 과정에서 고난과 시련이라는 가시밭길을 헤쳐나가야 하는데 이때 만나게 될 두려움과 회한, 반성, 좌절, 분노 그리고 울분 등의 감정은 모두 자신이 보듬어 안고 가야 할 소중한 삶의 편린들이다.

자기 자신에 대해 많이 안다고 해서 모두가 원하는 삶을 산다는 보장은 없다. 하지만 자신이 가야 할 방향이 어디인지도 모르고 무작정 남들을 따라나서는 사람보다는 스스로 길을 만들고 찾아가는 사람이 훨씬 홀가분하고 가벼운 마음으로 자신이 원하는 삶의 방식에 다가갈 수 있을 것이다.

이렇듯 현재와 미래를 포함하여 진정으로 자기 자신을 알지 못하면 결코 자신을 이해하고 사랑할 수 없다. 자신을 사랑하지 않고서는 당연히 행복도 있을 수 없다. 그러므로 자신을 발견하고 가장 자기답게 살아가는 것이야말로 절대 게을리해서는 안 될 삶에 대한 책임 있는 자세이다. 더 나아가 이것은 부자가 된다는 점에서도 정확히 통용된다.

누구나 부자가 되는 꿈을 꿀 수 있다

어느 시대에나 가난한 사람들은 돈 버는 것이 가장 어렵다고 말하고, 반대로 부자들은 돈 버는 것이 쉽다고 이야기한다. 재미있는 것은 가난한 사람일수록 힘들이지 않고 돈을 벌어 부자가 되고 그에 걸맞는 명예를 갖기를 바란다는 점이다. 사실 부자가 되어 폼나게 살고자 하는 것을 비난할 수는 없다. 문제는 특별한 노력 없이 큰 부자가 되기를 바란다는 점인데, 이 때문에 가난한 사람들은 돈 버는 것이 어렵다고 하소연하고 좌절하게 된다.

흔히 통용되는 이야기 중에 "꿈꾸는 사람만이 꿈을 이룰 수 있다"는 것은 진리 중에 진리이다. 사람은 누구나 꿈을 꿀 평등한 권리를 가지고 있다. 그런데 꿈을 꾸는 것은 자유이겠으나 그 꿈이 결실을 맺어 현실이 되게 하는 일은 생각만큼 간단하지 않다. 때로는 힘들게 노력해도 아무런 성과를 거두지 못하거나 별 소득도 얻지 못하는 경우가 훨씬 더 많다.

왜 그럴까? 부자나 가난한 사람이나 꿈을 꾸는 것은 같지만 그 꿈을 대하는 태도는 완전히 다르기 때문이다. 예컨대 부자들은 대개 일하기를 좋아하고 그중에서도 자신이 가장 잘할 수 있는 일을 골라서 한다. 말하자면 자신이 어떤 일에 적합한지를 잘 알고 철저히 준비하는 것이다. 그런 한편 자신이 잘 모르는 일에 있어서는 노력을 했음에도 불구하고 좋지 않은 결과가 나올 수 있다는 사실을 기꺼이 받아들인다.

이와는 반대로 가난뱅이 역시 꿈꾸기를 좋아하지만 그들은 단지 그 꿈속에서 시간을 보낼 뿐이다. 그러면서 '내 계획대로 된다면', '만약 이렇다면' 하는 가상의 현실만을 상상하며 그대로 안 되는 것을 안타까워한다. 자신이 마음먹고 꿈꾸는 대로 안 되는 현실에 좌절하고 절망하는 것이다.

사실 거의 모든 가난뱅이들의 보편적인 특징이 있다면 그들은 힘들이지 않고 돈과 명예의 주인공이 되기를 바라는 이율배반적인 행동 패턴을 보인다는 점이다. 그 결과 일이 뜻대로 풀리지 않으면 세상과 사람들을 원망하며 자신을 알아주는 이가 없다고, 하늘도 야속하다고 엉뚱한 곳에 화풀이를 하곤 한다.

이렇게 대개는 자기가 왜 가난한지 원인도 파악하지 못하고, 자신의 위치를 깨닫지도 못한다. 다행히 자신의 포지션을 찾았다 해도 현재의 위치에서 무슨 일을 해야 할지 모르는 것이 특징이다. 설혹 그것을 알고 있다고 하더라도 현재의 자리를 보전하고 지키는 데에만 급급하여 앞으로 나아가지 못한다.

따라서 가난한 사람이 자기의 환경을 바꾸고 결과를 바꿔 부자가 되고 싶다면 우선 자신이 어떤 생활방식에 젖어 있는지를 잘 파악하여 발전에 장애 요소가 무엇인지를 알아야 한다. 그런 연후에 장점이 되고 유리한 습관은 잘 활용하고, 해가 되고 단점인 버릇은 과감히 버려야 한다. 물론 단기적인 결과인 성공과 실패에 연연하지 말고 계속 전진해야 하는 것은 너무나 당연하다.

최근 대한민국의 경제 현실에서 사람들의 가장 큰 고민은 젊은이들의 경우에는 취업이 어려운 것이고, 재산이 어느 정도 있는 중산층의 경우에는 이자가 떨어짐에 따라 재산 가치가 하락하여 살기가 점점 더 힘들어진다는 데에 있을 것이다. 결국 저마다 힘들다는 아우성이 끊이지 않는데 이러한 때에는 어떻게 사는 것이 잘 사는 것인지에 관한 근본적인 질문들을 많이 한다.

결론은 돈인데 사실 돈이란 소비 생활을 하는 데 꼭 필요한 것이며, 돈을 도구로서 잘 이용했을 때 삶이 긍정적으로 변화한다는 것은 누구나 알고 있다. 이때의 돈이란 꼭 필요한 수단이므로 돈을 너무 사랑하거나 혹은 돈의 노예가 되는 것 둘 다 바람직하지 않다.

반대로 돈을 무시하거나 경멸하는 태도는 돈이 달아나게 하는 대표적인 행동으로 이것 역시 바람직하지 않다. 어떻게 설명해도 사람들의 최대 관심사는 '돈을 어떻게 사용해야 하는가'보다는 '돈을 어떻게 벌 수 있는가'일 것이다.

부자와 빈자의 차이는 '선택'에 있다

부자와 가난한 사람의 가장 큰 차이점은 바로 '선택'에 있다. 가령 부자들은 어떤 선택의 순간에 가장 좋은 것을 고르고 현명한 선택을 한다. 그러나 가난한 일반인에게는 그런 선택이 이해하기 어렵거나 사리에 맞지 않는 것처럼 보이기도 한다. 그런데 가난한 사람들이 간과하기 쉬운 것이 인생은 선택의 결과로 이루어지며, 그의 운명 역시 선택의 결과로 결정된다는 사실이다.

대부분의 가난뱅이들은 누구나 할 수 있는 가장 평범하고 쉬운 선택을 한다. 물론 당시에는 그 선택이 현명하고 현실적으로 보일지 몰라도 인생 전체의 관점에서 보면 도리어 그것이 잘못된 경우가 많다. 말하자면 진정한 부자들은 선택의 고수이며 인생의 매 단계에 있어서도 거의 틀림없는 선택을 한다는 것이 일반인과 다른 점이다.

어찌 보면 순간의 선택에 의해 사람의 인생은 그림이 달라진다고 할 수 있다. 그런데 선택이 주는 결과는 차이가 크다고 할지라도 정작 선택할 당시에는 그다지 차이가 크지 않다. 이렇게 선택의 문제는 중요한데 가령 고스톱을 봐도 습관적으로 '고'와 '스톱'을 결정하곤 한다. 그리고 승부는 좋은 선택을 한 사람 편이다.

우리나라 사람들은 돈에 대한 이중성, 즉 돈에 대해서 겉과 속이 전혀 다른 태도를 보인다. 예컨대 그렇지 않은 사람들도 있겠지만 사촌이 땅을 사면 배가 아픈 것처럼 남들보다 몇십 배 노력해서 떳떳하게 돈을 벌고 세금도 양심적으로 내는 부자는 존재하지 않거나 특별한 사람들의 이야기라고 믿고 싶어 하는 것이 일반적인 가난한 사람들의 심리이다.

어떤 사람이 부자인지 아닌지를 판별하는 간단한 방법이 있다. 돈이 가져올 불행을 과장되게 묘사하는 데 익숙한 사람은 가난뱅이일 확률이 높다. 그들은 누군가에 대해서 말할 때 "그 사람은 부자이긴 한데"로 시작하여 그 뒤에는 대개 나쁜 이야기가 따라온다. '사생활이 문란하다', '숨긴 병이 있다', '부부 사이가 좋지 않다', '자식이 공부를 못해서', '성격이 더럽지', '탈세에 걸렸다지 아마' 등등으로 이야기하는 식이다.

정말 웃기는 것은 부자가 아닌 가난한 사람이어도 가령 자식이 공부를 못할 수도 있고 부부 사이가 안 좋을 수도 있다. 그런데 가난뱅이는 어떻게든 부자는 불행하다고 믿으며 어떤 부자도 존경하지 않는다. 그러면서 모두 부정한 방법으로 부자가 됐다고 매도하는 것이다. 물론 개중에는 정치적 결탁이나 부정한 방법으로 부자가 된 사람도 많다. 그러나 이것을 일반화시킬 근거는 많지 않다.

이런 우리의 이중성은 부자에만 국한되지 않는다. 가령 가난한 사람들을 착하고 최선을 다하지만 이 사회에서 대접을 받지 못하는 불쌍한 사람들로 여기는 경향이 있다. 정말로 그럴까? 가난한 사람들이 정말로 다 착하고 최선을 다하고 있을까?

물론 그런 사람도 있겠지만 그렇지 않은 사람들이 더 많다. 게으름을 피우는 사람도 많고, 임금이 적다고 불평하며 농땡이를 치는 이도 많다. 또한 공공기관에서 세금으로 마련해준 일터들을 전전하며 시간만 때우는 이들도 있다. 그러나 이런 가난한 자의 게으름이나 나태함은 크게 비난하려 들지 않는다. 문제는 비난 여부가 아니라 이런 자세로는 결코 부자가 될 수 없다는 점이다. 결국 나태하고 게으른 사람 자신이 손해라는 말이다.

현실에서는 돈이 많으면서도 행복하게 잘 사는 사람도 많고, 존경받을 충분한 자격을 갖춘 부자도 많다. 그런데 정말 아이러니한 것은 그렇게 부자의 재산을 문제 많고 더러운 것으로 몰아세우며 거칠게 부자를 매도하는 사람일수록 위선적이게도 부자가 되기를 더 원한다는 것이다.

내가 하고 싶은 이야기는 이것이다. 부자들은 모두 도둑이라는 생각에서 벗어나 올바른 자본주의적 경제 관념을 가질 필요가 있다. 위선의 탈을 벗고 돈에 대한 솔직한 자세를 가질 때 돈과 친한 친구가 될 수 있을 것이다.

패가 좋아야 돈을 따는 것은 아니다

최근의 우리나라를 둘러보면 살기 어렵다는 사람들이 너무나 많다. 이제는 진부한 용어가 되었지만 어려움의 원천으로 드는 것이 바로 '푸어(poor)' 시리즈이다. 이것은 워킹 푸어, 하우스 푸어, 리타이어 푸어, 웨딩 푸어, 베이비 푸어, 렌트 푸어 등등 단어의 뒷부분에 'poor(가난한 사람)'를 붙여 만든 신조어이다. 우리 사회의 현재 모습을 생생하게 담고 있는 용어이다.

대한민국 사람들 대부분은 겉으로 보기에는 기본적으로 누려야 할 것들을 모두 누리고 살아가는 듯하다. 그러나 그 안을 조금만 자세히 들여다보면 하루하루가 아슬아슬한 사람들이 많다. 우리의 현실이 한겨울 날씨만큼이나 찬바람이 불고 춥다는 것이다.

젊은 사람들이 원하는 괜찮은 일자리는 찾기가 매우 어렵고, 그 결과 자연스럽게 비정규직의 비율은 끝없이 증가하고 있다. 중산층은 몰락하고 있으며 하루하루를 어렵게 살아가는 사람들이 늘어가고 있다. 안타깝게도 이것이 현재 대한민국의 진짜 모습이다.

어떤 조사에서도 결과는 대동소이한데, 가령 일생을 노력해도 계층 상승이 어렵다고 생각하는 국민이 전체의 58.7%라고 하니 이는 우리나라 사람 10명 중 6명 정도가 미래를 비관적으로 보고 있다는 것이다. 더구나 이런 악순환에서 벗어날 한 줄기 희망도 보이지 않는다는 것이 더 비참한 현실이다. 이 문제의 근본 원인은 무엇일까?

우리에게 고단한 삶이 계속되는 것은 대체적으로 3대 빈곤층의 확대에서 기인한다는 주장이 많다. 3대 빈곤층 중 첫째는 '하우스 푸어(house poor)', 즉 자기 소유의 집이 없어서 번 돈의 많은 부분을 거주를 위해 써야만 하는 가난한 사람을 말한다. 둘째는 '워킹 푸어(working poor)'로서 이는 직장이 있지만 가난한 사람을 뜻하는데, 여기에는 일을 하지만 살기가 빠듯한 비정규직, 프리터 등이 포함된다. 셋째로는 '리타이어 푸어(retire poor)'를 들 수 있는데 이는 노후를 미처 준비하지 못한 불안정한 은퇴자들이다.

이 중 워킹 푸어는 매일같이 쉬지 않고 개미처럼 열심히 일하지만 시간이 많이 흘러도 가난에서 벗어날 수 없는 근로 빈곤층을 말한다. 직장이 있다고 해도 양질의 일자리가 아닌 예컨대 비정규직이라 일을 하더라도 겨우 먹고살 수 있는 생활비 정도의 넉넉지 않은 월급을 받는다. 따라서 아무리 일을 해도 형편이 나아지기 어렵다.

이들은 겉으로 보기에는 꼬박꼬박 월급이 나오니 괜찮아 보인다. 하지만 평생직장이 없는 이 시대에 고용도 불안하고 저축도 없어서 당장 실직하거나 병이라도 걸리면 곧바로 빈곤층으로 추락하게 되는 아슬아슬한 상태에 있다. 더 악성은 요즘처럼 임시직이나 비정규직 노동자가 증가하고 경기 침체와 물가 상승이 지속되면 자신을 위킹 푸어라고 생각하는 이들이 계속 증가할 것이라는 점이다.

더욱이 남의 건물에서 조그마한 가게를 꾸리는 자영업자나 박봉과 고용 불안에 시달리는 비정규직 근로자, 당장 내일의 일자리를 걱정하며 잠드는 임시직 역시 워킹 푸어가 틀림없다. 안타까운 것은 밤낮으로 일을 해도 저축이나 노후 준비는커녕 기본적인 생활비조차 감당하기 힘든 경우가 부지기수로 존재하는 것이 현재 대한민국의 민낯이라는 점이다. 이처럼 근로자의 약 3분의 1이 워킹 푸어라고 보면 이들은 모두 희망 없는 나날을 매일 이어가고 있는 셈이다.

물론 내 집 마련을 위해 잔뜩 빚을 졌는데 집값이 형편없이 내려서 팔지도 못하고 부담감만 잔뜩 짊어진 사람들도 있다. 특히 자식 교육을 위해 뒷바라지하느라 노후를 위해 저축할 수도 없었는데 곧 퇴직의 칼날을 맞게 된 베이비붐 세대들도 있으며, 기득권에 막혀 저임금에 시달려야 하는 프리터 근로자들 또한 현재 우리가 목격하고 있는 빈곤 추락의 모습이다.

하지만 어떤 경우든 본인이 부자가 되고 싶은 욕구가 있고 그런 상황을 타파하고자 하는 의지가 있다면 큰 문제가 될 것은 아니다. 왜냐하면 부자가 되는 데는 엄청난 재능, 즉 신이 내린 어떤 능력이 필요한 것도 아니기 때문이다. 있으면 참 좋겠지만 학벌이나 배경, 자격증 등이 꼭 필요한 것도 아니다. 그런 좋은 패를 갖고 있지 않아도 이길 수 있고 부자가 될 수 있다.

고스톱만 쳐봐도 알 수 있듯이 아주 좋은 패가 반드시 돈을 따는 것도 아니다. 게임에 참석한 사람들보다 조금 더 좋은 패를 갖고 있으면 된다. 꼭 부자가 되고 싶다면 이 점을 빨리 깨달아야 한다.

물론 세계 최고의 부자가 되어야겠다면 그것은 다른 차원의 문제이다. 하지만 보통의 부자라면 엄청난 천재들과 승부하는 게임은 아니니 그렇게 어려울 것도 없다. 최고의 카드를 가진 잘난 사람들에게 주눅들 필요도 없고, 엄청난 부자들의 신화 같은 이야기에 초라해질 필요도 없다. 돈을 번다는 것은 다른 보통 사람들과의 게임일 뿐 훨씬 잘난 사람들과 벌이는 전쟁이 아니기 때문이다.

일이 잘 안 풀릴 때 실력이 드러난다

가난한 사람이든 부자든 어떤 일을 할 때 실패할 가능성은 항상 따라오기 마련이다. 막상 일의 결과가 실패로 돌아가면 가난뱅이는 먼저 적당한 변명을 찾기 시작한다. 우선 왜 실패할 수밖에 없었는지에 대해 자기 변명을 찾은 다음 실패를 덮기 위한 알리바이를 만드는 것이다.

이때 변명을 찾아내기란 그리 어려운 일도 아니다. 그러면서 스스로 찾아낸 변명으로부터 위안을 받고 실패를 마음 편히 받아들인다. 말하자면 그는 아무 거리낌 없이 포기를 택할 수 있는 명분이 있으니 기꺼이 받아들이는 것이다.

문제는 변명이란 중독성이 강하다는 데 있다. 변명은 마치 마약 같은 것인데, 가령 마약은 먹는 즉시 마음을 안정시키는 효과가 있고 행복한 환각 작용을 일으키기도 한다. 이를 통해 순간적으로 도피할 수는 있겠지만 너무 자주 쓰다 보면 신경과 근육을 상하게 하는 부작용이 나타나 사람의 정신과 의지마저 무너뜨린다.

마찬가지로 사람은 실패했다는 사실에서 벗어나기 위해 수많은 변명을 찾아낼 수 있다. 그리고 그것이 반복되면서 몇 단계의 패턴이 만들어진다. 쉽게 변명거리를 찾는 사람은 그 순서에 따라 자신도 모르는 사이에 헤어날 수 없는 구렁텅이로 빠져들게 되는 것이다. 그러면 그는 결국 한평생을 가난뱅이로 살게 된다.

반면에 부자는 어떤 불가피한 상황에 처하더라도 자기를 위한 변명을 하지 않는다. 이들은 아무리 그럴듯한 변명이라도 자신에게 이로울 것이 없다는 사실을 잘 알고 있다. 단계별로 문제를 해결하기 위한 방법을 시도하고, 실패한 경험을 통해 교훈을 찾으려고 한다. 부자는 일반적으로 한 단계씩 원인을 깨닫고 차례차례 계단을 밟아 오르는 과정을 거쳐 성공을 이루어내는 특징을 보인다.

부자와 가난한 사람의 차이는 일이 순조롭게 잘 풀릴 때가 아니라 오히려 어려움에 처할 때 더 극명하게 드러난다. 대부분의 가난한 사람은 역경에 처하면 자신의 주변에 있는 모든 것을 부정적으로 보기 시작한다. 그리고 끊임없이 자신에게 "왜 하필 나야?"라고 묻고 원망한다. 그러나 세상에는 필연적인 일도 있고 우연한 일도 있는 것이다. 이미 벌어진 일은 막을 수도, 되돌릴 수도 없다.

가난뱅이는 힘든 일이 닥치면 대부분 포기를 선택한다. 이전의 생활로 되돌리려고 하거나 원래의 길로 돌아가려고 하는 것이다. 다른 뜻이 있어서라기보다는 오히려 그곳이 안전하고 비바람을 피할 수 있다고 여기기 때문이다. 그런 상태에서는 그의 생활에 획기적인 변화가 있기도 어렵고, 달라질 것도 없는 인생이 될 것이다.

반면 부자는 힘든 일이 닥치면 포기하는 대신 대부분 그 물살을 거슬러 올라가기를 선택한다. 역경 중에도 적극적이고 낙관적인 태도로 자신이 가진 정신력의 힘을 곤란을 극복하는 데 쏟아부으며 잡념에 빠져들지 않으려 한다. 이런 때에는 생각이 많아질수록 골칫거리 또한 늘어난다는 사실을 잘 알고 있기 때문이다. 또한 좌절과 역경 중에도 기회를 적극적으로 모색하며 운명의 신이 자신에게 어려움을 주었듯 성공의 기회 또한 줄 것이라고 믿는다.

한국에서 자영업의 처절한 현실

금융연구원의 발표에 따르면 일반 가구 중 소득의 60%를 빚을 갚는 데 사용하는 하우스 푸어는 57만 가구인데, 이들이 금융권에 갚아야 할 돈은 150조 원에 이른다고 한다. 이런 가계 부채 상황에서는 당장 기본적인 수입이 있다고 해도 풍요로운 생활을 누리기 어렵다. 월급을 받아도 대부분을 대출금 상환에 쓰고 이자 막기에 급급해 여유를 누리거나 다른 생활을 꿈꿀 여력이 없는 것이다. 이렇게 삶의 질이 낮아지면 자연스럽게 빈곤층으로 전락하게 된다.

문제는 이런 일이 적극적으로 경제 활동을 하는 층에서 발생한다는 것이다. 예전에는 노인과 장애인, 여성 가구주 등이 전통적인 극빈층이었다면 요즘에는 수많은 비정규직과 자영업자들 역시 워킹 푸어나 하우스 푸어 등 극빈층으로 전락하고 있는 현실이다. 그 결과 최근 진행된 한 설문조사 결과에 따르면 우리나라 직장인의 74%는 자신이 가난하다고 답했다고 한다. 결국 아무리 일해도 부유해질 수 없는 것이 지금 우리의 모습이다.

직장인이라면 누구나 경험했듯이 회사와 같은 조직은 신입사원으로 시작해 대리, 과장, 차장, 부장 순으로 올라갈수록 승진의 사다리가 점점 좁아진다. 조직을 위해 열심히 일해도 어느 단계가 되면 경쟁에서 탈락하여 회사를 떠날 수밖에 없는 것이다.

아직 한창 일할 수 있는 나이지만 명예퇴직 혹은 희망퇴직 등으로 직장을 떠난 사람들이 경제 활동을 위해 궁여지책으로 선택하는 것이 바로 자영업으로의 진출이다. 그런 이유로 경기 체감지수가 매우 낮은 상황에서도 자영업으로의 도전은 늘 경쟁이 치열하다.

그러나 자영업으로 신규 시장에 성공적으로 진입하는 것은 매우 어려운 일이다. 오랜 경험으로 탄탄한 사업 기반을 구축하고 막강한 자금력을 동원해 경쟁적 우위를 확보해놓은 기존의 사업자들과 겨뤄 성공을 거두기란 쉬운 일이 아니다.

그 결과 초보자들은 상대적으로 위험 부담이 적고 쉽게 뛰어들 수 있는 업종을 선호한다. 결국 새로 창업하는 분야는 대부분 음식점이나 주점 등 몇 가지 카테고리로 제한된다. 하지만 이런 업종 역시 쉽지 않다. 아무리 평수가 작아도 목이 좋은 장소는 자금 부담이 클 뿐만 아니라 체인점 가맹 등에 들어가는 비용도 만만치 않다. 특히 장사가 잘된다고 소문이라도 나면 금방 경쟁업자가 치고 들어와 소규모 사업으로 벌 수 있는 돈은 한계가 있다.

더 안타까운 것은 신규 오픈한 바로 그 자리가 얼마 전에 누군가가 눈물을 삼키며 문을 닫아야 했던 아픈 기억의 현장이기도 하다는 점이다. 성공이 쉽지 않다는 의미인데 실제로 통계 결과에 따르면 소규모 창업의 성공 확률은 10%에도 미치지 못한다고 하니 암울하기까지 하다.

이런 통계 결과는 창업자 대다수가 겨우 현상 유지를 하거나 얼마 지나지 않아 폐업하는 처지에 놓이게 된다는 것을 의미한다. 심지어 평생 직장생활을 하며 모아놓은 재산을 몽땅 털어 넣은 가게가 얼마 지나지 않아 쫄딱 망해 하루아침에 알거지 신세로 전락하는 경우도 종종 있어 가슴 아프게 한다.

현실적으로 퇴직자들 중 상당수는 아직 준비되지 않은 상황에서 어쩔 수 없이 자영업 창업 현장에 내몰리는 경우가 많다. 그런데 특별한 준비 없이 자영업에 뛰어드니 그 결과 망하는 것은 너무도 당연한 일이다. 평생 직장생활만 해온 사람이 특별한 기술이나 사업 수완도 없이 무작정 가게를 차리면서 성공 확률이 높을 거라고 기대한다면 그것이 사실은 무리한 욕심이다.

운이 좋아 초반에 성공한다고 해도 몇 년 안에 다른 아이템으로 업종 전환을 도모하지 않으면 성공이 지속될 확률은 매우 희박하다. 온종일 매달려 고되게 일을 해도 얻는 수입은 빤하고, 몇 년 후에 다시 다른 업종을 찾아 변화를 모색해야 겨우 수입을 유지해갈 수 있다면 그런 상황에서 삶의 질이 향상되기를 기대하기는 어렵다.

가난한 사람과 부자의 본질적 차이

부자와 가난한 사람은 본질적으로 확연한 차이가 있다. 특히 그 차이는 성공했을 때가 아니라 성공에 이르렀다가 실패했을 때 두드러진다. 예컨대 가난뱅이의 특징은 한번 몰락하면 좌절하여 일어나지 못할 뿐만 아니라 의기소침하여 다시 도전하려는 시도 자체를 포기하곤 한다. 그리고는 세월을 따라 시간을 보내거나 미래를 운명에 맡겨버리고, 심한 경우에는 자살을 시도하기도 한다.

하지만 부자는 담담히 그 재난을 받아들인다. 일단 수습부터 하고 다시 전술을 짜면서 자신의 역량을 축적해두었다가 기회가 오기를 기다려 재기를 시도한다. 세상을 살면서 실패를 한 번도 경험하지 않는 사람은 없다. 무언가 꼭 하고 싶은 일이 있다면 좌절과 재도전은 같이 따라온다는 사실을 받아들여야 한다.

세상에는 사람의 힘으로 어쩔 수 없는 일들이 너무나 많다. 특히 평범한 보통 사람들에게는 더욱 그렇다. 하지만 어떤 역경이든 사람의 힘으로 바꿀 수는 없어도 극복할 수는 있다. 결국 대개의 사람들은 한번 망하면 가난과 절망에서 헤어나오지 못하지만 부자는 엄청난 손실 뒤에 따르는 압박감마저 견뎌내는 능력을 갖추고 있다는 점에서 차이가 있는 것이다. 성공이란 끝이 아니라 또 다른 일의 시작을 뜻하며, 좌절과 도전은 항상 같은 선상에 있다.

한 끗 차이로 부자의 주인공이 갈린다

우리는 흔히 "한 끗 차이로 졌다"고 말한다. 이 표현은 속내에 별 차이가 없는데 아주 근소한 차이로 졌다면서 스스로 위로하는 마음이 깔려 있다. 또한 승부를 받아들이지 못할 때 "큰 실력 차이는 없는데 재수가 없어서 졌다"고 말하기도 한다.

사실 '한 끗 차이'라는 말은 화투 '섯다'에서 나온 것으로 한 끗 차이로 지면 정말 별 차이가 없는 것이다. 하지만 세상에 존재하는 상당수의 승부는 바로 이 한 끗에서 결정된다. 왜냐하면 모두들 같은 방향으로 같은 목표를 위해서 치열하게 나름의 최선을 다하므로 승자와 패자가 한 끗 차이로 갈리는 것은 새삼스러운 일이 아니기 때문이다. 그런 것이 어찌 보면 당연한 귀결이므로 승부도, 인생도, 부자가 되는 일도 한 끗을 더 얻기 위해서 온몸을 던져 처절하게 싸우는 '한 끗의 게임'이라는 표현이 적절할 것이다.

'한 끗 차이'란 말하자면 꾹 참은 끝에 진짜 마지막으로 젖 먹던 힘까지 다해 딱 한 번을 더 해보았는데 그것이 결정적인 최후의 한 방이 되어 갑자기 새로운 차원의 세계가 펼쳐지는 경험이나 '한 번 더'를 하지 못해 쓰라린 패배를 경험했다면 바로 그 순간을 의미할 것이다. 그때는 한 끗이 주는 차이가 우주의 크기만큼 어마어마하게 다가올 것이다.

사람이 살다 보면 한계가 왔다고 느낄 때도 있고 만사가 귀찮아서 다 때려치우고 싶을 때도 있으며 정말 지긋지긋하게 싫을 때도 있다. 이때 포기하기는 쉽다. 그러나 그런 최후의 순간까지도 한 끗을 절대 놓치면 안 된다. 어떤 경우에도 '한 끗 차이로 졌다'고 위로할 것이 아니라 그 별것 아닌 듯한 한 끗의 결과로 인해 인생의 성공과 부자 그리고 행복의 주인공이 되었다고 말할 수 있어야 한다.

03 부자가 되겠다는 간절함이 부자를 만든다

세계 최고의 스포츠 빅 이벤트는 무엇일까? 미국의 〈포브스〉가 2019년 스포츠 선수와 팀, 대회, 비즈니스 등 4개 분야에 걸쳐 브랜드 가치 순위를 매겨 발표한 결과에 따르면 스포츠 선수 중에는 테니스 스타 로저 페더러가 6,200만 달러(약 732억 원)의 브랜드 가치로 1위에 올랐고, 다음으로는 골프 황제 타이거 우즈가 3,300만 달러로 2위, 축구 선수 크리스티아누 호날두가 2,900만 달러로 3위를 차지했다. 페더러가 압도적인 1위이다.

이 결과를 보고 알 수 있는 것은 유럽 프로 축구, F1 경기, 미국 프로 야구, PGA와 LPGA 골프, 프로 농구 등 수많은 스포츠가 있지만 우승 상금, 시장성, 팬들의 충성도와 열광 등을 고려하면 테니스가 최고라는 것이다. 특히 선진국이라고 할 수 있는 유럽과 미국, 호주 등에서 테니스에 대한 열광은 타 스포츠를 능가한다.

2019년 US 오픈 테니스 대회는 9월 12일 미국 뉴욕 아서 애시 스타디움에서 열렸다. 아서 애시 스타디움은 2만 4천여 명이 들어갈 수 있는 세계에서 가장 큰 테니스 경기장이고, 이 대회의 우승 상금은 약 46억 원으로 다른 메이저 대회보다도 약 10억 원 이상 많다. 대회가 열린 미국은 상금 규모는 물론 시장도 크며 1970년대 야간 조명을 가장 먼저 도입하기도 했다. 미국이 자기 나라의 번영을 과시하기 위해 시작한 US 오픈이지만 요즘은 유럽 선수들이 우승을 독식한다.

2019년 7월에는 전통 있는 윔블던 테니스 결승이 영국에서 있었다. 메이저 대회답게 우승 상금이 34억 원에 달했는데 윔블던 테니스 결승 사상 최장이라는 4시간 55분간의 사투 끝에 세르비아의 노바크 조코비치가 우승했다.

특이한 점은 이때 센터 코트를 가득 채운 관중 1만 5천여 명이 거의 모두 결승 상대인 로저 페더러 편이었다는 것이다. 영국 사람들은 자기네 안방 윔블던에서 여덟 번이나 우승한 이 스위스인을 존경하고 사랑한다. 이날의 분위기만 보면 마치 페더러는 천사고 조코비치는 악마인 것 같았다.

출입구 보안 요원부터 식당 요리사, 기념품 가게 직원, 화장실 청소부까지 모두가 페더러의 팬이었다. "하느님, 제발 로저를 도와주세요." 모두가 페더러를 위해 기도하고 응원했다. 하지만 1990년대 말 코소보 전쟁 때 나토군의 공습 사이렌을 들으며 물 뺀 수영장에서 테니스를 연습한 이 세르비아 남자(조코비치)에게 만원 관중의 야유나 저주 따위는 큰일이 아니었다.

물론 그 많은 시선과 체력의 고갈 속에서 무심할 수 있는 사람은 드물 것이다. 하지만 테니스는 기본적으로 멘탈 게임이며 그런 점에서 조코비치는 영리했다. 침착함과 자기 통제력은 사람의 경지를 벗어난 듯했다. 자기가 결정하지 않고 계속 넘겨만 주고 상대인 페더러가 실수하기만을 기다렸고 마침내 찬스가 왔다.

경기 후 우승 기자 회견에서 조코비치는 "관중들이 '로저'를 외치면 나는 '노바크'로 생각하고 경기했다"고 말하면서 마치 자신의 목숨을 걸고 하는 결투에서 승리한 무사와 같은 멘트를 날렸다. 그의 우승 세리머니 또한 특이했는데 많은 사람들이 코트 바닥에 앉아 잔디를 뜯어 먹는 모습이 독사를 연상시켰다고 말했다.

발버둥 쳐야 1등이 될 수 있다

현재 남자 테니스는 황금기를 이끄는 3인방을 빗대어 '페·나·조 시대'로 불린다. 스위스의 로저 페더러, 스페인의 라파엘 나달, 세르비아의 노바크 조코비치 등 3인방이 바로 그들이다. 그 세 명이 테니스 대회의 메이저 트로피 55개를 싹쓸이하는 사이 왕년에 테니스

황금시대를 연 미국은 변방으로 전락했다.

이런 변화는 냉전 시대에는 미국이 서유럽과 겨루는 것만으로 충분했지만 지금은 전 세계에서 선수가 쏟아져 나오는 환경이기 때문이다. 특히 체격과 운동 능력이 뛰어나고 성공에 대한 갈망까지 남다른 동유럽 선수들의 기세가 무섭다.

공습 사이렌을 들으며 생존이 절박한 상태에서, 변변한 코트를 찾는 것이 사치인 상황에서, 물을 뺀 폐허의 수영장을 코트 삼아 연습한 조코비치처럼 동유럽 선수들은 어릴 적부터 테니스에 인생을 건다. 반면 미국은 여전히 대학 졸업 후 프로가 되는 것을 선호한다. 현재 미국 1위인 존 이스너(34 · 세계 20위)만 해도 대학을 졸업하고 22세에 프로로 전향했다고 하니 10대부터 프로에 뛰어들어 죽기 살기로 운동을 하는 유럽 선수들과 경쟁이 될 리가 없다.

내가 하고 싶은 이야기는 이것이다. '1등을 하기 위해 발버둥 쳐야 1등이 될 수 있다'는 것이다. 가만히 있어도 저절로 되는 '당연한 1등'은 없다. 조코비치의 예에서 보듯이 극한 상황에서도 황제는 탄생한다. 그는 주변의 환경에 구애받지 않는 의지와 근성, 꾸준한 연습 끝에 황제가 될 수 있었다.

사실 누구나 조코비치가 처했던 상황을 선택할 수는 없겠지만 그의 근성과 끈기, 꾸준함을 배울 수는 있다. 그렇다! 1등을 하려고 발버둥 쳐야 1등이 되고, 우승을 하겠다고 몸부림쳐야 우승을 한다. 마찬가지로 부자가 되겠다고 발버둥 쳐야 부자가 되는 것이다.

무언가를 얻으려면 절실히 원해야 한다

가난한 사람의 특징 중 하나로 마음속으로는 부자가 되기를 꿈꾸면서도 항상 가난뱅이의 척도로 자신을 측정함으로써 가난한 인생을 벗어나지 못한다는 것을 들 수 있다. 그들은 평생 무엇을 존중한다거나 아까워하는 개념을 알지 못한다.

예컨대 그들은 타인을 존중하지 않는 것은 곧 자기를 존중하지 않는 것이고, 현재의 시간을 아까워하지 않는 것은 자신의 미래를 귀하게 여기지 않는 것과 같다는 이치를 알지 못한다. 객관적인 기준이 아니라 자신의 척도로 재단하는 것이다.

이와 달리 부자가 되는 사람은 만족과 감사의 개념을 매우 중시한다. 그는 비록 좋은 환경을 타고나지는 못했더라도 자신을 사랑해주는 부모님이 있음에 감사하고, 태어난 나라에서 생명을 받았다는 사실 자체에도 감사한다. 이처럼 부자는 자신의 현재가 어떻든 현실을 있는 그대로 담담히 받아들인다.

이는 자신이 처한 현실적인 조건들은 바꿀 도리가 없다는 사실을 빨리 파악하기 때문에 가능하다. 또한 그는 새롭게 시작할 수 있는 방법을 찾아서 자신이 걸어갈 수 있는 길을 골라낸다. 그들은 어려운 현실을 기쁘게 감수하면서 능력과 힘을 쌓아 점차 상황을 바꿔간다.

가난하다고 해서 처음부터 가난을 원하지는 않았을 것이다. 하지만 가난한 사람들은 기꺼이 가난을 감수한다. 그들은 용이 용을 낳고, 닭은 닭이 낳으며, 쥐새끼는 구멍 뚫는 일밖에 할 수 없는 것처럼 모든 것이 운명으로 정해져 있다고 여긴다. 하늘의 뜻이기 때문에 그 누구도 여기에서 벗어날 수 없다고 생각하는 것이다.

하지만 이런 운명론은 사람을 속이는 사기일 뿐이다. 돈 있는 자들이 이런 말로 가난한 사람들을 속이고, 다시 가난뱅이는 이 말로 자신을 속여 평범한 인생을 당연한 것으로 여긴다. 따라서 가난뱅이는 결국 타인의 착취 대상이 되고 마는 것이다.

사실 이 세상에 어떤 것도 바꿀 수 없는 것은 없다. 그 '어떤 것'에 가난과 부유함도 포함된다는 것은 두말할 필요조차 없다. 이것은 생각을 하느냐 안 하느냐 또는 생각을 하려고 하느냐 안 하느냐의 문제일 뿐 밑천이 들고 안 들고의 문제가 아니다.

무언가를 바꾸고 싶다면 먼저 그것을 절실히 원해야 한다. 바로 이 점에서 가난뱅이는 부자에게 영원히 뒤처지는 것이다. 말하자면 가난한 사람이 되느냐, 부자가 되느냐는 체면의 문제가 아니라 뼛속 깊이 박혀 있는 품성의 문제인 것이다.

간절함과 절실함이 파워의 원천

부자가 되는 사람은 가난할 때도 자신의 운명을 바꾸기 위한 시도를 멈추지 않는다. 더불어 그는 가난을 진정으로 싫어하고 미워하기 때문에 운명을 바꾸기 위해 새로운 청사진을 그린다. 막다른 골목에서 돌연 문이 나타나기를 기다리는 것이 아니라 스스로 새로운 출구를 찾는 것이다. 그 과정에서 가던 길이 막혔으면 새로운 길을 찾아 나서야 한다는 것이 부자의 생각이다.

반면 길이 막혔는데도 불구하고 계속 같은 길만 고집하는 사람도 많다. 그 결과 그들은 영원히 철저한 가난뱅이로 남게 된다. 지금 가난한 사람이 부자가 되려면 먼저 생각을 바꾸어야만 새로운 세계로 나아갈 수 있다. 자기의 운명을 탓하며 좌절하고 악담을 퍼부어봤자 에너지만 소모될 뿐 아무런 의미가 없는 짓이다.

사람들에게 지위를 부여하는 기준은 시대마다 달랐다. 고대 아테네에서는 싸움을 잘하는 투사들이 최고였다면, 르네상스 시대에는 예술가들을 최고로 평가했다. 자본주의가 활짝 꽃핀 현대에는 당연히 경제적인 능력, 즉 '돈'이 평가의 기준이 된다. 누구도 부인할 수 없는 현실이다.

사람의 가치 기준에 있어서도 유달리 '부'와 '권력' 등에 집착하는 현대인에게는 가령 칼싸움을 잘하는 것은 전혀 중요하지 않으며, 예술이나 춤도 취미의 대상일 따름이다. 결국 세속적인 기준에서 성공의 지표로 제시할 수 있는 유일한 기준은 부와 그것으로부터 얻게 되는 힘에서 크게 벗어나지 않는다.

세상에는 공부는 잘 못하지만 스포츠나 오락에 특화된 학생도 있고, 경제적으로는 가난뱅이 신세를 면치 못하지만 노래를 잘 부르거나 혹은 그림을 잘 그리는 사람도 있다. 하지만 자나 깨나 부만을 추구함으로써 탐욕 덩어리로 전락한 현대인들은 돈 이외의 가치는 모두 제쳐두고 타고난 소질과 능력도 무시하면서 오직 돈만을 따먹는 하나의 게임에 몰입하고 있다. 그러면서 모두들 자기가 승자가 되겠다는 무모하고도 탐욕스러운 꿈을 꾸고 있는 것이다.

아무리 많은 선수들이 참가해도 마라톤 대회에서 금메달의 주인공은 언제나 단 한 명이다. 인생에서 승자와 패자를 가르는 게임도 이와 크게 다르지 않다. 결국 부와 권력을 최고의 선(善)으로 여기며 죽는 날까지 모든 것을 걸고 경주해야 하는 사람들에게 인생은 공정하지 않다. 하지만 우리가 살아가는 사회의 시스템이 그러니 탓할 수도, 외면할 수도 없는 것이 현대인의 숙명이다.

그 결과 오늘도 수많은 사람들이 많은 것을 희생하면서 끊임없이 부자가 되기 위해 노력한다. 꼭 부자가 되어야겠다면 이왕이면 투자 대비 성취가 큰 방식을 찾아 부자가 되는 게임에 승부를 걸어야 하지 않을까? 그러면 이때는 어떤 자세로 노력해야 할까?

인간에게 있어 간절한 마음은 엄청난 결과를 만들어내는 힘의 원천이다. 한때 유행했던 드라마에서 "뛰는 놈 위에 나는 놈이 있고, 나는 놈 위에 간절한 놈 있다"고 했다. 열정, 간절함, 자신감 등은 모든 것을 이기는 힘이고, 이는 부자가 되는 데도 그대로 통용될 것이다. 간절해야 이룰 수 있다.

무언가를 원하는 마음이 간절하고 절실하다면 지금이 인생에서 가장 강할 때이다. 이때 간절한 마음은 자기 안의 잠재력을 극한까지 끌어올린다. 이런 간절함은 사람들로 하여금 혼신의 힘을 다하게 만들고, 부정적인 사람조차 긍정적으로 만드는 힘이 있다. 그 결과 '과연 내가 할 수 있을까' 혹은 '나는 게을러서 최선을 다할 수 없어' 라고 생각하는 사람까지도 변화시키는 것이다. 한마디로 어떤 소망을 이루고자 한다면 그것에 대해 간절해야 한다는 이야기이다.

잘못된 습관과 탐욕을 컨트롤하라

가난한 사람도 돈을 벌고 부자도 돈을 번다. 그런데 이 둘의 차이점은 가난한 사람이 얼마나 많이 벌었느냐에 신경 쓸 때 부자는 어떻게 벌었느냐를 중시한다는 것이다. 부자가 되려는 사람은 얼마나 많이 버느냐를 고민하기 전에 돈에 대한 잘못된 습관과 탐욕을 먼저 컨트롤할 수 있어야 한다.

가난한 사람의 경우 과정은 무시한 채 결과만을 중시하기 때문에 돈을 벌더라도 잠시만 반짝할 뿐이다. 그 결과 대부분의 가난뱅이들은 호화로운 생활을 해야만 진정한 부자가 되는 것이라고 생각한다. 그들은 돈만 있으면 자신이 부자의 경지에 한 발자국 올라섰다고 판단한다. 그러나 이런 사람은 돈의 주인이 아니라 노예일 뿐이다. 돈에 지배당하는 사람은 결코 그 돈을 오랫동안 소유할 수 없다. 이런 사람은 언제든지 돈을 다시 잃어버릴 수 있기 때문이다.

반면 부자는 돈을 버는 방법을 중시하기 때문에 기회도 잘 잡는다. 당연히 자신에게 많은 재물이 있다 할지라도 그 돈이 어떻게 얻은 것인지, 또 어떤 과정에서 번 것인지, 과장된 점은 없는지, 진짜 내용물은 무엇인지를 분석하고 또 계산한다.

대개의 부자들은 시장 논리에 근거하여 다음의 두 가지 기본 사항을 기준으로 기회의 가능성을 검증한다. 그 하나는 시작할 때의 공평성이고, 다른 하나는 과정에서의 공정성이다. 특수한 상황이 아닌 일반적인 출발 선상에서 시작하여 공정한 게임의 법칙을 적용해 거둔 성공만이 진짜라고 할 수 있기 때문이다.

이 책의 주제인 부자가 되는 것도 마찬가지이다. 부자가 되기 위해서 우선 할 일은 가난할 수밖에 없었던 지금까지의 습관을 바꾸는 것이다. 습관을 바꾸는 일은 기존의 생각과 틀을 깨는 고통을 수반하므로 당연히 쉽지 않다.

익숙한 것과 결별하고 변화하기 위해서는 습관을 파괴할 수 있는 어떤 계기가 있어야만 한다. 그런 계기는 스스로 깨달아서 만들 수도 있지만 제삼자에 의하여 깨우쳐질 수도 있다. 아이들의 잘못된 습관을 부모들이 바꾸어주듯이 누군가에 의하여 익숙했던 습관과 결별할 수 있다는 것이다. 결국 중요한 것은 가난을 불러올 수밖에 없었던 지금까지의 습관을 바꾸지 않고는 부자가 되기를 바랄 수도 없고 되지도 않는다는 것이다.

로또 1등 당첨이 인생 역전이 되려면

최근 부자의 꿈을 이루고 인생 역전의 피크에서 샴페인을 터뜨린 뒤에 비극적 말로를 맞이하는 '로또 1등의 저주'가 심심찮게 들려온다. 로또는 45개의 숫자 중 6개의 숫자를 맞추는 것인데 이때 숫자 6개를 모두 맞출 확률은 814만 5천 60분의 1이라고 한다. 하루에 두 번 벼락에 맞을 확률이라고 하니 이 정도라면 속 편하게 그냥 확률이 제로라고 하는 것이 맞겠다. 또한 그런 이유로 로또 1등 당첨은 낙타가 바늘구멍을 통과하는 것보다 어렵다고 보는 것이 현실적이다.

그런데 흔히 '인생 역전의 기회'라고 불리지만 아이러니하게도 로또 1등 당첨 후에 인생이 180도 달라지지 않거나 오히려 파탄으로 치닫는 경우가 많다. 당첨금을 흥청망청 사용해 돈이 의미 없이 사라지거나 갑자기 생긴 거액을 제대로 관리하지 못해 더 큰 빚으로 돌아오는 것이다.

다음에 소개하는 사연은 길을 걷다 벼락을 맞아 죽기보다 어렵다는 확률을 뚫고 누구나 꿈에 그리는 로또 1등에 당첨돼 천국으로 향하는 급행열차를 탄 것 같았지만 허무한 말로를 맞은 이야기인데 비참하다 못해 처참하기까지 하다.

2019년 10월 12일, 로또 1등에 당첨된 후 친동생을 살해한 혐의로 체포된 50대 A씨의 사연은 주변 사람들을 경악시키기에 충분하다. A씨는 몇 년 전 전주에서 로또 1등에 당첨돼 세금을 뺀 당첨금을 손에 쥐었다. 그는 그중 3억 원 상당을 자신의 누나와 동생 두 명에게 나눠준 뒤 정읍에 식당을 열었지만 얼마 지나지 않아 경영난에 시달렸다.

A씨는 자신이 준 당첨금으로 동생이 구입한 집을 담보로 하여 은행에서 대출을 받았으나 이후에도 사정은 나아지지 않았고, 매달 25만 원의 대출이자조차 갚지 못하는 처지에 놓이게 되었다. 은행의 빚 독촉이 계속되자 형제는 여러 차례 다투게 되었고 형제 사이의 갈등은 점점 커져갔다.

급기야 A씨는 자신을 무시했다는 이유로 동생을 흉기로 수차례 찔러 살해하기에 이른다. 억대의 돈을 선뜻 줄 정도로 우애 깊었던 형제에게 로또 당첨은 천국이 아닌 비극으로 향하는 길이 되고 말았던 것이다.

이보다 더 큰 당첨금을 받은 B씨의 말로 또한 비참하다. B씨는 13년 전인 2006년 20대 중반의 나이에 강도·상해 혐의로 경찰 수배를 받던 중 우연히 로또에 당첨됐다. 당첨금은 무려 19억 원으로 큰돈이었지만 그런 일확천금도 인생을 바꾸지는 못했다.

B씨는 로또 당첨금으로 유능한 변호사를 선임해 강도·상해 혐의를 벌금형으로 마무리한 뒤 본격적으로 당첨금을 쓰기 시작했다. 물론 처음에는 당첨금을 가족을 위해서 쓰면서 새 인생을 사는 듯했다. 하지만 얼마 지나지 않아 도박장과 유흥 시설을 드나들며 8개월 만에 돈을 모두 탕진했다. 결국 B씨는 금은방과 휴대전화 할인 매장, 음식점, 의류 매장 등에서 절도 행각을 벌이다가 경찰에 붙잡히는

등 교도소를 들락거리는 신세로 전락하고 말았다.

2003년에는 회차 이월로 무려 242억 원이라는 거액을 받은 40대 C씨가 무계획적인 주식 투자와 사업을 거듭하다 5년 만에 돈을 모두 탕진했다. 무리한 주식 투자에 빠졌던 C씨는 자신을 펀드 매니저라고 속여 투자자들의 돈까지 선물 투자에 끌어 쓰다 잠적했다. 그 후 아르바이트를 하며 찜질방을 전전하다가 결국 2014년 경찰에 붙잡혔고 사기 혐의로 구속됐다.

다른 사례로는 2012년 광주에서 30대 가장이 로또 1등 당첨금 18억 원을 사기 피해 등으로 날리고 스스로 목숨을 끊는 안타까운 일도 있었다.

그 어렵다는 로또 1등 당첨으로 기대했던 '인생 역전'은커녕 오히려 그로 인해 '인생 파탄'이 난 사람들의 참담한 이야기이다. 한 명은 동생을 죽인 살인자로, 다른 한 명은 모든 것을 탕진한 채 남의 물건에 손을 대는 좀도둑 신세로, 또 다른 사람은 교도소 행으로 추락한 것이다. 그들은 "차라리 로또에 당첨이 안 됐으면 평범하게 살았을 텐데"라며 때늦은 후회를 하고 있다.

그토록 원했던 큰돈을 손에 쥐었음에도 왜 그런 비극적인 결과가 발생한 것일까? 그것은 돈에 대한 잘못된 습관과 탐욕 때문이 아닐까? 가난을 불러올 수밖에 없었던 지금까지의 습관을 바꾸지 않고 갑자기 부자가 되었기 때문에 스스로 그런 상황을 컨트롤할 수 없었던 것은 아닐까?

기획재정부와 복권 수탁 사업자인 동행복권에 따르면 2018년 로또 복권 판매액은 3조 9,658억 원에 달했고, 52번의 추첨을 통해 판매액의 절반 수준인 1조 9,803억 원(세금 제외)이 당첨자에게 돌아갔으며, 1등의 평균 당첨 금액은 19억 6,100만 원이었다고 한다.

사실 이 정도 돈이면 인생 역전까지는 아니어도 새로운 삶을 사는 데 부족함이 없는 액수임에도 일부 당첨자는 안정적인 생활을 영위하지 못했다. 이런 사례들을 일반화할 수는 없지만 아무래도 자신이 땀 흘려 얻은 대가가 아니다 보니 쉽게 돈을 쓰다가 비극을 자초하는 것이다.

결국 복권 당첨금이나 유산 상속, 투기 등으로 갑작스럽게 거액을 갖게 된 이들은 신중하지 못한 투자를 하거나 도덕적인 해이를 보이는 경향이 있는 것이 사실이다. 그러므로 부자가 되려는 사람은 돈에 대한 잘못된 습관과 탐욕을 먼저 컨트롤할 수 있어야 한다.

부자와 가난한 사람은 접근 원리부터 다르다

가난을 좋아하는 사람은 없다. 가난한 사람들의 특징 중 하나는 자신이 가난한 이유를 각양각색으로 둘러댄다는 것이다. 그 이유들 중에는 그럴듯한 것도 있겠지만 그런 변명들로 인해 가난뱅이는 계속 가난할 수밖에 없게 된다.

부자들이 모두 선하고 올바른 사람들만 있는 것이 아닌 것처럼 가난뱅이들이 모두 틀린 말만 하는 것은 아니다. 가난뱅이라도 부자 못지않은 능력과 학식이 있을 수 있다. 반대로 부자라고 해서 무조건 일처리를 잘하고 반드시 높은 학력을 가지고 있는 것도 아니다. 하지만 확실한 것은 부자들에게는 문제를 해결하는 방법을 찾는 뛰어난 안목과 재질이라는 공통점이 있다는 것이다.

　평범한 사람이 부자가 되기 위해서 사업을 시작하기로 했다고 하자. 가난한 사람은 사업을 시작하려 해도 우선 자금을 마련하는 것에서부터 벽에 부딪히고 만다. 사실 자금을 마련할 수 있는 경로는 개인이 저축을 하거나 혹은 다른 사람이나 은행에서 빌리는 방법이 있다. 이 단계에서부터 부자와 가난뱅이는 차이가 있다.

　사업을 하려고 할 때 가장 근본적인 차이는 그들의 마음가짐에 있다. 부자는 사업을 할 때 직면하는 시련들을 정상적인 과정이라 여기며, 자금을 모으는 것은 노력의 산물이라 생각한다. 또한 일이 잘 풀리지 않아도 그것은 경영 과정의 일부라고 보고 결과물에는 그다지 신경을 쓰지 않는다. 과정이 잘못되지 않았다면 결과 역시 예상을 벗어나지 않을 거라는 믿음 때문이다. 당연하게도 이런 마음가짐이라면 결과 역시 잘못되는 일은 흔하지 않을 것이다.

　이와는 반대로 가난한 사람들은 결과만을 특히 중시함으로써 역설적으로 일이 틀어지게 만든다. 그들에게는 오직 승패와 득실만이 중요하기 때문에 돈을 모으는 것만 원하고 돈을 써야 하는 상황은 받아들이지 않는다.

당연히 어떤 일을 할 때 살얼음을 밟듯이 노심초사하며 마음의 부담을 가지고 진행한다. 이렇듯 눈앞의 이익에만 연연하게 되면 어느 단계에서 한 번만 삐끗해도 큰 손해를 보게 된다. 결국 자신의 의지와는 반대의 결과를 야기하고 마는 것이다.

더 구체적으로 이야기하면 돈은 많이 벌고자 하면서도 시련이나 난관은 꺼리고, 손해를 볼까 두려워 많은 경우에 선택을 포기해 버리고 만다. 더구나 그들은 한 번 도전 후 실패하면 그 다음부터는 새로운 시도마저도 해보려 하지 않는다. 그 결과는 원하는 것(부자가 되는 것)을 얻지 못하고 가난한 상태에 머물러 있어야 하는 것이다. 자신의 선택에 의해 가난뱅이가 되는 셈이다.

부(富)란 자신이 건 리스크의 대가이다

가난한 사람과 비교해서 부자들의 특징 중 하나는 계산에 밝다는 점이다. 자기가 처한 상황에 근거하여 대책을 세운 다음 시기를 놓치지 않고 자신의 일을 시작한다는 점에서 그렇다. 사실 어떤 비즈니스를 한다는 것은 자본과 실력 그리고 지혜가 필요한 일이다. 빈손으로 시작해 자수성가로 성공한 부자는 필요한 자금 역시 대부분 자신의 지혜와 명민한 두뇌 그리고 탁월한 수완으로 마련한다.

어떤 일을 하든지 최소한의 자본은 필요하다. 자금이 있어야만 그 다음 단계의 일을 진행해 나갈 수 있다. 앞에서 설명했듯이 자금을 만들기 위해서는 우선 기본적으로 돈을 조금씩 모아나가는 방법이 있고, 다음으로는 다른 사람에게 빌리거나 대출을 받아서 만드는 방법이 있다. 이 두 가지 방법에는 각각 다음의 장단점이 있다.

첫째로 돈을 조금씩 모아나가는 방법을 살펴보자. 이 방법은 안정적이고 확실해서 위험 부담이 적다. 따라서 대부분 이 방법으로 돈을 모아나간다. 특별한 배경이 있지 않은 대부분의 사람들이 자신의 노력에 기반을 두고 자본을 만들어가는 것이다. 그러나 이렇게 차곡차곡 자본을 만드는 방법은 대단히 고생스러울 뿐만 아니라 시간도 오래 걸린다. 따라서 돈을 모아가는 과정에서 이런저런 욕구들을 억눌러야 하고, 자신의 충동도 지속적으로 억제해야 하는 등 인내의 시간을 보내야 한다.

이런 과정을 거쳐 어렵게 돈을 모으지만 대개는 모은 돈을 잃어버릴지도 모른다는 두려움에 선뜻 투자를 하지 못한다. 너무 신중해서 많은 기회를 놓치는 것은 당연하다. 돈을 가지고 있으면 그만큼의 보답이 있으리라 생각하겠지만 실제로 그런 다행스러운 경우는 많지 않다.

우리가 살고 있는 시대는 지속적으로 진보해왔고 그 발전 속도 또한 놀라울 정도로 빠르다. 이것은 한 사람이 모아야 하는 자본금 역시 계속해서 바뀐다는 의미이다. 만약 필요 자금을 충분히 모으겠다고 결심한다고 해도 그 목표를 영원히 달성하지 못할지도 모른다. 결국 이런 식으로는 실제 창업하기도 어렵고 부자가 되겠다는 꿈에서도 멀어진다는 결론에 이르게 된다. 그런 이유로 많은 사람들이 평생 진정한 부자가 되지 못하는 것이다.

반면 부자가 되는 사람은 자금을 만드는 데 있어서 가난뱅이보다 똑똑하다. 그는 이용할 수 있는 것은 무엇이든 이용하자는 생각으로 자신이 필요한 자금을 만들어간다. 남에게 빌리는 데도 익숙하고 필요에 따라 서로 연합하여 자금도 만들기도 하며 사업도 일정 궤도에 올린다. 이와 같이 자신의 지혜와 집단의 힘을 빌려 어려움을 해결함으로써 설령 실패한다고 해도 크게 타격을 입지 않는다.

그렇다! 가난한 사람이나 부자 모두 돈이 없을 때는 모든 조건이 비슷하다. 하지만 일을 풀어가는 방식이나 아이디어를 발휘하는 단계에서 차이가 있다. 가난뱅이가 운명을 믿고 기다리거나 굼벵이처럼 느릿느릿 기어갈 때, 부자는 즉시 방법을 생각해내기 시작하여 자신을 둘러싸고 있는 굴레를 벗어버리고 가벼운 몸으로 세상을 향해 출전하는 것이다.

한국인의 돈에 대한 이중적인 태도

한국 사회는 부자가 되고자 하는 욕구는 대단히 강하지만 돈에 대한 태도는 이중적이다. '돈'이라는 단어를 입에 올리는 것조차 불경스럽게 여겨 특정 종교에서는 '돈' 대신 '물질'이라는 단어를 쓰기도 한다. 두 단어가 크게 차이는 없어 보이지만 신성한 장소에서 돈에 대해 말하는 것을 상스럽고 천하게 여기는 의식이 있음을 알 수 있다.

　돈에 대한 이율배반적인 태도는 우리 사회 어디에서나 나타난다. 안빈낙도 식의 교육, 즉 '나물 먹고 물 마시고 팔베개하면 행복'이라고 가르치고, 한편에서는 "황금 보기를 돌같이 하라"는 최영 장군의 가르침도 전한다. 압권은 아이들이 어려서부터 돈을 밝히면 안 된다고 윽박지르는 것이다. 이 단계에 이르면 아이들에게 절대 부자가 되면 안 된다고 주입시키는 것과 진배없다.

　더 기가 막힌 역설은 이렇게 돈에 대해 청렴할 것을 요구하는 교육 환경과 사회적 주입이 넘쳐나는 분위기에서 대한민국 사회는 그 어느 나라보다도 더 깨끗하고 청렴해야 할 것 같은데 사실은 전혀 그렇지 않다는 점이다. 현실을 보면 한 푼이라도 더 빼앗기 위해 "서로 물고 뜯는 사람들이 가득한 곳"이라는 어느 작가의 표현이 오히려 더 사실적이다.

　그러한 탐욕으로 인해 한국의 부정부패 지수는 창피하게도 모로코나 에스토니아, 남아프리카 공화국 등보다도 낮은 48위에 랭크된다('국제 투명성 기구'의 발표). 더구나 한국은 전 세계 수출 주도 국가 19개국 가운데 뇌물 공여 지수가 18위에 자리한다. 즉, 꼴찌라고 봐야 하는데 그 결과 떡값과 리베이트가 어느 곳에나 만연해 있는 나라로 유명하다. 이율배반의 극치를 보여준다고 할 수 있다.

　돈에 대한 태도가 이렇게 표리부동하고 겉과 속이 전혀 다른 모순을 보이는 나라는 많지 않다. 이것은 돈에 대한 생각을 근본적으로 전환하기 전에는 바뀌지 않을 과제이기도 하다.

현실이 이러니 많은 사람들이 월급쟁이를 하며 돈이 조금 모이면 무작정 재테크에 나서게 된다. 그러나 주식이든 부동산이든 수없이 깨지고 망가지면서도 그 이유나 원인도 모른 채 피눈물을 흘리며 물러나는 사람들이 부지기수이다. 제대로 배우는 과정 없이 귀동냥으로 하는 투자가 잘될 리 없는 것은 자명하다.

물론 극소수지만 만신창이가 된 상태에서 다시 도전한 끝에 제법 좋은 결과를 얻기도 한다. 하지만 안타까운 것은 그런 쓰라린 경험이 대물림된다는 점이다. 자기가 그렇게 깨지고 망가지고 체험했으면 그 경험 중 일부라도 후손에게 넘겨주어야 하는데 그런 과정이 없다. 예컨대 실패의 경험도 좋은 교훈일 수 있으므로 자식에게라도 그것을 남겨줘야 하는데 도중에 포기하다 보니 무엇을 가르쳐야 하는지 정리가 안 되는 것이다.

그러면서 이상한 방향의 충고를 한다. 주식으로 망한 사람은 자식에게 절대로 주식투자하지 말라고 하고, 부동산으로 망한 사람은 자식에게 부동산 투자는 절대 하지 말라고 한다. 이런 영향으로 자식들 역시 실패를 반복하고, 다시 그 아들의 아들도 마찬가지 과정을 밟는다. 결국 재테크에 대한 진지한 고민이 없으니 그 자식들 또한 영원히 가난뱅이로 살게 되고, 가난한 월급쟁이로 인생을 마감해야 하는 것이다.

2장

"가난한 사람은 왜 가난한가?"

Knowing is not enough, we must apply.
Willing is not enough, we must do.

아는 것으로 충분하지 않다. 적용해야만 한다. 의지만으로 충분하지 않다. 그것을 해내야만 한다.
— 괴테(Johann Wolfgang von Goethe)

일반적으로 가난한 사람은 부자를 부러워하면서도 그들을 멀리한다.
부자들에 대해 이야기할 때는 비꼬는 말투가 나오게 마련이고
언제든지 부자들의 추악함을 안주 삼는다.
중요한 것은 실제로 얼마나 부족하고 추한지에 관계없이
그들은 부자가 되었고, 그것은 결코 쉬운 일이 아니라는 점이다.

01 가난한 사람은 자신을 과소평가한다

다음의 안타까운 스토리는 충분한 재능과 아이디어가 있고 창의력 또한 풍부했으나 자신의 능력을 과소평가했으며, 또한 무지로 인해 절호의 기회를 놓친 어이없는 이야기이다.

세월이 흘러 훗날 '슈퍼맨'은 미국 문화를 상징하는 영웅이 되지만 애초에는 많은 출판사에서 수없이 퇴짜를 맞던 작품이었다. 온갖 우여곡절 끝에 드디어 1938년 6월 14일 DC 코믹스의 최대 히트작이자 상징적인 작품이라 할 수 있는 《슈퍼맨》이 만화 잡지(액션 코믹스)로 처음 모습을 드러냈다.

슈퍼맨의 원작자는 클리브랜드에 있는 한 고등학교의 동창인 제리 시겔(Jerry Siegel)과 조 슈스터(Joe Shuster)이다. 제리는 키가 작고 그다지 외모에 자신이 없었지만 대다수 학생들과 마찬가지로 몇 명의 예쁜 여학생들을 좋아했다. 그러나 그 여학생들은 제리를 좋아하지 않았고 심지어 거들떠보지도 않았다. 제리에 의하면 "내가 짝사랑했던 여학생들은 내가 존재한다는 사실조차도 모르거나 아니면 나의 존재 자체에 관심이 없었다"고 한다.

제리는 몽상하기를 좋아했는데 여학생들의 거절로 제리의 상상은 도를 넘어서게 되었다. 그는 자신에게 정말로 특별한 능력이 있다면, 가령 초인적인 힘이나 하늘을 날 수 있는 초능력이 있다면 여학생들이 자신을 어떻게 볼까 하는 상상을 하기 시작했다.

제리는 자신이 상상한 것을 가장 친한 친구인 조에게 털어놓곤 했다. 제리와 비슷하게 사춘기를 겪고 있던 조는 제리처럼 이야기를 만드는 재주는 없었지만 그림 실력이 뛰어났다. 조가 그리는 것은 무엇이든 종이에서 금방 튀어나올 것처럼 생생했다. 이 두 명의 친구는 많은 시간을 함께 보내면서 제리가 환상적인 이야기를 생각해 내면 조는 선명한 그림으로 그 이야기를 그려내곤 했다.

학교를 졸업한 후에도 두 친구는 계속 연락했다. 두 친구는 당시 한창 인기 있었던 탐정 소설 등에서 영감을 받아 슈퍼맨 캐릭터를 만들었다. 제리는 이야기를 구상하고 조는 그림을 그리면서 두 사람이 꾸며낸 가상의 주인공이 모습을 드러내기 시작했다. 제리가 만들어낸 주인공은 초인적인 힘을 지니고 있다. 그가 구상한 이야기의 줄거리는 다음과 같다.

슈퍼맨은 파괴된 행성 크립턴이 고향이며, 그가 갓난아이였을 때 부모는 그를 지구로 보내게 된다. 구체적으로는 슈퍼맨은 멸망한 행성에서 태어났으나 행성이 곧 폭발할 거라는 사실을 안 부모에 의해 우주선을 타고 지구에 보내진 것이다. 그 후 미국 중서부 어딘가에 착륙했고, 마침 아이가 없는 노부부에게 발견되어 키워졌다.

미국 중부에 사는 마샤와 조너선 켄트 부부가 그를 발견해 클라크라는 이름을 지어주고 자신들의 자식으로 키운다. 클라크는 소년이 되자 잠재해 있던 원초적 능력을 발견하게 되는데 이것은 나중에 비행, X선 투시 등 무한한 힘으로 발전한다. 어느덧 청년으로 성장한 클라크는 자신이 가진 이상한 힘을 느끼게 되었지만 양부모는 그 힘을 인정하지 못하게 한다.

클라크는 자신의 초능력을 숨긴 채 취직하여 기자로 일하게 된다. 본래의 그는 온화한 성품으로 데일리 플래닛(Daily Planet)의 기자로 일하면서 동료 기자인 로이스 레인에게 관심을 갖는다. 그녀는 범죄에 맞서 싸우는 슈퍼맨의 용기에 매혹당하지만 청혼은 거절한다. 이렇게 모든 위험에 대해 거의 불사신인 그는 '진리, 정의 그리고 미국적 방식'을 수호하기 위해 적들과 결연하고도 꿋꿋한 자세로 싸워나가는 것이다.

캐릭터가 탄생하기까지 제리가 주인공의 모험을 상상할 때마다 조는 그 모습을 그려나갔다. 조는 주인공에게 몸에 꼭 붙는 선명한 파란색 의상을 입혔고 빨간 망토를 두르게 했다. 그리고 이야기에 맞춰 옷에 초승달 모양의 장식을 붙였고, 이 장식의 중앙에는 주인공의 이름 첫 자를 딴 'S' 자를 빨간색으로 크게 그려 넣었다. 드디어 슈퍼맨이 완성된 것이다.

제리와 조는 자신들의 창작물에 몹시 흥분했다. 두 사람은 슈퍼맨의 그림과 이야기를 팔기 위해 많은 출판사의 문을 두드렸지만 안타깝게도 계속해서 거절 편지만 받았다. 이때가 1933년이었다.

이렇게 계속해서 퇴짜를 맞고 있던 상황에서 마침 DC 코믹스가 새로운 만화 잡지인 〈액션 코믹스〉를 창간했고 신인들에게 기회를 주었다. 제리와 조의 원고가 DC 코믹스의 책상에 놓였고, 이 회사는 크게 감탄하면서 당장 슈퍼맨 캐릭터에 대한 독점권을 사고 두 젊은 이를 고용했다.

이것은 1938년 봄에 벌어진 일이었고 제리와 조는 마치 세상 꼭대기에 올라간 기분이었다. 두 친구는 불과 23세라는 어린 나이에 미국에서 가장 큰 만화 출판사에 정식 고용되었다. 드디어 꿈이 실현된 것이다. 이렇게 해서 슈퍼맨은 세상에 빛을 보게 된다.

1938년 6월, 만화책은 세상에 처음 선을 보였다. 이듬해 1월에는 신문의 연재만화에도 등장했는데 물론 제리가 줄거리를 구성하고 조가 그림을 그렸다. 이후 슈퍼맨은 텔레비전 연속극, 라디오 쇼, 만화 영화, 소설, 브로드웨이 연극, 영화의 주인공이 되었다. 엄청난 히트작이 된 것이다.

이들의 이야기가 여기에서 끝난다면 정말 좋았을 것이다. 재능이 있는 젊은이 두 명이 좋아하는 일을 하고 결국 성공해 돈도 번다는 해피엔딩이라면 좋았을 텐데 안타깝게도 현실은 그렇지가 않았다. 왜 그럴까?

자신을 과소평가할 때 생기는 일

누구나 알다시피 슈퍼맨 캐릭터는 미국을 비롯해 전 세계에서 대히트를 쳤다. 처음 출시부터 만화책 판매는 물론 텔레비전 연속극, 영화와 캐릭터의 라이선스 계약 등등 헤아릴 수 없을 만큼 많은 이익을 냈다. 사실 영화 〈슈퍼맨〉 1편만 하더라도 1억 달러 이상을 벌어들였다. 1938년 처음 탄생 이래 지금까지 슈퍼맨 캐릭터의 금전적 가치는 천문학적인 숫자이다.

중요한 것은 이것이다! 그 엄청난 수익 중 몇 퍼센트가 원작자인 제리와 조에게 돌아갔을까? 대답을 들으면 어처구니가 없을 것이다. 왜냐하면 그들이 받은 돈은 고작 130달러였기 때문이다. 제리와 조는 수십억 달러짜리 슈퍼맨 캐릭터에 대한 자신들의 권리를 단돈 130달러에 팔아버렸다. 두 사람이 나누어 가져야 하니 한 사람당 정확히 65달러였다. 끔찍하게도 이것은 사실이다.

이 이야기는 사람들이 자신의 가치를 과소평가할 때, 그리고 자신의 권리에 무감각할 때 어떤 일이 벌어지는지를 잘 보여준다. 더구나 이 사연의 후반부는 더욱 가슴 아프다.

슈퍼맨이 크게 성공하자 제리와 조는 DC 코믹스 측에 이익의 일부를 배분해 달라고 요청한다. 충분히 할 수 있는 요청인데도 이들이 받은 것은 회사로부터의 해고 통지였다. 말하자면 그들은 슈퍼맨만 잃은 것이 아니라 직장까지 잃었던 것이다.

이후 그들은 자신들이 창조한 슈퍼맨에 대한 권리를 회복하기 위한 소송을 계속했다. 하지만 소송에 실패하면서 그들은 거의 극빈 상태에서 일생을 살아가야만 했다. 생존을 위해 제리는 로스앤젤레스에서 타이피스트로 일했고, 조는 뉴욕에서 배달부로 일했다.

그나마 다행인 것은 영화 〈슈퍼맨〉이 공전의 히트를 기록하고 나서 원작자의 소식을 접한 여론에 떠밀려 DC 코믹스에서 어쩔 수 없이 두 사람에게 각각 연 2만 달러의 연금을 지급했다는 것이다.

무지로 인해 성공을 잃어야 했던 제리와 조는 마지막 노년을 로스앤젤레스의 같은 동네에서 보냈다. 1992년 조는 무일푼으로 홀로 죽음을 맞았고, 4년 뒤 제리 역시 거의 한 푼도 없는 상태로 죽었다. 엄청난 가치를 창출했음에도 그들의 마지막은 초라하기만 했다.

슬프게도 제리와 조는 자신들의 가치를 인식하지 못했기 때문에 권리를 되찾으려는 시도를 60년간 계속해야 했다. 당초에 이들이 자신들의 가치를 제대로 인식하기만 했다면 이런 악전고투를 해야 할 이유는 없었을 것이다. 슈퍼맨이라는 공전의 히트작을 만들어놓고도 제리와 조는 그것의 가치와 그것을 지키는 데 무지했기 때문에 약삭빠른 사업가에게 착취당했다.

이 순진한 두 명의 친구는 자신들의 시장 가치를 대폭 상승시키는 법을 알지 못했기 때문에 결국 빈털터리가 되었다. 안타깝게도 무지로 인해 엄청난 부를 잡을 기회를 상실한 것이다. 가정이지만 그들이 자신의 가치를 제대로 알았다면 그들의 인생은 전혀 다른 방향으로 흘러갔을 것이다.

지금 이 순간에도 많은 사람들이 자신이라는 상품의 시장 가치를 과소평가하거나 본인의 자산을 충분히 사용하지 못하고 터무니없이 싼 가격에 팔아넘김으로써 이 이야기의 주인공처럼 착취당하고 있다. 가치의 의미를 잘 모르거나 가치를 개선시키는 법을 모르는 사람이 부자가 되기는 어렵다. 이것이 바로 저자가 이 책을 쓰는 이유이기도 하다.

가난한 사람은 왜 계속 가난해야 할까?

오늘날과 같은 오픈된 시대에는 불가능할 것 같지만 가진 것 없는 빈털터리에서부터 시작해 큰 부자가 된 동화 같은 이야기는 너무나 많다. 한 푼도 없는 노동자가 손꼽히는 백만장자가 되고 엄청난 부자가 되며, 나아가 아시아 혹은 세계의 대부호가 된 경우도 셀 수 없을 만큼 많다.

터무니없는《아라비안나이트》쯤의 이야기로 치부할 수도 있겠지만 이 책에서 소개하는 몇 가지 사례만 봐도 절대 허황된 이야기가 아니다. 다만 가난뱅이가 실현 가능한 것을 불가능으로 만들 때 부자는 불가능을 가능으로 만든다는 차이가 있다. 그렇다면 이런 근본적인 차이는 어디에서 기인하는 것일까?

부자는 사회적으로 어느 지위에 있든, 지금 어떤 일에 종사하든, 또 어떤 가정환경에서 자랐든 간에 상대적으로 낙관적이며 근면한 태도를 가지고 있다. 반면 가난한 사람은 늘 자신이 처한 환경을 불평하고 자기가 세상에서 가장 재수가 없는 불운한 인물인 것처럼 말한다. 그러면서 자신은 부자가 될 만한 타고난 재목이지만 가난뱅이로 살아가야 하는 운명을 타고났다고 생각하면서 환경을 비관하고 원망한다.

그런 가난한 사람의 마음과 안목으로는 가능한 일이란 없으며, 그들은 항상 잘 안되는 쪽으로 결론을 내는 특징이 있다. 비록 세상을 보는 눈을 가졌어도 그는 스스로 가난뱅이가 될 수밖에 없는 마음으로 세계를 대하는 것이다. 그러면서도 세상은 자신이 발전할 수 있는 기회나 여건 혹은 재능을 펼칠 수 있는 그 어떤 무대도 마련해주지 않는다고 불만을 토로하곤 한다.

이와 달리 상대적으로 낙관적인 태도를 가진 부자는 전심전력으로 자신의 맡은 바 책임을 완수하려고 노력한다. 현실에 충실하고 시종일관 미래의 꿈을 찾는 자세를 견지한다. 더 긍정적인 것은 자신이 하고 있는 일 모두를 부자가 되는 길로 이끌어주는 가이드라고 생각하는 것이다. 그런 이유로 그는 한 걸음 한 걸음 착실하게 내딛으면서 자신의 발자취를 남겨간다. 그것은 자신이 어디에서 왔으며 어디로 가야 하는지를 알려주는 이정표가 되므로 인생의 긴 여정에서 길을 잃어버릴 염려를 줄일 수 있다.

이런 부자들의 진취적인 태도와 달리 안타깝게도 가난뱅이들은 매사를 비관적으로 보기 때문에 자신의 앞날은 온통 암흑천지이고 발전할 수 있는 틈새를 찾을 수 없으며 앞으로도 나아갈 수 없다고 스스로 믿는다. 당연히 이런 자세로는 미래에 대한 계획을 구체적으로 진행할 수 없다. 따라서 이들은 시대와 인생 그리고 자기 자신에 대한 의심과 분노, 절망으로 가득 차서 헛되이 시간과 에너지를 낭비하고 있는 셈이다.

가난뱅이들은 항상 자신의 불공평한 처지를 원망하면서도 현재 자유로이 살고 있는 다른 많은 사람들이 어떻게 오늘에 이르게 되었는지 이해하려 하지 않는다. 부자들 역시 처음부터 부자였던 것이 아니라 치열한 노력의 과정을 거치면서 삶의 어려움을 헤쳐나온 사람들이라는 점을 미처 생각하지 못하는 것이다.

안타깝게도 가난뱅이는 자신이 세상에 대한 원망을 품고 살아가는 이유가 충분하다고 스스로 위안하면서 실패와 불행으로 점철된 생(生)의 마감을 향해 천천히 걸어가고 있는 것이다.

돈이 있어 좋은 점은 돈 걱정 안 하는 것

미국의 어느 저명한 잡지에서 여성들을 대상으로 설문조사를 했다. 그것은 "아름다움과 돈, 젊음 중에서 당신이 꼭 하나만을 선택해야 한다면 어느 것을 택할 것인가?"라는 내용이었다. 그 결과 70%가 넘는 압도적인 비율의 사람들이 '돈'이라고 답했다. 현실이 이런데도 사람들은 흔히 "돈은 중요하지 않아"라고들 말한다. 표리부동이지만 그것은 돈이 중요하다는 역설적인 표현일 것이다.

물론 인생에서 가장 중요한 것이 돈만은 아닐 것이다. 돈이 아무리 많다고 해도 건강과 사랑, 우정, 자존심, 즐거운 시간, 마음의 편안함 같은 것을 대신해주지는 못한다. 또한 어떤 훌륭한 행위를 하거나 일을 뛰어나게 처리해서 얻어지는 만족감도 돈으로 살 수 없는 것들이다. 이렇게 본다면 돈이 성공을 위한 잣대 중 하나로 이용될수는 있겠지만 확실히 성공 그 자체는 아니다.

그런데 돈으로 행복을 살 수는 없지만 비참함을 몰아낼 수는 있다. 예컨대 "세상에서 부딪히는 모든 문제의 90% 정도는 돈이면 해결되고, 5% 정도는 시간이 가면 해결된다"는 말처럼 돈은 대단한 해결사임이 분명하다. 이는 돈이 사람에게 무엇을 주어서가 아니라 문제로부터 꺼내주기 때문이다. 한마디로 돈이 있어서 제일 좋은 점은 '돈 걱정을 할 필요가 없다'는 것이 아닐까?

많은 연구에 의하면 가난한 사람보다는 돈 있는 부자들이 훨씬 더 행복하다는 것이 확인되었다고 한다. 그런 것을 뭐 연구까지 할까 싶은데 어쨌든 너무나 당연한 결과이다. 사실 경제적으로 자립하면 매사에 선택의 폭이 넓어지고 좋은 일을 할 수 있는 힘이 생기며, 자유로 인해 스트레스는 적어지고 삶이 전반적으로 나아진다는 것은 자명하다.

인간 사회를 어떻게 설명하든 현실에서는 힘없고 가난한 사람들이 부자가 될 수 있는 기회 자체가 풍부하지는 않다. 가난하다 해도 인간적인 삶을 살 수 있는 시스템이 보장되어 있는 사회는 이론에서만 존재하는 것이다. 결국 자본주의 시스템에서 가난한 사람이 부자가 되기란 낙타가 바늘구멍 통과하기만큼 어렵다.

사실이 그런데도 누구나 성공을 꿈꿀 수 있고 노력만 하면 성공할 수 있다고 속삭인다. 달콤한 말이고 일종의 희망 고문이지만 그런 일은 끊임없이 반복된다.

자본주의 사회 자체가 정보와 돈이 없으면 아무것도 할 수가 없다. 당연히 자본주의 사회에서 서민들이 부자가 되는 길은 많지 않다. 보통 사람들이 할 수 있는 일이라고는 여윳돈을 만들어 부동산이나 주식에 투자하는 것인데 이런 선택에서도 성공은 쉽지 않고 사전에 많은 준비를 해야만 가능한 일이다.

그렇다면 일반적으로 부자들이 부자가 될 수 있었던 이유는 무엇일까? 몇 가지만 간단히 살펴보자.

① 돈 많은 부모를 만나 좋은 교육을 받고 부를 상속받았다.

② 책 또는 세미나 등을 통해서 앞선 기술을 받아들여 첨단 지식으로 무장하고, 그를 통해 사고력 증대에 힘썼다.

③ 많은 시도를 통해 실패와 허들을 몸소 경험했다.

④ 좋은 멘토나 훌륭한 스승을 만나 풍부한 지식을 전수받았다.

⑤ 매우 희박한 확률이지만 로또 당첨 같은 행운의 주인공도 있다.

이 중에서 만약 선택할 수 있다면 첫 번째, 즉 금수저가 제일 좋을 것이다. 사실 부는 세습되는 것이 현실이다. 부자들은 온갖 전문가들을 동원해 절세를 하면서 당당히 자식에게 재산을 물려준다. 하지만 서민들은 돈을 벌어보겠다고 분양권이나 아파트 등을 사서 재미를 본다고 해도 차액만큼 세금으로 거둬가는 것이 보통이다.

허무하게도 진짜 큰손들은 진작 재미를 보고 빠져나간 자리에 막차를 타고 가 다치는 것이 보통의 서민들이다. 더구나 유리지갑이라 불리는 월급쟁이는 월급을 타기가 무섭게 인정사정없이 칼같이 뜯기는 것이 우리의 슬픈 자화상이다.

내가 주장하는 바는 이것이다! 이런 사회나 남을 탓하면서 가슴앓이나 하지 말고 취할 것은 취하고 버릴 것은 버리면 된다. 그리고 무슨 수를 쓰든지 부자가 되어야 한다. 억울한 일을 당해도 발 벗고 달려와 자기 일처럼 도와주는 천사는 흔치 않다. 오직 돈과 정보가 있어야만 억울한 일로부터 자신을 지킬 수 있다.

흔히 '정해진 운명은 없다'고 말한다. 이는 운명을 극복하고 자기의 인생을 다시 개척한 사람에게나 해당되는 말이며 현실은 꼭 그렇지만은 않다. 불편한 진실일 텐데 처음 스타트 라인에 섰을 때 훨씬 앞에서 출발하는 사람이 경쟁에서 유리한 것이 사실이다.

어쨌든 가난한 집에서 태어나 불리한 사회 계급에 속하게 됨으로써 불평등이 평생을 따라다니는 인생을 원하는 사람은 없을 것이다. 처음 출발이 미미하면 가난에서 탈출하지 못하고 칙칙하게 살아가야 하는 것은 애써 숨길 필요도 없는 현실이다.

예컨대 부의 차이는 좋은 학군에 집을 살 수 있는 능력과 사교육을 받을 수 있는 기회와 연관되어 있으며, 이것은 학교를 떠난 후에도 평생 지속되는 유리한 점이 분명하다. 말하자면 출발 선상에서부터 뒤처진 불평등이 일생을 통해 누적되고 인생에 심대하게 부정적인 영향을 미친다는 것에 더 이상 무슨 설명이 필요할까?

여기서 끝나는 것도 아니다. 부의 격차는 인생의 종착점에서도 차별을 만들어낸다. 기대 수명, 즉 얼마나 오래 사는가 하는 것과 돈의 유무 문제는 긴밀한 상관관계에 있다. 쉽게 이야기해서 돈 많은 사람이 가난한 사람보다 더 건강하게 더 오래 산다.

가난해도 부자의 줄에 서라

그렇다면 어떻게 해야 할까? 상투적인 말이지만 노력을 해야 한다. 소년 소녀 가장이나 장애인 등 자기 힘으로 어쩔 수 없는 사람들을 제외하고는 사지육신 멀쩡한데 평생 가난하게 사는 사람들은 다 이유가 있다. 그들은 게으르고 의욕도 없고 어떻게 해야 잘살 수 있는지에 별 관심이 없다. 그러면서 그냥 세상 탓하기 바쁘다. 이 사회가 그렇게 만들어져서 어쩔 수 없다고 체념하고 산다.

자신이 가난하다고 생각하면 그 가난을 탈출하기 위해 노력해야 하고, 혹시 부모 잘 두었으면 잘 둔대로 물려받은 것을 잘 지키기 위해 노력해야 한다. 세상에서 가장 좋은 재테크는 부모를 잘 만나는 것이지만 이것은 자기가 선택할 수 없는 일이기에 스스로 탈출구를 마련해야 하는 것이다.

가난한 사람을 비난하려는 의도는 결코 없다. 무조건적으로 가난한 사람을 비난하는 것이 옳지 않은 이유는 부자와 달리 가난한 사람의 리스크는 훨씬 더 크기 때문이다. 사실 가난한 사람은 제한된 자원과 드물게 찾아오는 기회로 인해 방어 본능이 발휘되는 것이다. 그 결과 작은 것을 잃지 않으려 하다가 큰 것을 잃는 과오를 범할 수밖에 없다. 하지만 그런 열악한 상황에서도 부를 획득하여 원하는 부자가 되어야 한다는 것이 내가 하고자 하는 말이다.

부자가 되려면 (불법이 아니라면) 선택에 있어 옳고 그른 것을 따져서는 안 된다. 물론 어떤 가치를 따져야 할 때는 다르겠지만, 비즈니스에서는 지금 선택하는 것이 큰 이익이 되는지 아닌지가 선택의 기준이 되어야 한다. 사실 냉정하게 말하면 가난하든 부자든 그것은 스스로의 선택의 결과라고 할 수 있다. 따라서 타인을 부러워하지 말고 자신이 가진 것을 잘 활용해야 한다.

세계에서 가장 이재(理財)에 밝다는 유대인들의 지혜를 담은《탈무드》에 이런 이야기가 나온다. '자신이 1년에 20만 달러를 벌 때 다른 사람이 30만 달러를 버는 것'과 '자신이 15만 달러를 벌고 다른 사람이 10만 달러를 버는 것' 중 어떤 것을 선택하겠냐는 질문에 대다수의 사람들이 후자를 선택했다고 한다. 이해가 되는가? 20만 달러가 15만 달러보다 더 많은데도 사람들은 비교 심리 탓에 그런 선택을 하는 것이다.

참으로 어리석어 보이지만 대다수 사람들은 이런 심리 구조를 가지고 있다. 문제는 이런 심리 구조는 사실 투자에 있어서 그다지 도움이 되지 않는다는 점이다. 왜냐하면 후자의 선택은 "부자의 줄에 서라"는 명제에 반하기 때문이다. 이런 정신 상태에서는 아무리 "가난해도 부자의 줄에 서라"는 현명한 가르침이 있어도 실제로 힘을 발휘하기 어렵다.

결국 '부자로 살 것인가? 가난한 채로 살 것인가?' 하는 문제는 선택과 집중의 문제로 귀결된다. 부자로 살아야 한다면 좌우 살피지 말고 모든 것을 걸어 한 가지에 집중하라. 하나의 점을 향해 자신이 가진 화살 모두를 집중하면 인생은 변화한다. 반면에 가난한 사람으로 남고자 한다면 이것은 쉽다. 운명을 탓하고 부자들을 비난하면서 불공평한 세상을 원망하며 살아가면 된다.

그렇다! 가난한 사람이 인생을 바꾸고 부자가 되어 삶을 바꾸고

자 한다면 모험이 필요하다. 이미 많이 가진 부자들은 가난한 사람들이 부자가 되는 것을 원치 않는다. 그래서 돈 되는 정보를 제한하고 대충 끝물쯤에 대중에게 던져주거나 아니면 시간 투자가 긴 아이디어를 흘려준다. 하지만 그런 긴 고뇌의 시간을 견디지 못하는 가난한 사람은 다시 부의 추월 차선에서 벗어나 서행 차선으로 되돌아가는 것이다. 그곳에는 가난만이 기다리고 있다.

부자가 되지 못하는 이유는 무엇일까?

돈은 벌고 싶은데 일은 하기 싫고, 좋은 대우를 받고 싶은데 능력은 안 된다. 그래도 자신이 능력이 있다고 생각하는 사람은 마음대로 안 되는 것을 부모 탓, 조상 탓으로 돌린다. 말하자면 금수저, 흙수저 타령인 것이다.

사실 이런 세태를 탓하기만 할 일도 아니다. 대개의 가난한 사람들에게는 그들만의 공통적인 특성이 있다. 우선 부가 무엇인지를 명확하게 알지 못한다. 더욱이 안타깝게도 그들을 자세히 살펴보면 돈이 모이고 싶어도 모일 수 없는 이유들에 둘러싸여 있다.

예컨대 가난뱅이는 자신의 생활만을 바꾸려 하는 반면 부자는 자기의 운명을 바꾸려 한다. 더 나아가 가난한 사람은 항상 익숙한 환경과 인간관계만을 중요시한다. 이런 익숙한 것들을 버린다면 자기에게는 아무것도 남지 않을 거라고 여기기 때문이다. 그래서 꿈과 돈을 좇아 고향을 등지거나 살던 곳에서 멀리 떠나지 못하고 항상 자신이 원래 있던 자리만을 고수한다. 그러면서 그 자리에서 어떤 변화가 일어나기만을 기다리며 마음을 졸이고 애를 태운다.

하지만 부자는 다르다. 그들은 다른 사람이 걸어갔던 길은 의식적으로 가지 않으려 한다. 말하자면 자기 스스로 길을 만들기 때문에 자신의 발아래에 난 길이 잘못되었다면 바로잡아가며 마음속으로는 또 다른 여러 갈래의 길을 생각해보는 것이다. 그런 다음에 다른 사람들이 흉내 낼 수 없고 도저히 길을 만들 수도 없다고 판단되는 곳에 자신만의 길을 새롭게 만들어낸다.

부자들이 그런 판단을 하는 근거는 남들이 걸었던 길에는 재물이 없으며, 혹시 있다고 해도 다른 사람들이 버린 부스러기가 고작이라는 사실을 잘 알고 있기 때문이다. 쉽게 이야기하면 다른 사람이 이미 고치고 다져놓은 길 위에 보물이 있을 리가 없다는 것이다. 왜냐하면 길을 고치고 다지는 목적이 길 양쪽에 숨겨져 있던 보물을 파내기 위한 것이었기 때문이다.

부자의 길은 스스로 만들어가는 것이다

2018년 기준으로 우리나라 샐러리맨들의 연소득 분포를 보면 국내의 전체 임금 근로자는 1,544만 명이었으며, 이들의 전체 평균 연봉은 3,634만 원이었다. 그중에도 연봉이 6,950만 원 이상이면 상위

10%에 속했고, 연봉이 1억 원 이상이면 상위 3.2%에 속했다. 참고로 연봉 1억 원 이상인 사람은 49만 명이었다.

이 데이터는 직업을 가진 사람들의 연소득 분포를 바탕으로 한 것인데 대기업 정규직의 평균 연봉이 6,487만 원이었던 반면에 중소기업 정규직의 평균 연봉은 3,771만 원이었다. 대기업과 중소기업의 차이가 상당함을 알 수 있다.

독일의 데이터를 봐도 25세에 직업을 갖고 돈을 벌기 시작하는 1천 명 중에 65세에 수십억 원의 재산을 손에 쥐는 사람은 0.2%, 즉 1천 명 가운데 단 2명에 불과했다고 한다. 물론 이런 통계 결과는 우리나라에서도 큰 차이가 없을 것이다.

이런 상황에서 가령 10억 원을 모으겠다는 목표를 세웠다고 하자. 월 200만 원 정도 저축한다면 죽을 때까지 숨도 안 쉬고 모아야 가능한 금액이다. 월 200만 원으로 10억 원을 모으는 데 무려 42년이 걸리기 때문이다. 더구나 대상이 월 소득 200만 원 이하의 청년이라고 한다면 그들이 그 돈을 모으는 것은 솔직히 꿈도 꾸기 어렵다. 이론적으로 데이트는 고사하고 커피 한 잔 마시는 것도 고민해야 하는 것이 청년들이 처한 현실이기 때문이다.

설상가상으로 내 월급을 제외하고 모든 물가는 계속 오르고 있는데 급여만은 오를 생각을 않는다. 그러니 모두가 돈 걱정 없는 부자가 되고 싶은 마음이 간절하다. 당연히 그 바람을 실현시키기 위해서는 남들과 다른 특별한 방법(재테크 등)을 빨리 시도해야 한다. 문제는 어떻게 시작하면 좋을지 갈피를 잡지 못하는 사람들이 대다수라는 점이다.

직장인이나 자영업자라면 소득 관리를 어떻게 해야 하고, 최소의 리스크와 비용으로 가장 안정적이고 빠르게 자산을 증식시킬 수 있는 방법이 무엇일까를 고민해야 한다. 이런 부분에 대한 나름의 솔루션을 찾아보고자 이 책을 쓰는 것이기도 하다. 앞의 소득 분포를 보면 세상에 부자가 왜 그렇게 적은지 미루어 짐작해볼 수 있다. 그럼에도 불구하고 부자는 선택의 문제이다.

예컨대 매일매일 성공 일지를 쓰는 것도 크게 어렵지 않은 일이지만 그렇게 하지 않는 것 역시 쉽다. 매달 수입의 10%를 저축하는 것도 쉽지만 주머니에 들어온 대로 다 써버리는 것도 아주 쉽다. 같은 논리로 돈을 더 버는 것도 쉽지만 덜 버는 것 역시 쉽다. 이 말은 결국 두 가지 가운데 실제로 어느 것을 실행에 옮기느냐는 우리의 신념에 달려 있다는 의미이다. 이 말을 더 확장하자면 부자의 길은 스스로 만들어가는 것이라는 뜻이다.

가난하게 태어난 것은 핑계가 안 된다

가난한 사람이라고 해서 그의 앞날이 반드시 어두운 것만은 아니다. 하지만 유감스럽게도 인생의 스타트 라인에서부터 뒤처진 사람들이 가는 길은 구불구불하고 고난이 많은 것 또한 사실이다.

안타깝게도 가난한 사람의 출발점은 한참 뒤쳐져 있다. 가난한 사람이 부자가 되기 위해 아무리 죽을힘을 다하고 미친 듯이 달려도 그동안 부자들의 자본 역시 눈덩이처럼 불어난다. 말하자면 작은 눈덩이를 정신없이 계속 굴린다 해도 원래부터 엄청나게 큰 눈덩이의 커져가는 속도를 당해낼 수 없는 것이다.

적절한 예는 아니지만 참깨가 아무리 굴러도 수박이 한 바퀴 구르는 것을 당해낼 수 없는 것과 같다. 수박을 눈덩이라고 보면 그것이 눈밭을 구르며 커져가는 모습에 비해 가난뱅이들의 발전 속도는 불쌍해 보이기까지 한다.

이렇게 기본적인 투입량(자금)이 적으면 그것이 증가하는 데는 한계가 있다. 눈덩이가 똑같이 두 배씩 커진다 해도 결과는 하늘과 땅 차이인 것이다. 그러다가 어느 날 갑자기 날씨가 따뜻해져서 눈이 녹기라도 한다면 먼저 녹기 시작하는 것도 가난한 사람의 조그마한 눈덩이일 것이다.

단지 예로 끝나는 것이 아니라 이런 사실은 가난한 사람에게 정말 잔인한 이야기이다. 하지만 한 가지 다행스러운 것은 이론적으로 볼 때 일단 돈을 벌 수 있는 방법을 찾기만 하면 재산이 기하급수적으로 증가하는 일이 불가능하지만은 않다는 점이다.

가난한 사람은 보통 작은 사업부터 시작한다. 가령 계란 한 개로 시작한다고 하자. 그는 급한 마음에 계란이 빨리 한 무리의 소 떼로 바뀌기를 기대할 것이다. 그러나 그 과정에는 수많은 요인과 다양한 변수가 존재한다. 그리고 너무나 당연하게도 가진 것이 적을수록 앞에 도사리고 있는 위험은 크다.

오직 한 개의 계란밖에 없다고 가정해보자. 그 계란은 아주 가벼운 충격에도 완전히 박살날 수 있고 그러면 전 재산이 날아가는 것이나 다름없다. 이것이 바로 가난한 사람의 비극이다. 같은 상황이라도 부자는 여러 개의 계란 중 한 개일 뿐이다.

그렇다고 해도 크게 의기소침할 필요는 없다. 위안을 받을 사례가 무수히 많기 때문이다. 부자가 된 수많은 전설적인 영웅들, 가령 빌 게이츠 같은 사람도 처음에 갖고 있던 자본은 계란 한 개와 별로 다를 것이 없었다. 거의 백지에서 출발했으나 모든 것을 가진 사람이 된 것이다.

어쨌든 세상에는 가난한 사람이 수없이 많다. 당연히 그들 중에는 "다음에는 혹시 나에게 차례가 오지 않을까?" 하고 기대하는 사람도 많을 것이다. 하지만 불행히도 그 모든 사람들이 전부 부자가 된다고 말하기는 어렵다. 설령 부자가 될 찬스가 자신에게 다가왔다고 해도 한 가지만은 분명하다. 그 길을 끝까지 가지 않는다면 부의 털 끝조차 만지지 못할 것이라는 점이다.

가난에서 벗어나는 길은 격차를 줄이는 것

왜 부자는 점점 부유해지고 가난뱅이는 점점 가난해지는가? 나이지긋한 사람들이 흔히 하는 말이 있다. 옛날에는 지지리도 가난했는데 지금은 그 시절에 비해 얼마나 풍족하고 살기 좋아졌느냐는 것이다. 사실 그 말에 누구도 선뜻 나서서 부정하지는 못할 것이다. 세끼 밥 먹기도 힘들었던 시절에 비하면 적어도 지금은 끼니 걱정하는 사람은 거의 없기 때문이다.

물론 가난이나 부를 평가하는 절대적인 기준은 존재하지 않는다. 가령 30년 전에는 자가용이 부의 척도인 시절도 있었지만 지금은 그다지 의미 있는 기준이 되지 못한다. 이처럼 한 사회의 가난과 부는 상대적인 것이다. 그런 의미에서 '1960~70년대에는 가난했다'고 말하는 것은 성장을 이루고 난 후의 기준에서 말하는 것이다.

반면에 쪽방에서 셋방살이를 하던 사람이 고생고생해서 15년 후에 간신히 20평짜리 아파트를 마련했다고 해보자. 그 상황에서 주위를 둘러보니 대부분의 사람들이 50~70평대의 집에 살고 있다고 한다면 어떤 생각이 들까? 이 정도만 되어도 위화감을 느끼기에는 충분하다. 상대적으로 빈곤하기 때문이다. 이렇게 가난은 불평등이나 격차에서 오는 상대적인 개념이지 절대적인 기준에 의해서 규정되는 것은 아닐 것이다.

통계에 따르면 30여 년 동안 노동자의 실질 임금이 가령 10에서 20으로 두 배 오르는 동안 자본가 그룹의 소득은 100에서 2,000으로 20배 정도가 오른 것으로 증명된다. 이때 노동자의 실질 임금이 두 배 올랐으니 더 부유해졌다고 이야기할 수 있을까? 그럴 수도 있겠지만 처음 10배의 격차가 시간이 지나면서 100배가 되었으니 더 가난해졌다고 말하는 것이 맞다.

문제는 이 부분이다. 특정한 상위 계층의 부의 증가 속도를 하위 계층이 따라가지 못하면 그 격차는 점점 커지고, 그 결과로 하위 계층은 점점 더 가난해진다는 것이다. 결국 하위 계층의 소득이 일정한 속도로 증가하는 것만으로는 결코 가난을 벗어날 수 없다. 수박이 한 번 구르는 것을 참깨가 수백 바퀴 구른다고 해서 따라잡을 수 없는 것과 같은 이치이다.

가난에서 벗어나는 유일한 길은 격차를 줄이는 것이고 그렇게만 된다면 정말 좋을 것이다. 하지만 문제는 이것이 쉽지 않다는 것이고, 둘 사이의 격차는 점점 심화되면 되었지 완화될 가능성은 지극히 적다는 것이다. 이런 이유로 한국 사회의 많은 사람들이 지금까지 점점 가난해졌듯이 앞으로도 그럴 가능성이 매우 높다.

대물림되는 직업과 사회 계층

안타깝게도 부모의 직업과 계층이 자녀에게 그대로 대물림되는 현상이 세대를 내려갈수록 더욱 고착화되고 있다는 분석 결과가 나왔다. 2016년 한국보건사회연구원의 '사회통합 실태 진단 보고'에 따르면 아버지 세대의 사회·경제적 지위가 자녀에게 대물림되는 현상은 최근으로 올수록 뚜렷했다고 한다.

전국의 만 19~75세 남녀 4천여 명을 면접 조사하여 분석한 결과에 의하면 아버지가 단순 노무직일 때 아들도 단순 노무직일 확률이 산업화 세대에는 0%였지만 정보화 세대에는 9.4%로 평균보다 5배 가까이 높았다. 이것은 '관리 · 전문직(상층)과 단순 노무직(하층) 양쪽에서의 직업 세습이 매우 강하게 일어나고 있다'는 분석이 가능하다. 즉, 아버지가 하층이었는데 자녀가 중산층이 되거나 그 반대가 되는 경우는 매우 희박하다는 의미이다. 나아가 직업과 마찬가지로 계층 역시 상층과 하층에서의 고착화가 심각하다는 것이다.

더구나 부모의 사회 · 경제적 지위가 자녀의 임금에 미치는 영향력도 갈수록 확대되고 있다. 조사에 의하면 산업화 세대는 본인의 학력이 현재 임금에 가장 크게 영향을 미쳤고, 부모의 학력은 영향을 주지 않았다. 하지만 정보화 세대는 부모의 학력과 어린 시절의 경제적 계층과 상속이 임금에 큰 영향을 주었으며, 자신의 학력은 크게 영향을 미치지 않았다.

이런 결과는 현재 우리 사회에 회자되고 있는 금수저 · 흙수저 계급론을 뒷받침하는 것이다. 산업화 이후 지금까지 우리 사회를 역동적으로 성장시켜왔던 동력으로서 '계층 상승의 희망'이 자리 잡고 있었다면 이번 조사 결과는 점차 희망의 사다리가 사라져가고 있음을 의미한다. 이것은 사회 구조적인 면만을 본다면 가난한 사람이 부자가 되기는 점점 더 어려워진다는 것을 뜻한다.

02 돈 없는 것은 '불편'이 아니라 '불행'이다

한국은 '커피 공화국'으로 불린다. 2018년 기준으로 우리나라 커피 시장 규모는 7조 원이 넘었으며, 연간 15만 톤의 원두를 소비해 세계에서 여섯 번째로 큰 커피 소비국이 되었다. 20세 이상의 한국인 한 명이 1년 동안 마신 커피가 353잔으로, 이는 전 세계 1인당 커피 소비량인 132잔의 세 배를 능가하는 수치이다.

커피 수입이 자유화된 지 30여 년 만에 커피 시장은 한국 경제처럼 초고속으로 성장했다. 전국에 카페가 10만 개가 있다고 하니 커피를 업으로 삼는 사람은 50만 명이 넘을 것으로 추산된다. 그 결과로 현재 1인당 카페 수는 세계에서 가장 많고, 우리나라 카페는 이제

'누구'의 공간이 아니라 '모두'의 공간이 되었다.

한국커피협회가 발급한 바리스타 자격증을 받은 사람만 해도 27만 명이 넘는다고 한다. 아시아에서 세 번째로 월드 바리스타 챔피언을 배출한 나라로서 '카페 버블'이라는 말이 나온 지 10여 년이 지났지만 여전히 이 산업은 성장 중인 것이 분명하다.

커피의 원산지는 동아프리카의 에티오피아로 알려져 있다. 에티오피아에 전해 내려오는 커피에 관한 오래된 전설에 따르면 염소를 돌보는 칼디라는 젊은 목동이 커피를 발견한 최초의 인물이다.

어느 날 칼디는 염소들이 한 식물의 잎사귀와 빨간 열매를 먹고는 잠도 자지 않고 천방지축 뛰노는 것을 목격했다. 칼디는 이 열매의 효능을 주변 수도원에 알렸는데 수도사들은 '악마의 열매'라며 화롯불에 태워버렸다고 한다. 그러자 열매 안의 커피콩이 구워지면서 향긋한 커피 향이 퍼졌고, 그 유혹에 빠져서 커피를 볶아 먹었다고 한다. 그 결과 칼디가 살던 에티오피아의 고원지대 카파(Kaffa) 지역이 커피의 어원이라는 설이 유력하다.

이렇게 우연히 한 양치기의 눈에 띈 커피 열매는 수피교도에게는 잠을 쫓기 위한 음료로, 아라비아 상인에게는 부의 수단으로, 식민지 원주민에게는 노동 착취의 배경으로, 영국 여성에게는 섹스리스의 원인으로, 프랑스 지식인에게는 자유와 평등의 각성제로 사용되어 왔다.

그 후 커피가 처음 재배된 곳은 예멘의 나비수아이브 산이었다. 이곳에서 생산된 커피는 모카와 호데이다 등의 항구를 통해 유럽 각지로 출하되었다. 우리가 잘 알고 있는 모카 커피는 이때 예멘의 항구 이름인 '모카'에서 따온 것이라고 한다.

커피의 산업화는 영국에서 본격화되기 시작했는데 당시 런던의 커피 하우스는 다양한 사람들이 만나 새로운 정보를 얻고, 비즈니스와 정치를 논하고, 문학과 예술을 즐기는 곳이었다. 따라서 사람들은 이곳을 1페니의 커피 값으로 수많은 지식과 정보를 얻을 수 있다는 뜻으로 '1페니 대학'이라 불렀다고 한다.

우연히 한 목동에서 시작된 커피의 역사는 사연도 많고 우여곡절도 많다. 악마처럼 검고 지옥처럼 뜨거운 커피에 대한 이야기는 사랑처럼 달콤하기도 하지만 한편으로는 잔혹하면서도 로맨틱한 면 또한 있다. 과정이야 어쨌든 커피는 현대인에게 떼려야 뗄 수 없는 기호식품의 선두 주자가 된 것이다.

커피가 아닌 문화를 판다

오늘날과 같은 형태의 커피 시장 패러다임을 개발하고 유행시킨 주역은 '스타벅스'라고 볼 수 있다. 스타벅스는 1971년 세 명의 대학 동창생이 모여 만들었다고 하는데 미국 동부 시애틀의 한 동네 시장인 파이크 플레이스 마켓(Pike Place Market) 한 쪽에서 커피와 차 등을 판매하면서 시작되었다. 이 작은 시작이 세계적인 프랜차이즈로 성장했고, 전 세계적으로 커피 트렌드를 주도해가고 있는 것이다.

스타벅스는 1987년 하워드 슐츠(H. Schultz)가 인수한 뒤 새로운 바람을 일으키면서 도약의 계기를 맞는다. 그는 유럽 여행 중에 유럽인들이 에스프레소, 카페라테 등을 마시며 커피 문화를 즐기는 모습을 아주 인상적으로 보았고, 이탈리아 밀라노에서 경험한 유럽 카페 문화를 미국에 적용한 것이 바로 스타벅스이다. 그가 접목시킨 유럽풍의 카페 문화는 미국에서도 통했고, 마침내 미국뿐만 아니라 해외에서도 프랜차이즈가 오픈되기 시작한다.

스타벅스는 전 세계로 퍼져나가면서 마니아층을 형성하게 된다. 물론 스타벅스가 세계적인 프랜차이즈로 성장한 비결로는 '커피를 파는 것이 아니라 문화를 판다'는 인식을 심어주면서 나라별로 고유의 문화를 접목시킨 것을 꼽을 수 있다.

하워드 슐츠는 빈민촌에서 아주 어려운 어린 시절을 보냈다고 한다. 그때 무능력한 아버지를 원망하면서 자기 집이 가난한 이유가 아버지가 열심히 살지 않아서라고 생각했다고 한다. 하지만 훗날 아버지가 세상을 떠난 후 아버지도 최선을 다해 살았지만 자신이 원하는 일을 할 수 없었고 정당한 대가를 받지 못했다는 사실을 알게 된다. 이후 하워드 슐츠는 아버지와 같은 약자가 없도록 공평한 기회를 제공하는 기업가가 되겠다고 결심했다.

가난과 절망은 때때로 부를 이루는 큰 원동력이 된다. 슐츠에게 가난하고 험난했던 어린 시절은 성공을 꿈꾸게 하는 강력한 동인이 되었다. 그는 빈민촌을 벗어날 수 있는 방법을 찾았는데 마침내 축구를 통해 기회를 만들어 대학에 진학했고 장학금을 받으면서 졸업해 빈민촌을 벗어나고자 했다.

당시 슐츠에게는 오직 스포츠만이 대학에 진학할 수 있는 유일한 방법이었다. 그는 미식축구를 선택했고 여기에 자신의 모든 열정을 쏟아부었다. 그는 자신이 할 수 있는 일에 최선을 다했고 드디어 노던 미시간 대학교에 입학하게 된다.

스포츠맨으로서 운동을 좋아했던 슐츠는 유대인, 이탈리아인, 흑인 등 어떤 이웃과도 자연스레 어울리며 인종의 다양성을 몸소 익히게 된다. 그런 특기를 살려 대학을 졸업한 후에는 세일즈맨이 된다. 스웨덴 가정용품 회사인 해마플라스트에서 성실하고 열정적인 자세로 일한 덕분에 승승장구하여 짧은 시간에 부사장에 이른다.

이렇게 슐츠는 사회적으로 성공하며 안정된 생활을 누렸지만 자신이 진정으로 원했던 인생은 이런 것이 아니라는 생각을 하게 되었다. 그러던 중에 운명처럼 스타벅스를 만나게 된다.

그의 성장 과정에는 감내하기 힘든 난관도 있었다. 하지만 빈민가를 벗어나지 못했던 어린 시절에 가졌던 '아버지와 같은 약자가 없도록 공평한 기회를 제공하는 기업가가 되겠다'는 생각이 열정의 원동력이 되어 마침내는 꿈을 이룬 사업가가 될 수 있었던 것이다.

돈은 그 사람이 가진 자유의 총량과 같다

흔히 돈이 인생의 전부는 아니라고들 말한다. 맞는 말이다. 그러나 이것은 돈이 있는 사람이 할 수 있는 말이다. 돈이 없는 사람이 이렇게 말하면 교만이자 위선이기 쉽다. 특히 경제적으로 자립하지 못한 젊은 세대가 이런 이야기를 하는 것은 위험천만하다. 성장 가능성과 의욕을 스스로 꺾어버릴 수 있기 때문이다.

가난에 대해서 이렇게 말하는 사람들이 있다. "가난은 다만 좀 불편한 것이다." 솔직히 그렇게 생각하는 사람이 얼마나 될지 모르겠다. 다만 분명한 것은 가난을 가지고 말장난하듯이 이야기하면 안 된다는 것이다. 무책임하고 위선적이며 간악하기까지 한 그런 말에 현혹되었다가는 인생에 치명상을 입을 수 있다. 차라리 솔직하게 "가난은 불편이 아니라 불행이다"라고 이야기하는 편이 낫다.

실제로 가난뱅이들에게는 한결같은 특징이 있다. 그들은 모두 가난에 진저리를 내고 부자가 되기를 꿈꾸며 그 소망이 실현되기를 갈망한다. 또한 그 이상을 현실로 만들기 위해 각양각색의 방법을 동원하여 자신의 처지를 극복하려 한다.

사실 우리가 돈을 사랑하는 이유는 돈 자체보다도 그 돈이 선택의 범위를 넓혀주기 때문이다. 예컨대 휴가를 가는데 하와이를 갈까, 유럽을 갈까 고민하는 사람과 방콕(방에 콕 처박혀 보내는 것)말고는 아무런 대안이 없는 사람의 심정을 헤아려보면 답은 쉽게 나온다.

내가 하고 싶은 이야기는 이것이다. 사람은 역사와 인생 앞에 겸손해야 하듯이 돈에 대해서도 겸손해야 한다는 점이다. 돈을 '존중'하지 않고('존경'이 아니다) 무시할 때 인생은 초라하고 비참해진다. 그 이유는 돈이란 결국 그 사람이 가진 자유의 총량이기 때문이다.

죽음 앞에서도 차등적인 '생명 가격표'

돈이 얼마나 냉정한가는 9·11 테러 이후 피해자 유족에게 보상금을 지급하는 과정을 보면 알 수 있다. 이 사건은 2001년 9월 11일, 오사마 빈 라덴과 알 카에다의 동시다발적 항공기 하이재킹(hijacking)과 자폭 테러로 인해 미국 뉴욕 맨해튼의 세계무역센터와 워싱턴 펜타곤이 공격받은 테러이다.

미국은 물론 세계 정세를 뒤엎어버린 역사상 최악의 테러로 이때 2,996명의 사망자와 최소 6,261명의 부상자가 발생했다. 더불어 뉴욕시 소방관 343명과 경찰관 23명, 항만 경찰 37명, 경찰견 1마리, 사설 EMT(응급구조사) 8명, 화재 순찰관 1명 등 모두 합해 무려 412명이 순직했다.

사건이 대충 정리되고 유족에게 보상금을 지급하는 과정에서 희생자에 대한 경제적 보상 기준으로 피해자의 생전 연봉이 고려되었다. 미국 연방 정부가 부자와 약자에게 골고루 보상금이 돌아가도록 최대한 노력했음에도 불구하고 실제로 유족 개개인이 받은 보상금은 최저 25만 달러(약 2억 7천만 원)부터 710만 달러(약 77억 원)까지

수십 배 차이가 났다.

결과적으로 죽기 전 연봉이 400만 달러 이상이었던 피해자 8명의 가족에게는 평균 640만 달러의 보상금이 주어졌지만, 불법 이민자로 요리사였던 최저 연봉의 희생자 유족에게는 25만 달러가 지급되었다. 무려 26배 차이였다.

이런 사실이 이해가 되는가? 죽음 앞에서도 사람의 가치는 냉정하게 매겨진다. 철저한 자본주의 시스템, 즉 상위 1%가 미국 전체 소득의 반 이상을 가져가는 불평등한 소득 격차가 사람의 죽음마저도 차등적인 '생명 가격표'로 평가하게 한 것이다.

우리나라는 그렇지 않다고 위안할 수 있을까? 그렇게 생각하는 바보는 없겠지만 혹시라도 있다면 미안하게도 그 위안을 깨뜨려야 한다. 왜냐하면 아주 유감스럽게도 우리가 더하면 더했지 결코 덜하지 않기 때문이다. 가난한 것도 서러운데 죽음 앞에서도 차별받는 것이다. 그것도 인간의 가치를 금액으로 평가하면서 말이다.

이런 이야기는 듣는 것만으로도 피곤한 일이고, 가난한 사람의 입장에서도 받아들이기 힘든 우울한 이야기이므로 대표적인 사례 하나만 더 살펴보고 끝내도록 하자.

세월을 많이 거슬러 1912년 영국의 초호화 여객선 타이태닉호가 빙산과 충돌해 침몰했다. 승무원과 승객을 포함한 2,224명의 탑승자 중에서 생존자는 711명이었다. 그런데 생존자를 보니 1등칸 승객은

319명 중 200명(63%)이 생존했고, 2등칸은 269명 중 117명(43%), 3등칸은 699명 중 172명(25%)이 살아남았다. 말하자면 승객들의 생존율은 그들이 지불한 탑승 요금과 정확하게 비례했다. 이때 1등칸 요금은 30파운드, 2등칸은 13파운드, 3등칸은 8파운드였다(30파운드는 현재 시세로 약 2,200파운드이다).

미증유의 피해를 맞아 1~2등칸 승객들은 갑판 가까이에 있어서 재빨리 탈출할 수 있었다. 하지만 3등칸은 배의 맨 앞이나 중간 쪽에 위치해 있어 승객들이 갑판 밖으로 나오려면 미로와 같은 복도를 헤매야 했다. 그러는 사이 물이 선실 안으로 차올랐고 구명보트는 동이 나버렸다. 결국 승객들의 생사(生死)를 가른 것은 다름 아닌 티켓의 가격이었다. 말하자면 극한 상황에서 삶과 죽음을 갈라놓은 것은 '돈'이었던 것이다.

이렇게 돈(가격)은 사회의 이면을 보여주는 도구인 셈인데 분명히 타이태닉호의 요금 체계와 생존율 사이의 관계는 '경제적 불평등'을 반영하고 있다. 결국 "사람이 부유할 때 그의 생명이 (빈곤층보다) 더 높은 가치를 갖는 것처럼 보인다"는 명제는 의심의 여지가 없다는 것이 증명되었다. 가난한 사람이 부자가 되어야 하는 이유로 더 이상 무슨 설명이 필요할까?

평등한 유토피아는 이 세상에 없다

사람은 누구나 경제적인 능력을 갖추고자 한다. 사실 가난한 사람 중에 부자가 되고 싶어 하지 않는 사람은 없으며, 그 결과 부자는 가난한 사람들의 영원한 선망의 대상이다. 당연히 부자의 주머니 속에는 가난한 사람들이 항상 꿈꾸고 있는 것들로 가득 차 있다. 문제는 대부분의 가난뱅이들은 부자의 주머니 속에 있는 물건만 볼 줄 알 뿐 그들의 머릿속에 있는 부의 원천은 보지 못한다는 것이다.

부자와 가난뱅이는 똑같은 사람이다. 단지 어떤 머리를 가졌고, 그 머리를 어떻게 쓰느냐에 따라 어떤 주머니의 주인이 되는가가 결정될 뿐이다. 누구나 머릿속에 든 지식으로 주머니를 채우기 때문에 가난뱅이와 부자를 나누는 가장 큰 차이도 여기에 있다.

이렇게 본다면 머리와 주머니는 그 성격이 정확하게 비례한다고 할 수 있다. 그런 이유로 부자는 주머니가 비어 있는 상황은 받아들여도 머리가 비는 것은 참지 못하는 데 반해 가난뱅이는 비어 있는 머리는 허락해도 빈 주머니는 용서하지 않는다.

원칙적으로 보면 돈 자체가 죄악은 아니다. 오히려 돈을 향한 사람의 사악한 욕심이 악의 근원이다. 다시 말해 돈의 힘으로 선과 악을 구별하는 것은 바로 사람이다. 그런 이유로 돈을 무시할 수 있는 사람은 오직 두 부류가 있다. 하나는 돈을 전혀 모으지 못하는 가난뱅이이고, 다른 하나는 돈이 너무 많아서 자신이 얼마나 가지고 있는지조차 모르는 부자이다.

가난한 자와 부자는 같은 회사 안에서 일을 하더라도 목적이 다르다. 부자가 발전 가능성에 힘을 쏟는다면 가난한 사람은 주로 임금이 높고 낮음에 신경을 쓴다. 그 이유는 그것만이 자신이 회사에서 일을 하는 유일한 목적이기 때문이다. 만약 회사가 만족할 만한 정도의 임금을 준다면 회사에 자신의 인생을 맡기려고 할 것이다. 하지만 회사에 자기의 인생을 건다고 해도 사장과 같은 책임감을 갖는 것이 아니라 자기의 안위에만 치중한다.

더 악성은 가난하면서 이기적인 사람이다. 그들은 조금 심하게 말하면 어떻게 하면 오랫동안 빈둥거리며 붙어 있을지를 궁리하는 데 일하는 목적을 둔다. 자신의 이익을 위해서는 고군분투하면서도 업무 면에서는 농땡이를 부리고 온 힘을 다해 자신의 권리와 이권을 챙기는 것이다.

또한 그들은 사람들 앞에서는 좋은 말을 늘어놓지만 뒤에서는 험담을 즐기며, 회사 전체에서 자기처럼 열심히 일하는 사람은 없다고 떠벌린다. 분명한 것은 이처럼 마음이 편협하고 자신의 이익만 좇는 이기적인 사람은 크게 발전할 수 없으며 영원히 진정한 부자가 될 수 없다는 것이다.

반면에 부자가 될 사람은 일을 할 때 비록 자신의 인생을 회사에 맡기는 것은 아니지만 누구보다도 성실히 업무에 임한다. 잠시 몸을 담을 뿐이라고 해도 맡은 책임을 완수하기 위해 모든 능력을 동원하며 회사와 자신의 발전을 위해 사용한다. 오직 돈을 많이 모으기 위해 일하는 것이 아니므로 그는 회사를 하나의 평균대로 생각하고 여기를 잘 통과하면 한 업종을 이해할 수 있다고 여기는 것이다. 따라서 어떻게 해야 일을 더 잘할 수 있는지를 배울 수 있다.

인류의 모든 진화는 불평등이 전제된다

하나 마나 한 이야기지만 사실 인생은, 세상은 공평하지 않다. 다른 말로 하면 우리가 살고 있는 이 세상에서 불평등은 너무나 자연스러운 현상인데 실제로 인류의 모든 진화는 불평등을 전제로 한다. 그러므로 흔히 이야기하는 평등주의적인 유토피아는 이 세상에 존재하지 않는다.

평등의 이념, 즉 모든 인간은 평등하게 태어났고 평등하지 못한 인간 세상은 역사의 잘못이며, 이것을 교정하는 것은 국가의 책임이라는 인식은 공산주의의 몰락과 함께 역사 속으로 사라졌다. 그 결과 요즘은 정치인조차도 '평등'이라는 구호를 주장하지 않는다. 이렇듯 불평등은 인간 사회에서 너무나 자연스러운 현상이다.

지금은 자연스럽게 불평등을 받아들이지만 사실 평등은 인간의 원초적인 가치임에 틀림없다. 예컨대 평등에 관한 선언이라고 할 수 있는 대한민국 헌법 제10조에는 "모든 국민은 인간으로서의 존엄과 가치를 가지며 행복을 추구할 권리를 가진다"고 적혀 있다. 그러나 한국 사회는 1997년 외환위기를 기점으로 부자들만 존엄하고 가치 있으며 행복할 권리가 있는 사회로 변하게 되었다. 더욱 놀라운 점은 세계의 다른 어느 나라보다도 불평등이 빠르게 확산되고 있다는 사실이다. 평등마저도 돈에 좌우되는 것이다.

최근 한국의 불평등 정도는 OECD 회원국 가운데 최상위 수준이다. 한국의 불평등은 지니계수, 상대적 빈곤율, 소득 5분위 배율 등의 불평등을 나타내는 지표에서 잘 드러난다. 어쨌든 1990년대까지 전 세계적으로 높은 수준의 평등한 국가에서 30년이 지난 오늘날에는 가장 불평등한 국가로 변했다. 말하자면 불평등은 한국 사회를 설명하는 가장 중요한 특징이 되고 말았다.

실제로 한국은 외환위기를 거치면서 중산층이 몰락하고 상위 1%에게 부가 빠르게 집중되었다. 그 결과 2014년 전체 소득 중 상위 1%가 차지하는 비율이 대폭 증가했다.

물론 이런 현상은 우리나라에만 국한된 것도 아니다. 전 세계적으로 부의 양극화 문제는 심각하다. 글로벌 투자 은행인 크레디트 스위스가 발표한 '2019 세계 부(富) 보고서'에 따르면 상위 1%가 전체 부의 절반 가까이 차지하는 것으로 나타났다.

이런 모든 사실들은 파레토의 법칙, 즉 '20 : 80의 사회'는 먼 과거의 이야기가 되었고 이제는 '1 : 99의 사회'가 된 것을 말해준다. 최상위 1%가 99%를 갖고 나머지 1%를 99%가 차지하는 정글이 되어가고 있다는 의미이다. 우리나라는 이런 부분에서 최선두인데, 가령 부의 집중도 측면에서 한국은 미국에 이어 세계 2위를 기록하고 있다. 별로 달갑지 않은 기록이다.

프랑스의 경제학자 토마 피케티(Thomas Piketty)는 전 세계적으로 세습된 부와 권력에 따른 과두제가 만들어지고 있다고 경고했는데, 불행하게도 한국이 그 모델에 가장 가까운 대표적 세습 사회로 변하고 있다. 참으로 안타깝게도 우리나라는 지적 능력이나 아이디어, 체력 그리고 약간의 행운과 열정을 가지고 열심히 일해서 부가 획득되는 것이 아니라 기득권이 기득권을 낳는 사회가 되어가고 있는 것이다.

가난이 세습되는 진짜 이유는 무엇인가?

운명론이나 예정설은 아니지만 어릴 때의 격차가 후일 부자와 가난뱅이를 나눈다는 주장이 힘을 얻고 있다. 기본적인 성품 외에도 가정환경과 성장 과정 등 여러 요소로 인해 어린 시절부터 격차가 벌어지기 시작하여 성장 후에는 부자가 되거나 가난한 삶을 살게 된다.

이때 부모도 한몫을 한다. 부자 아빠는 아이에게 부자가 되어야한다는 생각을 심어주지만, 가난한 아빠는 자신의 잘못된 습관 혹은 아집으로 아이마저 가난뱅이로 만든다. 물론 대부분의 아빠들이 아이의 밝은 미래를 위해 노력하겠지만 그런 희망에도 불구하고 이후의 결과는 확연히 다르게 나타나는 것이다.

부와 가난이 결코 고정불변의 것은 아니며 언제든 서로 바뀔 수 있다는 것 또한 틀림없는 사실이다. 가난한 사람이 어느 날 큰 부자가 될 수 있고, 반대로 부자 역시 가난뱅이로 추락할 수도 있다. 이렇게 부자와 가난뱅이가 서로 돌고 도는 모습을 관찰해보면 진정한 부자와 가난한 사람 간의 차이점 또한 잘 알 수 있다.

예컨대 진정한 부자는 잠시 가난해질 수는 있지만 평생 가난한 상태로 남지는 않는다. 반대로 습관성 가난뱅이가 잠시 부유해질 수는 있겠지만 평생 부자로 남을 수는 없다. 거의 정설이 된 '살 만하니까 죽는다'는 말이 괜히 있는 것이 아니다. 이런 사례는 주위를 둘러보면 흔히 찾을 수 있다.

그렇다면 이런 상반된 결과는 왜 생기는 것일까? 사실 부자는 가난을 겪으면 더욱 강해지고, 역경이 오면 그에 대항해 의지를 굳건히 다져간다. 하지만 가난뱅이는 한때 부유했다고 해도 자신의 무지로 인해 어느 순간부터 타락하고 몰락의 길을 걷는다.

더 안타까운 것은 이런 결과는 어렸을 때부터 입력된 잘못된 습관에 의해 큰 영향을 받는다는 점이다. 말하자면 가난을 불러오는 자신의 잘못된 습관이 자녀에게 세습된 결과라는 것이다.

가난은 왜 대물림되는가?

영국의 조셉(K. Joseph)은 빈곤의 세습화와 관련하여 1972년에 쓴 논문 '박탈의 순환(The Cycle of Deprivation)'에서 "부적절한 부모가 부적절한 아동을 만들어낸다"고 주장했다. 즉, 부모의 부적절한 태도가 가난한 가정의 특징이라는 것이다. 이 의견에 동조하는 사람도 있고 아닌 사람도 있겠지만 실제로 가난과 적절치 않은 부모의 태도는 상관관계가 크다.

예를 들어, 가난한 부모들은 자녀에게 직업이 좋아야만 잘살 수 있다고 가르치면서 흔히 이렇게 말한다. "내가 못 배워서 이런 일밖에는 하지 못하지만 너는 좋은 직업을 가지고 부자로 떵떵거리며 잘살아야 한다." 이 말은 자신이 가난한 이유가 직업이 변변치 않아서 그런 것이며, 제대로 교육을 받아 현재 하는 일과는 다른 직업을 가졌다면 가난하게 살지 않을 거라는 의미이다.

이 말이 크게 잘못된 것인지는 차치하고 이런 생각이 자녀에게 입력되면 아주 부정적인 영향을 미친다. 자기들 역시 부모가 갖고 있는 직업의 범주에서 크게 벗어나지 못함을 알게 되면서 가난 자체를 그 부모가 그랬듯이 마치 운명처럼 받아들이게 되는 것이다.

실제로도 가난한 자들 중에는 운명론자가 많다. 그들은 자신이 가난한 이유로 직업을 꼽고, 제대로 된 교육을 받아 지금과는 다른 직업을 가졌다면 결과가 다를 것이라고 말한다. 하지만 과연 그럴까? 지금 직업에는 귀천이 없다는 이야기를 하려는 것이 아니다.

직업을 누구나 선택할 수 있는 메뉴라고 가정해보자. 식당이라고 생각해보면 대개의 경우 식당이 잘 안되면 메뉴 탓, 위치 탓, 인테리어 탓을 하지 자기 탓을 하는 경우는 드물다. 그리고 심기일전하여 다른 메뉴로 바꿔보지만 그 역시 잘되지 않는다. 이런 일이 반복되다 보면 메뉴의 종류는 늘어나지만 무엇 하나 제대로 된 맛이 나는 것이 없다. 왜 그럴까? 음식 한 가지를 만드는 일에도 혼을 바쳐야 하는데 그렇게 하지 않기 때문이다. 의지도 중요하지만 어떻게 해야 잘할 수 있는지를 모르는 것도 이유이다.

가난한 일용직 노동자들을 관찰해보면 맡은 일에 최선을 다해 잘해보려는 사람을 찾는 일은 쉽지 않다. 물론 그중에는 조금 나은 사람도 있겠지만 일반적으로 그들에게 장인 정신을 찾기란 어렵다. 거기에 더해 신세 한탄까지 첨부되면 더 이상의 희망이 없어 보인다.

이렇듯 자기가 맡은 일을 어떻게 해야 잘할 수 있을지에 대해 고민하고 연구하는 것이 아니라 일의 종류만 따지는 태도는 자녀에게도 그대로 유전되고 그 결과 가난이 세습되고 만다.

사회의 규칙 속에서 대가를 더 받고 그 결과 부자가 되는 길은 자기의 일을 남들보다 더 잘하는 데 있음을 부모부터 모르고 있는 것이다. 말하자면 가난이라는 문제가 사회구조적 현상이기 이전에 가정에서부터 잘못된 태도를 세습하고 있는 것이다.

지금까지 '왜 가난이 대물림되는가?'라는 문제에 대한 답을 이론적인 측면에서 살펴보았다. 현실에서는 인생의 어느 순간에 이르러 가난한 사람이 부자가 될 수 없는 것은 아니나 보통은 시간이 지날수록 이전보다 가난해지는 경우가 더 많다. 그 이유는 부자가 되고 부자로 살 수 있는 요건이 주로 '스스로를 어떻게 관리하느냐'에 달려 있기 때문일 것이다. 이것을 앞선 설명에서의 '잘못된 세습'을 배제하고 생각한다면 가난한 자가 부자가 되거나 혹은 더한 가난뱅이로 추락하는 것은 모두 그 자신에게 달려 있다는 의미가 된다.

어떤 사람이든 인생의 우여곡절과 변화무쌍한 과정을 거치며 산다는 점에서는 그가 부자이든 혹은 가난하든 모두 같다. 그 누구라도 짧을 수도, 길 수도 있는 인생의 여정에서 수많은 변화를 겪으면서 살아가는 것이다. 이때 굳이 차이점을 찾는다면 부자는 거센 물결의 소용돌이 속에서도 헤엄쳐서 뭍으로 올라올 때 가난한 자는 그 물결에 휩쓸려 정처 없이 표류한다는 것이다.

대부분의 사람들은 출생 이후 일정한 시간을 살아간다. 특별한 경우를 제외하고는 기회 역시 비슷하게 주어진다. 이때 많은 사람들이 자신이 원하는 삶을 살기 위해 처절할 정도로 치열한 삶을 살아가는데, 이러한 삶의 과정이 어떤 이에게는 행복한 것이 되기도 하고 또 어떤 이에게는 고통스러운 여정이 되기도 한다.

이 과정에서 사람들이 가장 고통받는 부분은 역시 경제적 능력과 관련된 것이다. 분명히 말하지만 돈은 인생에서 가장 중요한 요소는 아니다. 하지만 자신이 원하는 삶을 살기 위해서 매우 중요한 것이다. 그래서 사람들은 부자가 되려고 한다. 그렇다면 어떤 과정을 거쳐야 부자가 될 수 있는 것일까?

상투적인 이야기 같지만 성공하기 위해서 마땅히 지켜야 하는 자연 법칙이 있듯이 부자가 되기 위해서도 반드시 거쳐야 하는 과정이 있다. 의식을 했든 안 했든 그런 법칙을 충실히 따름으로써 엄청난 부자가 된 사람들의 이야기를 알아보는 것은 의미가 있을 것이다.

헨리 시 회장을 아십니까?

여기 요즘 말로 하면 흙수저 중의 흙수저로 출발 자체가 천하에 둘도 없을 정도의 가난뱅이로 시작한 사람이 있다. 그러나 그는 자기에게 주어진 악조건을 극복하고 자신만의 독특한 방식으로 세상이 우러러보는 억만장자가 되었다.

우리나라 사람들은 필리핀에 대해 일반적으로 가난하고 치안에도 문제가 많은 나라로 인식하는 경향이 많다. 그런 정도의 생각을 가지고 필리핀에 갔다가 거대하고 화려한 쇼핑몰을 보게 되면 뭔가 균형이 맞지 않는다는 생각을 하기 쉽다.

수도에 자리한 쇼핑몰만 비교해본다면 우리나라와 별 차이가 없다. 하지만 지방의 도시로 내려가면 이야기가 달라진다. 필리핀의 지방 도시를 방문해보면 그 도시의 규모에 어울리지 않는다 싶을 정도로 크고 화려한 쇼핑몰이 있고, 그 몰이 해당 도시의 중심이라는 생각까지 하게 만든다.

필리핀은 거대한 소비 사회라고 할 수 있는데 그 중심을 쇼핑몰이 담당하고 있다. 물론 쇼핑몰 자체가 오래된 유적이나 관광 장소는 아니지만 필리핀에서는 몰을 방문하는 것이 자연스러운 일종의 문화 현상이 되었다. 시원하고 쾌적하기도 하지만 쇼핑이나 업무 처리 면에서 가장 효율성이 높은 공간이기 때문이다.

필리핀에는 대형 쇼핑몰 체인도 몇 개 있는데 그중 가장 큰 것이 SM(Shoe Mart)이며 그 창업주가 바로 헨리 시(施至成, 1924년생)이다. 헨리 시는 이제는 고인이 되었지만 중국 푸젠성의 시골에서 출생한 화교이다. 사실 필리핀 재계는 중국계와 스페인 혼혈계가 지배하고 있다. 중국계만 해도 오래전에 필리핀에 정착한 가문도 있으나, 헨리 시는 당대에 필리핀으로 건너와 큰 부를 쌓은 경우이다.

헨리 시의 재산은 약 22조 3,600억 원으로 〈포브스〉 선정 필리핀 1위의 재벌이자 세계 52위의 부자로 평가된다. 액수만 보고는 얼마나 큰돈인지 와닿지 않는데, 가령 19조 4천억 원으로 세계 부자 61위에 랭크된 삼성의 이건희 회장보다 재산이 더 많은 것으로 평가되니 두 분을 비교해보면 그가 얼마나 엄청난 부자였는지 알 수 있다.

전설적인 자수성가 사업가인 헨리 시지만 출발은 순탄하지 않았다. 그는 1924년 중국 푸젠성의 가난한 가정에서 태어났다. 이후 가난을 벗어나고자 이민을 결심한 가족을 따라 열두 살에 필리핀으로 이민을 가게 된다.

어리고 무일푼이었던 그가 필리핀에서 할 수 있는 일은 구두닦이였다. 그런데 헨리가 워낙 구두를 잘 닦아서 항상 사람들이 줄을 서서 기다려 구두를 닦곤 했다. 이때 기다리는 사람들을 위해서 신문이나 사탕 등을 가게 한구석에 놓아두었는데 어느 날 계산을 해보니 구두를 닦아서 번 돈보다 신문과 사탕 등을 팔아서 번 돈이 더 많았다. 헨리 시는 그때 비로소 장사에 눈을 떴다고 한다.

헨리 시의 성공에는 그의 공격적이고 저돌적인 경영 스타일이 큰 몫을 했다. 그는 새로운 사업을 시작할 때 사업성 검토는 시장 진입 후에 한다는 말이 있을 정도로 사업 결정을 빠르게 내리는 것으로 알려져 있다. 말하자면 생각보다 행동이 빨랐던 것이다. 따라서 사업을 진행하면서 어려움과 시행착오도 당연히 많이 겪을 수밖에 없었다. 그러나 이것은 오히려 전화위복이 되었고 문제를 해결하는 과정에서 사업은 자연스럽게 확장의 길을 걷게 된다.

이런 밑바닥에서부터의 경력, 즉 바닥에서부터 한 발씩 밟아온 그의 행보와 아낌없는 사회 공헌 활동이 빈부 격차가 엄청난 나라의 최고 부자임에도 불구하고 그에 대한 평판이 비교적 나쁘지 않은 이유일 것이다. 그가 세상을 떠나면서 사람들에게 남긴 마지막 메시지는 의외로 간결하다.

"크든 작든 반드시 꿈을 가져라. 그리고 계획과 목표를 세우고 그 목표를 달성하기 위해서 목숨 걸고 죽어라 노력해라. 열심히 하는 것 외에 다른 대안은 없다."

그 말을 정리해보면 '꿈꾸고 목표를 세우고 열심히 하라'는 뜻이 된다. 이것은 동서고금의 수많은 부자와 성공자들이 하는 말과 큰 차이가 없다. 또한 그는 늘 "기회란 누가 가져다주는 것이 아니라 스스로 찾아내는 것"이라고 말했는데 헨리 시의 인생을 조금이라도 살펴본다면 누구도 그의 말에 감히 반박할 수 없을 것이다.

그에게는 요즘 말로 '흙수저' 출신이라는 표현도 과분하고 아예 수저가 없는 '무수저' 출신이 오히려 적절할 것 같다. 어쨌든 흙수저보다도 못한 상태로 태어났지만 스스로의 노력만으로 자신의 삶을 바꾼 사나이, 물려받은 것 없이도 큰 부자가 되었다는 점에서 헨리 시 스토리는 큰 꿈을 꾸는 젊은 후배들에게 강렬한 메시지를 주기에 충분하다.

03 누구도 부자가 되는 것을 말리지 않는다

인생에는 매뉴얼이 통하지 않는다고 한다. 또한 그런 이유로 살아볼 만하다고 하는 역설도 성립한다. 물론 살다 보면 예기치 못한 일에서 뜻밖의 재미를 느끼기도 하는데 〈위대한 개츠비〉를 만나는 일도 그중 하나이다.

이야기의 무대는 1차 대전의 승전국으로서 때아닌 호황을 누리던 미국이다. 전통도, 역사에서도 뿌리가 얕은 그들의 아메리칸 드림은 거품이 가득했다. 갑자기 풍요로워진 물질은 윤리와 도덕의 좌초를 가져왔으며, 인간관계의 본질은 왜곡되고 정체성은 혼란스러워진다.

가령 금주법의 시행으로 갱단을 등에 업은 밀주업자는 부(富)를 쌓고, 전쟁에 참여해 합법적 살인을 주도한 장교들에게는 특혜를 주는 사회이면서 한편에서는 노동자와 이민자들이 착취당하고 있었다. 이런 식으로 '아메리칸 드림'으로 포장된 덫이 도처에 널려 있었던 1920년대 미국은 마치 터지기 직전의 풍선 같은 상황이었다.

진정으로 사랑하지만 "부자로 태어난 여자는 가난한 남자와 결혼할 수 없다"는 말을 공공연히 하는 데이지는 가난한 개츠비에게 감당할 수 없는 상대였다. 그런 와중에 개츠비는 전쟁의 시작과 함께 참전을 한다. 그 사이 고무신을 거꾸로 신은 데이지는 톰이라는 부자와 결혼한다. 후에 이 사실은 알게 된 개츠비는 큰 충격에 빠지면서 수단과 방법을 안 가리고 오직 돈 버는 일에 몰두한다.

당시는 금주법 시대였으므로 약국으로 위장한 밀주 판매업을 통해 거금을 벌었고, 훔친 증권을 불법으로 팔기도 했으며, 또 승부 조작을 통한 사기도박도 주동한다. 복수와 원한의 감정이기도 하고 사랑을 재탈환하기 위한 수단이기도 하겠지만, 결국 인생의 목적이 오직 돈 버는 일이 되어버린 것이다.

이야기는 3인칭 관찰자인 닉의 시선으로 전개된다. 닉은 증권사 직원으로 개츠비의 이웃에 살고 있다. 절치부심하던 개츠비는 상상할 수 없을 만큼 큰돈을 벌었고 데이지의 집 앞에 대저택을 구입하여 이사를 한다. 맨해튼 안에서도 최상위 부자 동네에 대저택을 지어놓고 토요일 밤마다 화려한 파티를 여는 개츠비. 그리고 우연히 이웃이 된 닉은 자연스럽게 그의 스토리에 동참하게 된다.

개츠비는 오직 데이지를 만나려는 의지로 주말마다 고급 파티를 주최한다. 그 요란한 파티의 내용은 근처의 사람들을 초대하고 화려한 공연을 유치하며 유명 연예인들을 불러 밤새껏 먹고 마시고 노는 유치하기 짝이 없는 이벤트이다.

한편 데이지는 가난한 남자와는 결혼할 수 없다면서 개츠비를 발로 차고 부자 남편과 고급 저택에 살고 있지만 정작 남편을 경멸한다. 그러면서 이제는 큰 부자가 된 개츠비에게 빠져든다. 남편 톰 역시 허영심 많은 정비공의 아내 머틀과 내연 관계에 있다. 말하자면 톰은 머틀과 부적절한 관계를 갖고 있고, 데이지는 개츠비와 사랑이라는 이름으로 혼외 연애를 하는 막장 드라마가 펼쳐지는 것이다. 이들의 엇갈린 사랑은 필연적으로 최악의 파국으로 향한다.

이야기가 절정으로 치닫는 것은 공들여 치장한 저택이나 파티의 현장이 아니라 우연히 바꿔 탄 자동차 때문이다. 데이지와 개츠비가 톰의 차를 타고, 닉 일행은 개츠비의 차를 타고 시내로 나간다. 이때 톰이 자기를 데리러 온 걸로 잘못 알고 뛰쳐나온 머틀이 차에 치여 죽고 만다. 슬퍼하는 정비공에게 톰은 차를 바꿔서 운전했다는 사실을 알려줌으로써 개츠비를 궁지에 몰아넣는다.

결국 정비공은 총을 들고 개츠비의 저택으로 향한다. 수영장에 있던 개츠비를 쏘고 자기도 자살함으로써 이 치정극은 마무리되는 듯했다. 그러나 이 이야기의 반전은 다른 곳에 있었다. 그것은 톰과 개츠비가 차를 바꿔 탔지만 정작 운전을 한 것은 개츠비가 아니라 데이지였다는 사실이다. 데이지가 낸 사고 때문에 어이없게도 개츠비가 죽음을 당한 것이다.

드디어 개츠비의 장례식 날, 파티에는 그렇게 많은 사람들이 몰려들었지만 정작 장례식은 초라하기 그지없었다. 데이지는 마치 아무 일도 없었던 듯이 톰과 여행을 떠나고, 개츠비의 동업자는 '우정은 살아 있을 때 나누는 것'이라는 말로 관계를 청산한다.

옆에서 모든 것을 지켜본 닉은 태생적 부자에 대한 열등감과 천박한 졸부로서 또 허영으로 점철된 데이지를 향해 어리석은 순정을 보냈던 개츠비를 연민하고 옹호하는 시선으로 이야기를 끝낸다.

모든 게 신기루처럼 사라져버릴 것만 같은 아슬아슬함 속에 이야기가 전개되다가 마침내 거품이 되어 터져버리는 결말은 허무하기까지 하다. 화자인 닉의 시선에 얼마만큼 동조할지에 관계없이 기존의 가치는 뿌리를 내리지 못했고 새로운 모럴은 방향을 잃은 미국의 '잃어버린 시대'를 인물로 환치해 풀어가는 이 이야기가 미국이 아닌 다른 나라에서 더 흥행한 이유를 알 것도 같다.

순수한 한편 비열한 면을 갖고 있으면서 동시에 시기와 질투, 분노로 결집된 개츠비를 '위대한'이라는 반어법으로 묘사한 작가 피츠제럴드의 생각 역시 이해된다. 세월이 많이 흐르고 시대가 바뀌어도 '그 시대의 개츠비'는 수도 없이 등장할 테니까.

가난한 사람은 극복해야 할 허들이 많다

　누구나 삶에는 어떤 형태로든 역경이 찾아온다. 그때는 부자든 가난한 사람이든 그것으로부터 벗어나려고 애를 쓴다. 하지만 이것만으로 둘 사이의 차이를 충분히 설명했다고 할 수는 없다. 왜냐하면 애쓰는 것보다 중요한 것은 자신의 생각을 실제 행동으로 옮기느냐 그렇지 않으냐 하는 것이기 때문이다.

　역경에서 벗어난다는 것은 대개 큰 노력의 결과물이고 이때는 노력하는 과정이 더욱 중요하다. 그런데 어떤 어려움을 만났을 때 대처 방법에는 사람마다 차이가 있다. 부자는 생각만 하는 것이 아니라 역경을 벗어날 방법도 가지고 있다. 방법이 딱히 없을 때는 반드시 만들어낸다. 반면 동일한 상황이 닥치면 가난뱅이는 한숨부터 내쉬고 남을 탓할 뿐 실제로는 의미 있는 행동을 하지 않는다.

　부자는 역경에 처하면 그로부터 야기된 교훈으로 이후의 발전에 도움이 되는 큰 깨달음을 얻으며, 그런 과정을 통해 자신을 수련하고 참을성을 길러 인생에 대한 전투력을 갖춘다. 그와는 달리 대개의 가난뱅이는 역경 속에서 눈물만 흘리고 탄식하는 것으로 대신한다.

　물론 실제 상황에서 대개의 가난뱅이들 역시 겉으로는 어려움에서 벗어나고 싶다고 외친다. 하지만 별다른 행동 없이 묵묵히 그 생활을 감수하며 '어찌 되겠지' 하는 생각으로 대처한다. 이때 중요한 것은 그들이 아무리 하늘을 원망하고 세상에 대한 저주를 퍼붓는다

해도 한숨 속에 살아가는 것 외에는 별다른 대안이 없다는 점이다.

그렇게 어려움을 헤쳐나가는 태도를 보면 시사점이 의외로 크다. 예컨대 부자가 태어날 때부터 난관을 벗어나는 능력을 가지고 있었던 것이 아니듯이 어려움을 헤쳐나가지 못하는 가난한 사람 역시 태어날 때부터 능력이 부족했던 것은 아니라는 것이다.

더 간단히 이야기하면 어려움을 거뜬히 벗어나느냐 아니냐 하는 것은 주머니 속의 돈이나 한숨 혹은 운명으로 결정되는 것이 아니며, 오히려 이것은 마음가짐의 문제이다. 말하자면 '진정으로 허들을 벗어나고자 하는 마음이 있느냐 없느냐'가 그 열쇠인 것이다.

진정한 부자로 태어날 수 있는 길

앞에서 이야기한 내용을 요약하면 이렇다. 부자든 가난한 사람이든 삶의 과정 어디에서나 필연적으로 허들을 만날 수 있는데 이때 대처 방법에서 차이가 있다.

가난뱅이는 어렵고 힘든 일을 만나면 먼저 도망갈 궁리부터 한다. 마치 이리저리 도망 다니는 생쥐처럼 힘이 들든 아니든 습관적으로 도망부터 치고 보는 것이다. 문제는 그럴수록 역경으로부터 제대로 된 지식을 쌓지도 못하고 돈도 모으지 못해 더욱 가난해진다는 것이다. 결과적으로 그는 자신의 청춘과 에너지를 낭비할 뿐이다.

물론 부자 역시 어려움을 피하고자 하는 것은 같다. 하지만 그는 자신이 맡은 일을 마무리하고 난 후에 그 자리를 벗어난다. 이쯤 되면 그의 도망이란 시기적절할 뿐만 아니라 꼭 해야만 하는 필요한 선택이라고 볼 수 있다. 결국 이것은 맹목적인 회피가 아니라 최선의 선택을 하기 위한 과정으로의 이동인 것이다.

현실적으로 볼 때 이 세상 사람 모두가 큰 부자가 되고 백만장자가 될 수는 없다. 그렇다고 해서 모든 사람이 똑같이 가난뱅이가 되지도 않는다. 이 세상 모든 사람이 대부분 돈을 벌기 위해 분주히 일하고 또 언젠가는 부자가 되겠다는 꿈을 가슴에 품고 살아가고 있다. 다만 진정으로 부자가 되려는 사람은 먼저 자신의 주머니를 채우는 일보다 마음가짐을 가다듬고 머리를 채우는 것을 우선해야 한다. 또한 진정으로 허들을 친구 삼고 역경을 벗어나고자 하며 그것으로부터 교훈을 얻어야 한다.

현재 돈이 없어도 마음가짐이 바르고 머리가 풍부한 사람이라면 가난하게 지낼 날이 그리 길지는 않을 것이다. 반대로 돈은 많아도 가슴과 머리가 없는 사람이라면 어느 순간에 빈털터리가 될 수도 있다. 따라서 먼저 자신의 지식을 채우고 마음가짐을 부유하게 했을 때만이 비로소 취업이나 결혼, 가정 문제 등과 같은 여러 장애물을 뛰어넘어 진정한 부자로 다시 태어날 수 있을 것이다.

어떤 문제에 직면했을 때 도피하는 것은 문제를 해결하는 좋은 방법이 될 수 없다. 현실에 대한 두려움을 이기지 못해 실패를 받아들이고 몰락하는 것 역시 승자의 행동은 아니다. 어떤 역경이 닥친다 해도 좀 더 강해지고 용기를 내어 외부의 비바람과 싸우면서 인생의 실전 경험을 쌓아 역량을 갖추었을 때 큰 성공 내지는 부자의 꿈을 이룰 수 있는 것이다.

태어나기 전부터 인생이 결정된다?

우리나라는 양극화 현상으로 부자도 늘어나지만 빈곤층 역시 급속하게 늘고 있다. 이는 중산층이 몰락하면서 그들의 극소수가 부자로, 훨씬 많은 수가 빈곤층으로 떨어지고 있기 때문이다.

사실 우리 사회의 구조는 유산층과 무산층으로 구분되고 경제 발전이 이루어지면서 중산층이 가세되어 3분화가 형성되고 있었다. 이것이 건강한 사회인데 이런 구조에서 어느 순간 중산층이 붕괴되면서 양극화가 심화되고 있는 것이다.

몇 년 전부터 회자되고 있는 금수저, 흙수저 이야기는 사회적인 이슈가 되기에 충분하다. 우리나라는 IMF와 외환위기를 거치면서 사회가 양극화되는 가운데 금수저와 흙수저로 대표되는 '수저 계급론'이 등장하여 하나의 사회 현상으로 많은 사람의 공감을 얻고 있다. 어찌 보면 시대의 산물인 것이다.

이때 금수저 계급은 좋은 가정환경과 양호한 조건을 가지고 태어난 운 좋은 사람들을 칭하는 반면 흙수저 계급은 부모의 능력도 없고 형편도 넉넉하지 못해 경제적 지원을 전혀 받지 못하는 운 나쁜 사람을 지칭하는 말이다. 다시 말해 개인의 노력이 아니라 부모에게서 물려받은 조건에 따라 인간의 계급이 결정되는 사회의 불공평을

꼬집는 신조어인 셈이다.

이것을 좀 더 확대해보면 '태어나기 전부터 인생이 결정된다'는 의미가 되는데 정말 본인이 잘못 태어난 존재라고 생각하는 사람들 입장에서 보면 억울할 것도 같다.

물론 실제 세상에는 태어나기도 전부터 운명이 결정돼 평생을 고통 속에 살아가는 사람도 더러 있다. 이런 특별한 경우를 제외하고 일반적인 경우에는 어떻게 해야 하는가? 이때 필요한 것이 "가난해도 부자의 줄에 서라"는 말이다. 그러나 그 의미를 아는 것과 실제 생활에서 의미를 제대로 활용하는 것은 별개의 문제이다. 의미를 제대로 활용하지 못하고 오히려 거꾸로 활용하는 사람도 많다.

또한 자신이 가난한데도 줄마저 잘못 서는 사람들도 의외로 많다. 부자도 여러 부류로 나뉠 수 있으므로 무조건 외형적으로 부자라고 해서 그의 줄에 서서는 안 된다. 예컨대 단지 운이 좋아서 부자가 된 사람이나 부모를 잘 만나서 그 재산을 물려받아 쓰기만 하는 사람의 줄에 선다면 오히려 안 서는 것보다 못할 수 있다.

부자가 되는 능력을 스스로 갖추지 못했다면 이미 지니고 있는 부마저도 결국은 줄어들게 만들 수 있다. 물론 물려받은 자산이 많다면 상당 기간 넉넉하게 살 수는 있겠지만 스스로 지키지 못하면 결국 양극화의 아래쪽으로 밀려 내려가는 결과를 낳을 수밖에 없다. 물려받은 많은 재산을 탕진한 수많은 이야기들이 그 반증이다.

어쨌든 인정해야 하는 것은 자본주의 체제를 유지하는 한 개천에서 용은 여전히 나올 수 있다는 점이다. 단지 그 방식이 시대에 따라 달라질 뿐이다. 더구나 이 세상에 돈은 엄청나게 많고, 그 돈이 갈 곳이 없어서 이리저리 몰려다니고 있다. 말하자면 누군가가 자기를 잡아주기만을 기다리는 것과 같다. 그러므로 벤처 기술을 통해서든 투자를 통해서든 돈을 잘 늘릴 수 있는 능력만 있다면 남의 돈으로도 얼마든지 일을 해나갈 수 있는 시대이다.

결국 줄을 찾아 설 때는 바닥에서부터 출발해 자수성가로 부자가 된 사람이나 물려받은 재산을 그 이상으로 효율적으로 잘 키워가는 사람의 줄에 서는 것이 가장 바람직하다고 볼 수 있다.

부자와 빈자로 나뉘는 출발선은 어디일까?

운명을 바꾸고 부자가 되려면 우선 좋은 기반을 갖춘 뒤 자기에게 다가온 기회를 잡아야 한다. 물론 가난한 사람이나 부자나 모두 기회를 기다리는 것은 같다. 둘 다 자신의 인생을 업그레이드할 만한 찬스가 필요하다고 생각하기 때문이다. 하지만 중요한 사실은 그 기회를 다르게 이해한다는 것이다.

대부분 성공이란 단 한 번 만에 쉽게 이루어지는 것이 아니다. 노력에 노력을 더해야 하는 것은 물론이고, 참고 또 참아야만 실현시킬 수 있다. 하지만 유감스럽게도 대개의 가난뱅이에게는 인내심도 없고 지속성도 찾아볼 수 없다. 그들에게 공통적으로 보이는 특징과 습관이 있기는 하다. 일을 하기는 하는데 그 일이 자신에게 어떤 의미가 있는지 혹은 자신의 행동에 따라 어떤 결과가 나올지 진지하게 숙고하지 않는다는 점이다.

가난한 사람은 자기를 위해서든 혹은 다른 사람을 위해서든 어떤 일을 할 때 진지하게 최선을 다하지 않고 쉽게 타협하며 양보한다. 그들은 "대부분의 사람들이 가난한 것처럼 나 역시 가난하다. 더구나 가난은 환경 탓이 크므로 이 가난에서 벗어날 수 있는 방법은 없는 것 같다. 나는 너무 미약하기 때문에 나를 변화시킬 능력도 없다"고 말하며 소극적인 태도를 보인다.

자신의 운명을 바꿀 만한 기반

분명한 것은 성공에 있어 정말 중요한 것은 '내가 그런 생각을 했는가?', '그 생각을 행동으로 직접 옮겼는가?', '성사시키기 위해 절실하게 최선을 다했는가?' 등에 대한 성찰이라는 점이다. 하지만 가난뱅이는 어떤 장애물을 만나면 쉽게 체념할 뿐 자신이 처한 상황에 대해 진지하게 고민하고 돌파구를 찾는 일에는 무관심하다.

가난뱅이들은 아무런 생각도, 행동도 하지 않으면서 익숙한 습관과 그 관성에 따라 하루하루를 대충 살아간다. 과거에 지나온 걸음만을 세며 새로이 발을 떼어 앞으로 나아가는 일은 염두에 두지 않는다. 지금 나는 비난하려는 것이 아니라 점검을 해보려는 것이다.

실제로 가난뱅이들 대부분이 자기의 현재 생활이 힘들다는 사실은 알지만 왜 힘든지는 잘 모르며, 또 그에 대해서 알아보려고도 하지 않는다. 그 결과 그들의 삶은 작년에도, 올해도, 내년에도 발전 없이 항상 제자리걸음만 하게 되는 것이다. 말하자면 그들은 일상생활에서 생활고에 관한 푸념만 늘어놓을 뿐 삶의 방식을 바꿔보려는 진지한 모습을 보이지는 않는다.

더구나 그들 대부분은 열심히 일하지 않고 적당히 소일로 시간을 보낸다. 일을 할 때도 방법을 배우는 것은 싫어해서 어떤 일을 능숙하게 처리할 수 있는 적절한 기술도 없다. 그런 상태에서는 기회가 오지도 않겠지만 요행히 기회가 오더라도 그것의 주인이 되지 못하고 원망만을 하며 세월을 보내게 되는 것이다.

말하자면 가능성 있는 아이템이 있다고 해도 그것을 알아보는 눈이 있어야 하며, 어떤 일에서든 성공하려면 사람들의 심리를 알아야 하는 것은 너무나 당연한 일이다.

세상에는 가난으로 인해 자신의 일상이 불만족스러운데도 불구하고 매일매일 무가치하게 허송세월을 하는 사람이 많다. 그리고 대개의 경우 그들은 경제적인 능력이 변변치 않다. 중요한 것은 가난에 쪼들린 생활은 육체적인 문제뿐만 아니라 정신, 즉 의지와 신념, 사상까지도 더욱 빈곤하게 만든다는 점이다.

그렇다! 자신이 진정으로 부자가 되려 하고 아무리 절실하게 운명을 바꾸려고 해도 적절한 환경 기반 없이는 공허한 이야기에 불과하다는 것을 인식해야 한다. 이 말은 곧 자신이 무슨 일을 하든지 먼저 자신의 운명을 바꿀 만한 기반부터 만들어야 한다는 뜻이다. 결국 어떤 삶의 태도를 갖느냐에 따라 부자가 가난뱅이가 될 수도 있고, 현재는 가난하지만 부자가 될 수도 있는 것이다.

가난할수록 알리바이가 풍부하다

가난을 한탄하는 실패자들에게는 한 가지 공통점이 있다. 그것은 자신이 안되는 이유를 잘 알고 있으며, 그것에 대한 완벽한 핑곗거리를 가지고 있다는 점이다. 다시 말해 자기가 그렇게 될 수밖에 없는 상황을 설명하는 알리바이를 풍부하게 가지고 있는 것이다. 그들의 핑계는 논리적이어서 자기 생각에는 거의 맞는다고 생각되는 것들이다. 그러나 중요한 것은 그들이 아무리 교묘하게 알리바이를 댄다고 해도 그것으로 부를 이룰 수는 없다는 사실이다.

같은 시대를 살아간다고 해도 사람들의 출생 환경이나 배경 등은 같을 수가 없다. 단 한 가지 똑같이 적용되는 것이 있다면 자신의 운명을 스스로 바꿀 권리가 있다는 점이다. 그들 앞에는 빛이 나고 아름다운 미래가 똑같이 펼쳐져 있으며, 그 찬란한 앞날을 추구할 기회는 누구에게나 동등하게 주어져 있다는 것이다.

처음에는 부자와 가난한 사람의 차이가 잘 보이지 않을 수도 있다. 초기에는 가난뱅이가 부자보다 오히려 더 앞서갈 수도 있기 때문이다. 하지만 시간이 지나 마지막에 이르면 부자는 원래 자기 자리를 찾아 부자가 되는 반면 가난뱅이는 나락으로 떨어지고 만다.

가난한 사람이라고 해서 부자가 되고자 하는 생각 자체가 없는 것은 아니다. 이들에게 한결같은 특징이 있다면 가난에 진저리를 내고 부자가 되는 꿈을 꾸며 그것이 실현되기를 갈망한다는 것이다. 또한 그 꿈을 현실로 만들기 위해 각양각색의 방법을 동원하여 자신의 처지를 극복하려 한다. 하지만 그들이 놓치고 있는 것은 부자가 된다는 것이 '결과'가 아니라 하나의 '과정'이라는 점이다.

그들이 놓치는 바로 그 부분 때문에 대부분의 가난뱅이들은 부자가 되어가는 과정에서 시작부터 뒷걸음질 치며 실제로는 한 걸음도 앞으로 나아가지 못한다. 앞을 향할 때 겪게 되는 고난을 견디는 일이 더 어렵다고 여기기 때문이다. 급격한 변화를 감당할 자신이 없어 적당히 타협하고 피하는 선택을 하고 마는 것이다. 이런 이유로 가난뱅이일수록 갖은 핑계를 대면서 자신을 합리화하고 운명에만 맡기려는 경향을 보인다.

익숙한 것으로부터 과감히 결별하고 새로운 길을 찾아가야 하는데 유감스럽게도 익숙한 옛길만을 찾아가는 가난뱅이들에게 돌아올 몫은 없다. 따라서 어떤 일을 하든 항상 가난한 생각에 둘러싸여 있는 가난한 사람은 스스로 주린 배를 움켜쥐고 평생을 살아갈 수밖에 없는 운명을 만드는 셈이다.

반면에 결국 부자가 되는 사람은 자신이 어떤 상황에 처해 있든지 적극적으로 위를 향해 올라가고자 하는 마음이 간절한 특징이 있다. 그리고 자신의 운명을 바꾸기 위해 언제나 실제로 행동하기 때문에 원하는 바를 얻게 되는 것이다.

가난한 사람 중에도 노력하는 사람은 많다. 다만 방법이 어설프다는 것이 문제이다. 한 걸음을 내딛거나 몇 걸음을 더 나아가는 데까지는 성공할 수도 있다. 그런데 딱 거기까지이다. 끈기 있게 계속 나아가지를 못한다. 그 결과 그들의 운명은 타인의 손에 좌지우지되며, 적은 돈을 버는 데 익숙해지면서 큰돈을 버는 부자의 대열에 동참하지 못한다. 아이러니한 것은 실제 부자가 되기 위한 노력도 제대로 안 한 사람일수록 그 상황을 받아들이지 못한다는 점이다.

이와 반대로 가난한 데서 출발했지만 진정한 부자의 대열로 들어서는 사람도 많다. 그들이 부자가 되기까지의 과정을 단지 운이 좋았다고만 말할 수는 없다. 그들의 여정을 보면 물불을 가리지 않는 용기와 꺾이지 않는 굳은 의지, 인내의 정신 그리고 무엇보다 치욕에도 개의치 않는 집념이 있었기 때문에 부자의 대열에 들어설 수 있었던 것이다. 결국 부자가 되기 위해서는 돈보다도 이런 조건들을 우선적으로 갖추는 것이 중요하다는 것을 알 수 있다.

가난뱅이는 언제나 운명을 탓하고 다른 사람을 부러워하는데 그러면서도 말끝에는 꼭 시기와 질투가 따라온다. 또한 "형편이 어려워 잘 배우지도 못했고 젊었을 때는 도움 받을 데가 없었는데, 중년이 되니 자본이 없다"고 변명한다. 차라리 귀농이라도 하는 게 어떠냐고 물으면 그 고생을 어떻게 하느냐고 말하고, 장사는 본전 까먹는 게 무섭다고 핑계를 댄다.

이렇게 실패자이고 가난뱅이일수록 자기가 그렇게 된 이유를 설명하는 그럴듯한 알리바이를 풍부하게 가지고 있다. 아마 조금만 지나면 더 이상의 변명거리가 없을 테고 그때쯤이 인생의 황혼 무렵일 것이다. 가난뱅이로서의 자기 역할만 착실히 수행해온 결과 어느덧 인생을 마무리할 때가 된 것이다.

성공하지 못하는 변명 리스트

부자가 되고 성공하는 꿈을 갖고 있지만 원하는 결과에 이르지 못하는 사람들에게는 공통적인 특징이 있다. 그것은 자신이 실패한 이유를 잘 알고 있으며 그것에 대한 완벽한 핑곗거리를 가지고 있다는 점이다. 자기를 정당화시키는 일종의 알리바이로서 일면 논리적이고 그럴듯하게 보이기도 한다. 문제는 그런 핑계나 변명들이 아무리 교묘하게 포장된다고 해도 결코 성공도, 부도 가져다주지 못한다는 것이다.

지금 소개하는 내용은 나폴레온 힐이 《성공의 법칙》에서 말하는 '변명 리스트'이다. 이 리스트를 보면서 자신에게 해당되는 것이 있는지 혹은 나 역시 이런 핑계를 대며 피해가는 것은 아닌지 생각해보자. 왜냐하면 이런 핑계가 아무리 그럴듯하게 보인다고 해도 결코 속지 않아야 하고, 더 중요한 것은 진짜 성공을 하고 싶은지 아닌지를 분명하게 알고 결심하기 위해서이다.

- 만일 아내와 가정만 없었다면
- 만일 좋은 연줄이 있었다면
- 만일 돈이 좀 더 많았다면
- 만일 좋은 대학을 나왔다면
- 만일 몸이 건강했더라면
- 만일 시간이 좀 더 있었다면
- 만일 좀 더 타이밍이 맞았다면
- 만일 인생을 다시 한 번 시작할 수 있다면
- 만일 운이 따라주었다면
- 만일 그(그녀)가 말리지만 않았다면
- 만일 좀 더 젊었다면
- 만일 하고 싶은 대로 했다면
- 만일 부잣집에 태어났다면
- 만일 조금이라도 저금해놓은 돈이 있었다면
- 만일 상사가 나를 바르게 평가해주었다면
- 만일 누군가가 나를 도와주었다면
- 만일 가족들의 이해가 있었다면

- 만일 다시 한 번 기회가 주어진다면

- 만일 몸이 뚱뚱하지 않았다면

- 만일 나의 재능을 인정받을 수만 있었다면

- 만일 빚만 없었다면

- 만일 반대하는 사람이 없었다면

- 만일 좀 더 좋은 사람과 결혼을 했더라면

- 만일 '하면 된다'는 말이 정말이라면

- 만일 주위에 좋은 사람들이 있었다면

- 만일 나에게 과거만 없었다면

자기의 참 모습에 직면하는 용기가 있다면 자신의 결점을 개선할 수 있다. 그리고 단점을 개선할 수 있다면 과거의 실패 중에서 이익을 만들어낼 수도 있다. 즉, 자기의 약점을 알고 있으면 어디에서나 배울 수 있고 그 결과 향상은 따라온다.

하지만 자기를 분석하지도 않으면서 대충 하려고 하거나 핑곗거리만을 생각한다면 그가 누구든 진정으로 자기를 성장시킬 수 없다. 진정한 성공과 부는 어떤 문제에 직면하여 떠오르는 핑계나 변명의 알리바이를 오히려 장점으로 만들었을 때 찾아오는 것이다.

3장

부자 마인드는 무엇이 다른가?

The greatest pleasure in life is
doing what people say 'you cannot do.'

인생의 가장 큰 기쁨은 사람들이 '넌 할 수 없어'라고 하는 일을 성취하는 것이다.
– 월터 배젓(Walter Bagehot, 영국의 경제학자)

어느 시대에나 가난한 사람들은 돈 버는 것이 가장 어렵다고 말하고,
반대로 부자들은 돈 버는 것이 쉽다고 이야기한다.
재미있는 것은 가난한 사람일수록 힘들이지 않고 돈을 벌어 부자가 되고
그에 걸맞는 명예를 갖기를 바란다는 점이다.

01 부자는 살아 있는 정보를 본다

세계 제일의 부자는 누구일까? 2018년 현재 세계 일등 부자는 빌 게이츠이다. 25년째 부동의 1위(발표 매체에 따라 약간의 등락은 있겠지만) 자리를 놓치지 않고 있다. 그는 1분에 9백만 원, 시간당 5억 4천만 원, 하루에 129억 6천만 원을 번다고 한다. 돈을 엄청나게 많이 버는 것은 물론이고 쓰는 것도 잘 쓰는데, 지금까지 350억 달러(약 41조 7천억 원)를 기부했다고 한다.

그러면서도 "내 자녀에게는 전 재산의 0.1% 미만만 물려주고 나머지는 빈곤 퇴치 등을 위해 기부하겠다"고 약속했으며 지금까지 그 약속을 잘 지키고 있다. 전성기 때는 너무 악착같이 돈을 벌어서 '실리콘밸리의 악마'라는 비난도 받았지만 지금은 '기부 천사'로 거듭나 세계인의 존경을 받고 있는 것이다.

이런 큰 성공에도 불구하고 사실 빌 게이츠는 엄청나게 획기적인 발명을 한 것도 아니고, 많은 재산을 물려받은 것도 아니었다. 단지 우연히 자기에게 다가온 기회를 알아보고 그 찬스에 승부를 걸었을 뿐이며, 이후의 이야기는 알려진 그대로이다. 그를 세계 제일의 부자로 만들어준 승부 이야기는 다음 장에서 다루겠다.

어쨌든 〈포브스〉가 2016년 10월 발표한 부자 리스트에서 그의 재산은 810억 달러(약 92조 원)였다. 엄청난 재산임이 분명하지만 갑자기 빌 게이츠 이야기를 꺼낸 이유는 따로 있다. 지금부터 그보다 더 큰 부자 이야기를 하려 한다.

한국에서도 베스트셀러가 되었던 《화폐전쟁》의 저자 쑹훙빙은 '로스차일드 가문'의 재산을 50조 달러로 추정한다. 이것을 우리 돈으로 환산하면 5경이 넘는다. 빌 게이츠 재산의 약 500배를 훌쩍 넘는다는 이야기인데, 이것이 사실이라면 로스차일드 가문은 인류 역사상 최고의 부자라는 이야기가 된다.

〈포브스〉가 평가한 로스차일드 가문의 현재 재산은 15억 달러라고 한다. 이 정도라도 엄청난 재산임은 분명하지만 세계 부자 순위로는 100위 안에도 들지 못한다. 그런데 보통 사람에게는 이런 큰 재산이 별로 와닿지 않으므로 로스차일드 가문의 재산 규모가 5경이냐 아니냐 하는 것은 중요한 사항이 아닐 것이다.

로스차일드의 재산은 가문이 생긴 이래 기밀 사항이었다. 1대 마이어 암셸 로스차일드의 유언 가운데 핵심이 재산을 절대 외부에 공개하지 말라는 조항이었다고 한다. 때문에 수백 년이 지난 지금도 이들의 재산을 정확히 파악하기는 불가능하다. 하지만 19세기와 20세기 초까지만 해도 이 가문이 실질적으로 전 세계 금융 재산의 절반 이상을 지배했다는 사실은 역사적으로도 증명되고 있다.

로스차일드의 재산 규모보다 정말 궁금하고 알고 싶은 것은 '그들이 어떻게 그런 큰 부자가 될 수 있었는가'이다. 그들이 엄청난 부를 축적할 수 있었던 계기는 유럽에서 있었던 어떤 사건이 기점이 되었다. 지금부터 이 어떤 사건에 대해서 소개하겠다. 이것을 알고 나면 찬스가 찾아왔을 때 대처 방법이 얼마나 중요한지 이해하게 될 것이다. 왜냐하면 어떤 기회가 여러 사람에게 똑같이 다가와도 그것의 주인공이 되는 사람은 많지 않기 때문이다.

현존 최고의 부자인 빌 게이츠나 역사상 최고 부자인 로스차일드에게는 하나의 공통점이 발견된다. 그들은 자기에게 다가온 찬스 앞에서 망설이지 않았고 또 어떻게 대처해야 하는지를 정확하게 알고 있었다. 이런 부분들을 잘 배운다면 보통 사람도 세계 최고까지는 아니어도 부자가 되는 데 있어서는 도움이 되지 않을까? 더구나 지금은 과거와는 비교할 수 없을 정도로 수많은 기회가 주어지는 시대이니 말이다.

로스차일드가 세계 최고 부자로 등극하게 된 사건

로스차일드의 운명을 바꾸고 그로 하여금 세계적인 부자로 등극하게 한 문제의 사건은 1815년에 발생한다. 그해 6월 18일, 엘바 섬을 탈출한 나폴레옹은 벨기에의 워털루에서 유럽의 운명을 걸고 숨 막히는 결전을 벌였다. 웰링턴이 지휘하는 영국군과 몇 차례의 혈전을 벌였지만 쌍방은 일진일퇴를 거듭하고 있었다.

그날 오후 4시경 나폴레옹의 프랑스군과 영국군이 마지막 한판 승부를 놓고 맞부딪치려는 순간 나폴레옹은 망원경으로 적진을 살펴보았다. 그런데 어찌 된 영문인지 바로 조금 전까지 기세를 올리고 있던 영국군이 감쪽같이 자취를 감춘 것을 보게 된다. 만일 영국군이 퇴각하는 것이라면 절호의 총공격 기회가 되는 것이다. 그 찬스를 놓치지 않고 나폴레옹은 총공격 명령을 내렸다.

그러나 프랑스 기병이 영국군의 진지를 향해 전진해 나갔을 때 그들을 기다리고 있던 것은 깎아 세운 듯한 절벽이었다. 프랑스군은 매복하고 기다리고 있던 영국군의 공격에 말을 멈출 새도 없이 추풍낙엽처럼 떨어져 나갔다. 승리는 확연히 판가름 났다. 나폴레옹의 참패였다. 드디어 세계의 역사가 달라지는 순간이었다.

이때 워털루 전투 현장이 훤히 내려다보이는 언덕 위에서 한 사람이 망원경으로 전투 상황을 유심히 관찰하고 있었다. 그는 전황이 웰링턴 쪽으로 기우는 것을 확인한 후 황급히 말을 달려 벨기에를 빠져나갔다. 그리고는 전속력으로 배를 몰아 런던에 도착했다.

이 정보를 입수한 사람은 잽싸게 증권거래소로 달려가 자신이 가진 국채 및 주식을 몽땅 내다 팔기 시작했다. 증권거래소에 있던 모든 사람들이 이 움직임을 신호로 받아들여 덩달아 국채를 던지기 시작했다. 그는 나단 로스차일드였고 당시 영국의 큰손이던 그가 갑자기 많은 주식을 파는 일은 예사롭지 않은 것으로 받아들여졌다.

사람들은 영국군이 전쟁에서 패한 것으로 지레짐작하고 어차피 휴짓조각이 될 금융상품 모두를 헐값에라도 내던지기 시작했다. 국채 가격은 쏟아지는 우박처럼 순식간에 폭락했다. 소문을 듣고 온 사람들은 여기저기서 도미노처럼 무너지듯 국채를 팔아치웠다. 순식간에 주식시장은 폭락 장세로 돌변했고 투매 광풍은 사방으로 번졌으며, 국채는 점점 휴짓조각으로 변해갔다.

이윽고 국채 가격이 더 이상 떨어질 데가 없게 되었을 때 이번에는 반대로 나단 측에서 맹렬한 속도로 국채를 사들였다. 주가가 완전 바닥에 다다르자 그는 다시 모든 주식을 사들였던 것이다. 다른 사람들이 따라 하기에는 너무 늦었다고 주저하고 있을 때 그는 미친 듯이 휴지 가격에 국채를 몽땅 매입했다.

바로 그 무렵 워털루에서 숨 가쁘게 달려온 전령이 정부에 영국군이 나폴레옹을 물리치고 대승을 거두었다는 낭보를 전하고 있었다. 그때는 이미 나단 측에서 모든 주식을 헐값에 사들이고 난 이후였고, 당연히 주가는 다시 폭등하기 시작했다. 그 결과 그는 상상할 수 없는 천문학적인 돈을 번다.

마침내 '전투 대승'이라는 정부군의 소식이 거래소에 전해졌을 때는 이미 태풍이 모두를 휩쓸고 지나간 후였다. 그는 정보력과 결단력으로 영국의 재산을 하루 만에 집어삼킨 것이다.

이야기의 주인공은 바로 로스차일드 가문 최고의 사업가였던 나단 로스차일드이다. 도덕성 논란을 떠나 정보가 지니는 위력을 적나라하게 보여준 역사적인 사건이었다. 로스차일드는 정확한 정보를 가지고 주어진 상황에 신속하게 대응하여 막대한 경제적 이익을 거머쥐었던 것이다.

로스차일드가 화려한 연기를 마쳤을 때 사람들은 그저 넋을 잃고 바라볼 수밖에 없었다. 그리고는 씁쓸한 표정을 지으며 객장을 빠져나가는 것 말고는 달리 할 수 있는 일이 없었다. 전투의 결과로 운명이 결정된 그날 전쟁은 조연이었고 실제로는 로스차일드가 주인공으로 세계 최고의 부자로 등극하는 계기가 된 사건이 바로 1815년 워털루 전투였던 것이다.

200년 전에도 신속하고 정확한 정보는 그처럼 중요했다. 당연하게도 정보가 부(富)를 결정하는 핵심 요소로 떠오른 21세기에는 정보를 장악하고 있는 세력과 그렇지 않은 세력 간의 격차가 역사상 그 유래를 찾아보기 힘들 만큼 커질 것이다.

흔히 '디지털 격차(digital divide)'라고도 불리는 21세기 정보 지식 사회의 빈부 격차는 현재를 살아가는 지구촌의 모든 사람들이 공통적으로 안고 있는 최대의 고민거리이기도 하다. 현재도 우리 주변에는 이루 헤아릴 수 없을 만큼 엄청난 정보가 해일처럼 밀려오고 있다. 정보의 홍수 속에서 사람들은 꼭 알아야 할 정보와 그렇지 않은 정보를 구분하지 못하고 헤매기 십상이다.

정보의 홍수 속에 살고 있지만 역설적이게도 정보가 많아질수록 개인이 가지고 있는 지식의 생명력은 그만큼 짧아진다. 그래서 지식의 반감기가 점점 짧아지는 시대를 살아가는 사람들은 끊임없이 새로운 정보를 통해 유용한 지식을 창출하는 것에 익숙해져야 한다. 정보를 접했을 때의 신속하고 정확한 대응이 부를 결정하는 시대에 살고 있기 때문이다.

지금까지의 삶에서 얼마나 많은 지식을 보유하게 되었는가와 관계없이 새로운 정보와 지식으로부터 높은 부가가치를 창출하기 위해서는 계속 학습해야 한다. 하물며 부자가 되고자 한다면 정보를 중시하는 마인드에 익숙해져야 하는 것은 의심의 여지가 없는 사실이다.

사고思考의 습관이 경쟁력이자 능력이다

부자와 가난한 사람의 진정한 차이는 얼마나 많은 재산을 소유하고 있느냐가 아니다. 재산 자체는 손이나 발처럼 신체의 일부가 아니므로 어떤 때는 많이 가지고 있을 수도 있고, 어떤 때는 없을 수도 있다. 다른 말로 하면 누구나 가난했다가 부유해질 수 있고, 부유했다가 가난해질 수도 있다는 의미이다. 이렇게 본다면 둘 사이의 진정한 차이점은 '얼마나 많은 재산을 가지고 있느냐'가 아니라 '그것을 어떻게 쌓아왔느냐'의 문제일 것이다.

진정한 부자에게는 평범한 사람을 뛰어넘는 것이 있다. 어떤 분야의 부자든 그가 진정한 부자라면 분명 사고(思考)에 능한 사람일 것이다. 사실 부자의 관점에서 볼 때 올바른 사고란 하나의 습관이자 즐거운 취미이면서 동시에 그 자체가 하나의 큰 재산이라고 볼 수 있다. 부자의 명확한 판단력과 예리한 눈빛 등은 그의 깊은 사고에서 우러나오는 것이다.

이렇게 올바른 사고란 관찰을 통한 깨달음과 종합적인 판단에서 비롯되는 것이고, 이를 통해 전체와 부분을 깊이 인식할 때 비로소 현명한 판단을 내릴 수 있다. 그러므로 적극적이고 올바른 사고에 익숙하지 못한 사람은 늘 남들보다 뒤쳐지게 되고 영원히 진정한 부자가 될 수 없다.

한편 가난한 사람은 자신이 가난한 이유를 주로 타인과 사회 탓으로만 돌리고 자신과는 아무런 연관도 짓지 않는다. 그는 힘을 쓰는 것 같지만 직접 자신의 머리는 쓰려 하지 않는 것이다. 그러면서 사고란 매우 힘든 일이기에 자신은 할 수 없는 것이라고 치부해 버린다. 이렇듯 대개의 가난한 사람은 사고를 통해서 답을 찾을 줄 모르기 때문에 다른 사람들은 어떻게 부자가 되었으며 왜 자신은 가난뱅이로 살아가야 하는지에 대해서도 고민하지 않는다.

안타깝게도 가난뱅이는 사고에 익숙하지 않기 때문에 자신을 바꿀 수가 없다. 사고란 하나의 습관인데 그 습관은 하루 이틀 만에 생기는 것이 아니다. 좋은 습관은 자신의 성장을 통해 서서히 성숙시켜야 하고, 자신과 사회와 세계를 인식하고 깨우쳐야만 형성된다. 그런 의미에서 사고하는 습관은 경쟁력이자 큰 능력이다.

하늘 아래 새로운 것은 없다

사람들은 모두 주어진 환경에 맞서서 최적의 전략으로 살아가고 있다. 결과적으로는 그 전략이 최적이 아닐지라도 우리 모두는 그렇게 되도록 노력한다. 환경이란 대부분 주어지는 것이다. 우리가 마음대로 바꿀 수 있는 종류의 것이 아니다. 그러나 인간의 위대한 정신은 환경마저 변화시켜 왔다. 인간의 창조력이 있었기에 가능한 일이다.

하지만 "태양 아래 새로운 것은 없다"는 말처럼 창조적인 결과도 대부분 기존 창조물의 영향을 받는다는 점에 주목할 필요가 있다. 창조를 위해서는 상상력이 필수적이기는 하지만 모든 일에 있어서 상상력이 필요한 것은 아니라는 말이다. 오히려 "유능한 예술가는 모방하고 위대한 예술가는 훔친다(Good artist copy, Great artist steal)"는 피카소의 말이나 "예술은 표절이거나 혁명이다(Art is either plagiarism or revolution)"라는 폴 고갱의 예술관이 와닿는다.

예전과 달리 지금은 모든 분야에서 경쟁이 점점 더 심화되고 있지만 오히려 그에 필요한 지식과 정보는 작은 수고로도 얻을 수 있는 세상이 되었다. 누구라도 인터넷을 통해 다양한 지식과 정보에 접근할 수 있다. 이제는 다른 사람보다 정보가 조금 더 많다고 으스댈 수 있는 세상이 아닌 것이다. 스스로 학습할 수 있는 능력이 있고 여기에 시간과 노력을 조금 더 들인다면 누구라도 특정 분야에 대한 지식을 갖춘 전문가가 될 수 있는 세상이다.

현대는 전문적인 정보와 지식이 순식간에 상식이 되어 더 이상 개인의 경쟁력이 되지 않는 시대이다. 약 30여 년 전 앨빈 토플러가 예견한 것처럼 정보와 지식 대신 창의력과 아이디어가 경쟁력과 부의 원천이 되는 시대인 것이다. 오늘날의 모든 과학과 문화는 인간의 상상력 덕분에 발전해왔다는 사실을 부인할 수 없으며 이것은 앞으로 더욱 심화될 것이다. 그런 이유로 우리 사회가 상상력 내지는 그와 관련된 창의력을 특별히 강조할 수밖에 없는 것이다.

그렇다면 어떻게 창의적 사고를 통해 창조적인 결과물을 만들어낼 수 있을까? 흔히 창조력이나 창의성을 이야기하면 톡톡 튀는 예술적인 아이디어나 기발한 발명품을 떠올린다. 과연 그럴까?

모든 발전은 모방에 의해 진화된 것이다

러시아 해군의 특허 심사관인 알츠 슐러는 전 세계의 특허 20만 건 중에서 특별히 창의적인 특허 4만 건을 추출하여 분석했다. 그 결과 너무나 뻔한 해결책이 전체 특허의 32%, 사소한 개선을 통해 특허를 받은 경우가 45%에 달했다. 기존 발명에서 눈에 띄게 진보한 것이라 평가할 만한 특허는 18%, 새로운 개념의 발명이라 볼 수 있는 것은 3%이며, 순수 과학이라는 측면에서 새로운 발견이라 볼 수 있는 경우는 겨우 1% 미만이었다고 한다.

다시 말하면 특별한 발명이라고 할 수 없는 특허가 전체 중에서 77%나 차지하고 있었다는 것이다. 당연하게도 그는 과학적 발견의 영역인 1%를 제외한 99%의 영역에서는 누구나 학습을 통해 창의적이 될 수 있다고 판단했다. 이 말은 앞에서 이야기한 것처럼 따라 하기, 즉 모방이 창조의 시발점이 되어왔다는 것을 반증하는 것이기도 하다.

분명한 것은 지구상의 모든 문화는 서로 다른 문화를 따라 하면서 창조되었다는 점이다. 가령 오늘날 우리가 즐기는 음악이나 영화에서도 이제 더 이상 한국적인 것을 찾기는 어렵다.

우리는 특히 미국의 영향을 많이 받았는데 미국 문화 자체도 유럽 문화에서 온 것이며, 유럽 문화 역시 중국이나 인도, 아랍의 문화를 따라 하면서 진화된 것이다. 이것은 각 나라의 문화 자체가 패러디인 셈이고, 각기 다른 나라의 고유한 문화 자체도 결국 서로의 문화를 모방하고 선택하면서 진화한 것이라고 말할 수 있는 근거이다.

그렇다! '진화한다'는 말 자체가 누군가를 따라 하면서 확산된다는 의미를 담고 있다. 중요한 것은 우리는 성장하는 과정에서도 늘 '따라 하기'를 해왔다는 점이다. 아이들은 위인전을 읽으며 위대한 사람들을 본받으려고 노력한다. 성인이 되어서도 롤 모델(Role Model)을 찾아 그를 모범으로 삼고 배우는 것을 현명한 방법으로 생각한다. 이때의 '롤 모델'이라는 말은 본보기이며 따라 해야 할 대상으로 쓰인 것이다.

지금까지의 설명을 정리하자면 이렇다. 문화와 사회, 과학 발명 분야뿐만이 아니라 특허와 관련된 기술이나 경제 시스템 역시 모방에 의하여 진화되어 온 것들이다. 이는 일상에서뿐 아니라 사업의 아이디어 부분에도 역시 마찬가지로 확대된다. 그렇다면 이미 부자가 된 사람들을 배워서 그들 못지않은 부자가 된다는 것은 지극히 당연한 접근 원리라고 말할 수 있을 것이다.

단지 운이 좋아서 부자가 된 사람은 없다

가난한 사람들은 부자를 부러워한다. 그러면서도 그들을 멀리하려고 한다. 부자를 부러워하면서 동시에 시기하는 이율배반적인 자세를 취하는 것이다. 이 부분에서는 특별한 예외도 없다. 더 나아가 부자들이 어떻게 부자가 됐는지 알아보려고 하는 것이 아니라 그저 운이 좋았거나 부모를 잘 만나 부자가 됐을 것으로 지레짐작한다.

하지만 단순히 운이 좋아서 부자가 된 사람은 없다. 물론 개중에는 부모를 잘 만났거나 특별한 이유로 부자가 된 사람도 더러 있겠지만 지역이나 나라를 불문하고 자수성가로 부자가 된 사람들이 훨씬 더 많다. 말하자면 부자는 모두 부자가 되기 위해 치열하게 노력한 사람들이라는 의미이고, 그들만의 비결이 있다는 뜻이다.

도널드 트럼프(Donald J. Trump)는 미국의 45대 대통령이 되기 훨씬 전부터 세계에서 가장 성공한 부동산 투자자이자 엄청난 부자로 유명하다. 특히 미국에서 가장 비싼 건물과 금싸라기 지역 대부분이 그의 손을 통해 개발되었다고 할 만큼 부동산을 보는 안목은 타의 추종을 불허한다. 그런 안목이 있었기에 세계 금융 위기로 인해 한때 파산 위기에 몰리기도 했지만 다시 멋지게 재기에 성공할 수 있었던 것이다.

펜실베이니아 와튼 경영대학원과 사관학교를 졸업한 트럼프는 아버지가 운영하던 부동산 개발 회사에서 사회생활을 시작했다. 아버지에게 부동산 개발 등의 사업을 배운 트럼프는 1970년대에 뉴욕 맨해튼에서 독자적으로 사업을 시작한다. 뉴욕시 한복판의 코모도 호텔을 하얏트 그랜드 호텔로 고치면서 돈방석에 앉았을 당시가 34세였다. 2년 뒤에는 58층의 트럼프 타워를 세워 뉴욕의 명소로 만든다.

그는 여기에 만족하지 않고 애틀랜틱 시티로 사업을 확장, 드디어 카지노 호텔 업계의 대부가 되기에 이른다. 그러나 1990년대 초반에 사업이 파산하며 몇 년간 고전했고, 1990년대 후반에 부동산 가격이 회복세를 보이면서 빚을 모두 청산하고 화려하게 재기에 성공한다.

그 해에 〈포브스〉는 트럼프의 자산을 4억 5천만 달러로 발표했는데 이것을 본 트럼프가 직접 항의 전화를 걸어 자신의 재산은 30억 달러라고 정정했다는 일화는 너무나 유명하다. 그는 세계 금융 위기 당시에 다시 9천억 달러의 파산 위기에 처했지만 그 역시 극복하면서 세계 400대 부자로 우뚝 서게 된다.

이렇게 트럼프는 부자가 되고자 하는 사람들, 특히 부동산에 관심 있는 사람들에게 롤 모델이 되었는데 그는 "부자가 되고 싶으면 돈을 가지기 전부터 이미 부자인 것처럼 사고(思考)해야 한다"고 강조한다. 마치 자신이 부자인 것처럼 생각하고 '반드시 해내겠다'고 말하며 또한 그 말처럼 행동하라는 것이다.

그의 수많은 어록 중에서 몇 가지만 살펴봐도 그의 사업관을 잘 알 수 있다.

① 나는 크게 생각하기를 좋아한다. 어차피 생각할 거라면 크게 생각하라.

② 진정 '챔피언'이란 정말로 일어설 수 없을 때 일어나는 사람을 말한다.

③ 전투에서 지는 것으로부터 전쟁에서 이기는 방법을 찾을 수 있다.

④ 승리자가 된다는 것은 언제 그만둘지를 잘 안다는 것이다. 때로 싸움을 포기하고 물러나서 더욱 생산적인 것을 찾아 움직여야 한다.

지금부터는 미국 대통령이 아닌 사업가로서의 트럼프의 생각과 노하우를 배워보자. 특히 그는 부동산 투자의 귀재이므로 이에 대한 그의 생각을 알아두는 것은 크게 도움이 될 것이다. 물론 그가 말한 것처럼 똑같이 행동한다고 하여 반드시 성공하는 것은 아니다. 하지만 이것들을 참고하여 나름의 혜안으로 자신에게 맞는 방법을 모색해보는 것은 의미가 있을 것이다.

1) 크게 생각하고 꿈꾸는 대로 하라

"나는 크게 생각하기를 좋아한다. 사람들은 대개 무언가 결정을 내리고 일을 성사시킨다는 것에 대해 두려움을 갖기 때문에 크게 생각하는 것을 꺼리는 경향이 있다. 그런 면에서 나 같은 사람은 굉장히 유리하다.

예컨대 내 선친은 브루클린과 퀸스에 저소득층을 위한 주택을 지으셨는데 그때 나는 더 좋은 장소에 구미가 당겼다. 나는 일찍부터 맨해튼 쪽을 노리고 있었는데 이것만 봐도 나는 목표에 대한 센스가 있는 것 같다.

나는 사실 좀 여유 있게 산다고 해서 만족하지는 않았다. 뭔가 기넘비적인 건물, 큰 노력을 들일 가치가 있는 건물을 짓고 싶었다. 많은 사람들이 자그마한 돌집을 사고팔고 하며 싸구려 붉은 벽돌 빌딩을 짓는 데 만족한다. 그러나 나는 맨해튼의 서쪽 강변 약 100에이커의 땅에 개발 단지를 짓거나 파크 애비뉴(Park Avenue)의 중앙역과 42번가 옆에 거대한 호텔을 짓는 계획에만 마음이 끌렸다.

나를 유혹한 다른 곳은 애틀랜틱 시티였다. 돈벌이가 되는 호텔을 짓기에는 안성맞춤의 장소였다. 호텔에 커다란 카지노를 붙여 지으면 더욱 좋을 것 같았다. 카지노는 호텔보다 다섯 배나 돈을 벌 수 있기 때문이다.

목표를 크게 생각하기 위한 기본 요소 중 하나는 집중력이다. 집중력은 꽤 성공한 기업가들에게서 공통적으로 발견할 수 있다. 그들은 집중력 있고 충동적이며 외곬으로 생각하고 때로는 거의 편집광적이다. 하지만 이 모든 특성은 그들의 사업에 집중된다. 다른 사람들이 정신적으로 혼란에 빠지는 국면에서도 이들 성공한 사람들은 정신적 혼란에 의해 오히려 도움을 받는다.

이러한 특성이 행복한 생활이나 더 좋은 인생을 만든다고는 말할 수 없지만 목표를 이루는 데에는 훨씬 유리하게 작용한다. 특히 날카롭고 강인하며 때로는 사악하기도 한 사람들과 맞서야 하는 뉴욕 부동산 업계에서는 더욱 그러하다. 나는 이런 사람들과 맞서서 쳐부수는 것을 좋아하게 되었다."

트럼프는 어떤 일을 함에 있어서 크게 생각할 것을 주문하는데 이것이 모든 인간의 성취 뒤에 존재하는 추진력이라는 것이다. 그러면서 "극소수의 사람들만이 큰 목표를 갖고 이를 이룬다. 얼마나 크게 생각하느냐가 결국 얼마나 크게 이루는지를 결정한다. 그 외에는 하찮은 것들이다"라고 말한다.

그는 크게 생각하는 사람이 없었다면 고층 빌딩, 과학 기술 또는 의학의 발전은 없었을 거라고 이야기한다. 그의 주장에 따르면 크게 사고하고 큰 목표를 이루기 위해 노력하는 것은 모든 주목할 만한 성공의 한가운데 있다는 것이다. 또한 작은 거래보다는 큰 규모의 일을 추진하기가 쉽다면서 몇 가지 예를 든다.

- 큰 거래보다 작은 거래에서 스트레스와 짜증을 느끼는 경우가 더 많다.
- 고층 건물을 매입하는 것보다 작은 방갈로 구입을 위한 협상에 시간과 노력이 더 많이 든다.
- 은행은 대개 도심 허름한 지역의 낡은 집보다는 크고 유명한 건물에 투자한다.
- 소규모 거래로 성공하고자 한다면 부도 그에 상응하여 얻게 된다. 그러나 큰 프로젝트로 성공하면 순자산은 훨씬 빠른 속도로 늘어난다.

트럼프의 말처럼 크게 생각하는 것은 많은 이점이 있다. 하지만 실제로 어떤 큰 거래를 이끌어내는 것은 생각하는 것과는 다른 문제이고 생각보다 어려울 수 있다. 예컨대 무척 큰 규모의 인상적이고 주목할 만한 무언가를 한다는 것을 상상하기조차 어려운 사람도 분명히 있을 것이다. 하지만 무언가 큰일을 이룬 사람도 처음 시작은 작았을 것이 분명하다.

어쨌든 무언가를 이룬 사람은 스스로를 최고의 위치로 끌어올렸고, 그들이 그렇게 했다면 당신도 못할 이유는 없다. 그렇다면 어떻게 하면 크게 생각할 수 있을까? 그 답을 트럼프의 연설과 저술 등을 참고하여 알아보자.

① 자신에게 격려의 말을 건네며 하루를 시작하라. "오늘은 굉장한 날이 될 거야", "나는 세상에서 제일 좋은 나라에서 살고 있어", "나는 훌륭한 직업을 가졌어", "활동적인 것이 좋지", "내 주변에는 뭔가 굉장한 것을 이룰 좋은 기회들이 많아."

② 생각한 것을 말하는 습관을 길러라. 엄청난 성공을 거둔 사람들은 그들의 생각이 알려지기를 원한다. 다른 사람이 어떻게 생각할지 두려워하지 마라. 그들은 당신보다 똑똑하지 못할 것이다. 큰 소리로 말하라.

③ 항상 더 높은 목표를 설정하고 자신의 능력을 뛰어넘기 위해 노력하라. 계속해서 자신을 뛰어넘을 때 엄청난 성공이 이루어진다. 큰 뜻을 품어라. 향후 몇 년 내지는 수십 년 앞서 사회에 큰

영향을 줄 빅 트렌드를 생각하라. 이런 트렌드는 대개 매우 확실하다. 크게 생각하고 그런 트렌드에서 발생하는 사람들의 욕구를 충족시키기 위한 큰 해결책을 찾아라. 트렌드에 맞는 일을 확실히 이해할 수 있다면 엄청난 성공을 거둘 수 있다.

④ 자신에 대한 의심을 정복하고 이를 버려라. 자기 신뢰라는 반석 위에 집을 지어라. 미래에 대해 확신할 수 있는 사람은 아무도 없다. 성공할 거라 생각하고 목표를 향해 나아가라. 스스로를 가치 있게 여긴다면 다른 사람들도 똑같이 대해줄 것이다. 절대 다른 사람들의 허락을 구하지 말고 스스로에게 확신하라.

⑤ 큰 생각과 큰 행동을 일치시켜라. 가능한 빨리 그렇게 하라. 이는 자신이 필요로 하는 신뢰를 가져다준다. 변명 따위는 하지 말고 성공을 위해 해야 할 일을 시작하라. 반드시 작게 시작하되 한 번에 한 걸음씩 더 큰 일을 하라. 당신의 역량은 마음먹기에 달려 있다. 더 크게 사고할 수 있고, 조만간 자신이 생각한 대로 될 것이다.

⑥ 성공을 향해 가는 중간 지점에서 안전을 추구하려 하지 마라. 계속 크게 생각하라. 안전을 생각하는 순간 크게 사고하는 능력은 희미해지고 결국 사라진다. 새로운 정보로 정신을 자극하면서 더욱 새로운, 더욱 큰 기회를 찾아라. 중간에 멈추지 마라.

⑦ 부드럽게 걷되 당당한 태도를 지녀라. 이는 특히 자신을 신뢰하며 더 높은 성취를 이룰 때 하는 행동이다. 자신의 가치를 높이

는 태도를 개발하고, 같은 방식으로 다른 사람들이 당신을 존경하도록 만들어라.

그 밖에 그는 "크게 사고하는 사람들과 어울려라", "압력을 재치 있게 이용하라", "큰 성취 과정에서 큰 시련을 대비하라", "자신의 큰 자아를 자랑스러워하라", "긍정적으로 생각하고, 하겠다고 다짐한 일을 하라", "매사에 최고를 향하라(옷차림, 자동차, 당신이 살아가는 모든 방식에서 말이다. 예산이 충분하지 못하다면 몇 가지만 사더라도 최고의 것을 선택하라)", "큰일을 하기 위해 책임감을 가져라", "법적 계약을 맺고 내일은 없는 것처럼 자신의 의무를 다하라", "멘토를 찾아라", "업계의 권위자를 찾아 그(그녀)의 조언을 듣고 정기적으로 격려를 받아라" 등을 이야기한다.

2) 추진력을 유지하면 일이 쉬워진다

"비즈니스를 함에 있어서 긍정적인 면을 강조해야 하지만 때로 어쩔 수 없이 선택을 해야 할 때가 있다. 대부분의 경우 나는 남들과 잘 지내왔고, 내게 호의를 보이는 사람에게는 특별히 더 잘해준다. 그러나 나를 이용하거나 부당하게 대하는 사람이 있으면 치열하게 대항한다.

누군가와 싸우게 되면 상황이 더 악화될 우려가 있기 때문에 모든 사람에게 이 방법을 추천할 수는 없지만, 내 경험으로 보아 신념을 위해 싸우게 되면 때로는 본래의 의도에서 벗어나는 일이 있기는 해도 대개는 최선의 결과를 낳는다.

뉴욕시가 트럼프 타워와 관련해 세금 문제로 부당하게 문제 제기를 했을 때 나는 6개의 재판으로 응수했다. 물론 소송 비용이 많이 들었고 승소할 가능성도 희박했다. 당연히 이길 가망이 없다고 말하는 사람도 많았다. 그러나 나는 결과와 상관없이 노력해볼 가치가 있다고 판단했고 결국에는 이겼다.

어떤 프로젝트를 진행하든 추진력의 존재는 중요하다. 왜냐하면 추진력이 있으면 일이 더 쉬워지기 때문인데, 강력한 추진력을 유지할 수 있도록 할 수 있는 모든 것을 다하는 것이 비즈니스맨의 자세이다. 비즈니스를 진행할 때 추진력은 다음과 같이 작동한다.

① 처음 프로젝트를 시작할 때는 아무런 추진력이 없다. 함께 작업할 인원을 구성하는 일도 불가능한 일을 시작하는 과정과 상당히 비슷하다. 도움을 줄 수 있는 전문가들과 이야기를 해보지만 그들은 당신이 진지한 참여자인지, 아니면 오늘은 여기 머물지만 어음 만기일이 되면 내일은 다른 곳으로 떠나버리는 믿을 수 없는 사람인지 알 길이 없다. 이렇게 새로운 프로젝트를 시작하려면 엄청난 노력이 필요하다는 점을 이해해야 한다.

② 더 많은 사람들과 대화하면서 서서히 추진력이 생겨난다. 다른 사람들에게 당신이 진지하고 책임감 있는 사람임을 입증하는

것과 같다. 사람들이 당신과의 업무가 편하다고 느껴야만 어떤 성과가 발생한다.

③ 어느 날—가끔은 불쑥—뭔가가 나타난다. 거래를 하거나 새 고객을 확보하거나 아니면 뭔가 굉장히 인상적인 일을 하게 된다는 의미이다. 어느 날 갑자기 신용은 자신감을 주는 계기가 되고, 사람들은 당신이 일을 잘하리라고 믿기 시작한다. 여전히 열심히 일을 해야 하지만 이제부터는 보통 사람들이 할 수 있는 것보다 더 높은 수준의 성과를 올릴 것이다.

④ 이제 당신의 성공은 증식하기 시작한다. 좋은 일들이 조금씩이 아니라 몇 배로 생겨난다. 이 단계에서 사람들은 당신에게 편승하기 위해 사투를 벌이는데 분명 당신이 성공했기 때문이다. 사람들은 당신이 하는 일을 좋아하고, 촉진자로서 당신의 가치는 더욱 확실해진다."

지금까지 트럼프의 이야기 중 추진력의 이익은 매우 분명하고 확실하다. 그럼에도 대부분의 사람들이 이를 위해 더 많은 노력을 기울이는지는 의문이다. 추진력을 가진 사람은 아무 것도 없이 시작하는 사람보다 훨씬 더 많은 것을 이룰 수 있다.

부자는 작은 이유로 선택을 포기하지 않는다

진정한 부자에게는 책임감이 있다. 크게는 사회적인 것이라고 한다면, 작게는 자신과 가정에 대한 것이다. 책임져야 할 것이 있으면 사명감 또한 생겨나 목표를 실현하고자 하는 힘과 열정이 솟아난다. 따라서 일을 하는 과정에서 많은 좌절과 고난이 뒤따르더라도 정말 자신이 책임을 다하고자 한다면 두려워할 이유도 없는 것이다.

부자라면 자신이 책임져야 할 일들에 대해서도 잘 알고 있어야 한다. 인생의 매 행보마다 치밀하게 생각해야 하며, 개인적인 득실이나 잠시의 실패는 크게 따지지 말아야 한다. 이런 책임감이 있기 때문에 부자가 되려는 사람은 선택을 포기하지 않으며 자신의 약함을 핑계로 삼지도 않는다. 어떤 상황에 있든 해결 방법을 능동적으로 찾아야 하며, 어려움 때문에 불평하지 않고 '할 수 없다'는 부정적인 말도 함부로 해서는 안 되는 것이다.

말하자면 자신에게 뒤따르는 책임을 짐짝이 아닌 자신을 앞으로 밀어주는 힘으로 여겨야 한다. 이것이 무슨 말인가 하면 이 세상의 모든 사람에게는 저마다의 역할이 있으며, 특히 가정과 사회가 주는 책임감은 누구도 회피할 수 없다는 것이다. 그러므로 그것들을 짐으로 여긴들 아무런 득이 되지 않는다. 따라서 부자가 되려는 사람은 책임 자체를 측량 도구로 삼아 마땅히 해야 할 일이 무엇이고 하지 말아야 할 일이 무엇인지를 판단해야 한다.

반면 가난뱅이는 책임감이 있다고 해도 자신이 책임지는 것을 매우 피곤하게 생각한다. 더구나 책임감이 전혀 없는 사람이라면 아무 생각 없이 제멋대로 편안하게 사는 경우가 많다. 하지만 이러한 상태에서의 자유는 잠시일 뿐 살다 보면 그 대가를 지불해야 하는 순간은 반드시 찾아온다. 결국 책임감이라는 의식이 없는 가난뱅이는 매우 고통스럽고 힘든 대가를 치르게 될 것이다.

한때의 즐거움과 기쁨은 생활을 황폐하게 만들고 고통의 그림자로 돌아온다. 그렇기에 책임을 회피하는 태도는 작은 것을 얻지만 더 큰 손실은 메꾸지 못하는 결과를 야기한다.

앞의 이야기에 이어서 트럼프의 성공의 법칙을 계속해서 들어보자.

3) 집중하면서도 기본에 충실하라

"큰 성공을 위해서는 처음 시작한 모든 일들을 그대로 잘 유지하는 것이 필수적이다. 그것을 위해서는 성공의 덫에 걸려 방황하지 말고 기본대로 하는 것이 중요하다. 사실 이런 일은 초기에 성공한 사람들이 과도한 칭찬을 받을 때 주로 일어난다.

예컨대 자기가 만지는 모든 것들이 황금으로 변한다고 믿기 시작하는 순간부터 곤경에 빠져서 헤어나오지 못하게 되는 것이다. 그렇게 되면 앞으로 성공하기 위해 필요한 것에 집중하지 못하게 되고 명예에 안주하기 시작한다. 이는 아주 좋지 않은 징조로 볼 수 있다. 이런 불행한 일을 방지하려면 다음을 기억하고 그렇게 하라."

- 일찍 성공을 거두고 사람들이 칭찬을 하기 시작하면 그때는 자신에 대한 이야기를 듣는 데 집중하라. 당신이 정직하다면 이미 자신의 성공 요인과 과실을 누구보다 잘 알고 있을 것이다. 좋은 이야기를 들을 때마다 덜 알려진 자신의 잘하지 못하는 부분에 대해 깊이 생각하라. 당신이 흔들리지 않도록 잡아줄 것이다.
- 자신의 도전과 문제에 대해 생각하라. 문제를 해결하는 자신의 모습을 상상하며 모든 가능한 대책을 생각하라. 난관을 헤치고 미래에 더 큰일을 할 수 있는 시나리오를 꿈꿔라.
- 항상 자신이 통제할 수 없는 문제와 사건이 있다는 점을 명심하라. 지금의 엄청난 질주를 즐기는 것에서 나아가 끔찍한 사건이 발생한다면 그 즉시 모든 상황이 변할 수 있음을 인정하라. 따라서 매사에 현실적인 시각을 지녀야 한다.

4) 이기려면 강인하고 화끈하게 행동하라

"부자가 된다는 것은 강해지는 것이며 그 과정에는 사람들에게 상처를 주는 일도 포함된다. 계속 성공하고자 한다면 필요한 때는 화끈하게 행동할 배짱부터 미리 키우고 그런 상황을 체크하라.

이상적인 세상에서는 누구나 부자가 될 수 있고 영원한 부도 가능하다. 하지만 현실 세계는 그렇지 않다. 몇몇 사람들은 두각을 나타내지만, 어떤 사람들은 재정적 파탄에 봉착하거나 파산하거나 더 심한 경우에도 이른다.

성공하려면 많은 사람들이 직면하는 엄청나게 두려운 문제에 대해서 유용한 해결책을 생각해낼 수 있을 만큼 강인해져야 한다. 크게 생각하는 능력을 키우고 화끈하게 행동해야 하는 것이다. 상위 2% 내에 들어가는 성공한 사람들에게는 다음의 공통점이 있다."

- 그들은 공개적으로 최고를 목표로 한다. 평균 수준의 업무에 안주하지 않고 엄청난 거래를 성사시키기 위해 일한다.

- 그들은 계속해서 더 높은 목표를 정하고 이를 이루도록 동기를 부여한다.

- 그들은 진취적인 목표를 가졌을 뿐 아니라 매일 목표를 위해 행동한다.

- 최고로 성공한 사람들은 미리 업무를 살펴보기 때문에 업무가 진행되기 전에 이미 프로젝트를 시작하는 데 무엇이 필요한지 알고 있다.

- 상위 2%의 사람들은 다른 사람들이 고심하는 문제에 대한 해결책을 찾는 데 매우 뛰어나다.

- 그들은 'NO'라는 답을 듣고 무시하는 데 익숙하며, 한발 비켜서거나 창의적인 방식으로 'NO'를 'YES'로 바꾼다.

- 최고로 성공한 사람들은 소극적으로 행동하거나 다른 사람들을 괴롭히지 않는다. 반면 그들은 누군가가 자신을 괴롭히면 부당한 처우를 감수하기보다는 배로 앙갚음한다.

- 그들은 어떤 시기에 자신이 무엇을 해야 하는지 잘 안다. 또한 자신의 배짱으로 할 수 없는 일이 무엇인지도 잘 알고 있다.

- 크게 성공한 사람들은 자신과 자신의 이익을 고수하기 위해 필요하다면 무엇이든 한다.

지금까지 살펴본 바와 같이 도널드 트럼프의 성공 비결을 하나의 키워드로 정리한다면 그것은 '자신감'과 '크게 생각하라'이다. 어찌 보면 비결이랄 것도 없다. 이 말은 그가 쓴 책에서도 많이 등장하는데, 그는 끊임없이 '반드시 해낼 수 있다'는 자신감으로 스스로를 무장하고 있음을 알 수 있다.

또한 그는 두 가지를 강조하는데 첫째는 "자신의 육감에 따르라"는 것이고, 둘째는 "자신이 잘 알고 잘할 수 있는 것에만 매진하라"는 것이다. 이 또한 특별히 어려운 것도 아니다.

그러면서 그는 "소박한 꿈은 아무 소용없다. 무엇이 됐든 마법은 일어나지 않을 테니까"라면서 큰 꿈을 가지라고 말한다. 아울러 그는 "그 꿈을 이루기 위해 열심히 노력하여 정상에 오르겠다는 포부를 가져야 한다"고 강조한다. "아침에 침대에서 일어나는 것만으로는 돈을 벌고자 하는 동기가 부여되지 않는다"면서 큰 꿈, 즉 동기의 중요성을 설파한다.

이런 그의 주장은 너무나 당연한 것인데 가령 동기가 없으면 얼마 지나지 않아 돈을 버는 일 자체가 그 빛을 잃을 수도 있고, 설령 동기 부여가 되어 있다고 해도 돈을 벌기 위해 하기 싫은 일을 한다면 동기 부여의 효과는 사라질 것이기 때문이다.

그의 이야기를 정리하면 이렇다. "엄청난 돈을 벌고 싶은가? 그렇다면 대담한 목표를 세우고 노력하라." 단순하면서도 명쾌하지 않은가? 그러면서 덧붙이는 다음 이야기가 가장 중요하다. "크게 성공하려면 당신의 일에 열정을 가져야 한다. 안전지대에서 나와 열정을 찾고 압박을 다루는 방법을 배우고 결코 포기하지 마라."

02 인생 역전을 원한다면 부자의 줄에 서라

탄광 속의 카나리아(Canary in a Coal Mine) 이야기를 들어봤을 것이다. 머나먼 옛날 탄광에는 특별한 환기 시설이 없었다. 광부들은 항상 독가스에 중독될 위험을 감수해야만 했다. 그래서 이들은 광산에 들어갈 때 카나리아를 데리고 들어갔다.

카나리아는 맑고 아름다운 소리를 내는 새지만 메탄과 일산화탄소에 매우 민감하며 이들 가스에 노출되면 죽는다. 그런 이유로 광부들이 탄광 속 공기 중의 일산화탄소 농도와 잔존 산소량을 가늠하기 위해 카나리아를 데리고 들어갔던 것이다.

카나리아가 노래를 멈추고 밖으로 달아나면 광부들도 탄광 속에

산소가 부족해졌다는 사실을 알고 급히 빠져나올 수 있었다. 말하자면 카나리아가 노래를 계속하고 있는 동안에는 광부들도 안심하고 일할 수 있었지만, 카나리아가 죽게 되면 곧바로 탄광을 탈출함으로써 자신의 생명을 보존할 수 있었다.

이런 관습은 20세기 들어 독가스 검출 기술이 개발되면서 사라졌지만 기술 발전 이후에도 몇몇 탄광에서는 카나리아를 계속 사용했다고 한다. 이렇듯 '탄광 속의 카나리아'는 위험하고 어려운 환경에 민감해 그런 상황을 조기에 알려주는 고마운 새였으며, 한편으로는 앞으로 더 위험한 일이 닥칠 수 있음을 경고해주는 존재를 지칭하는 단어가 되었다.

더 확대해서 생각해보면 카나리아는 탄광에만 있는 것이 아니라 개인의 삶 속에서도 곳곳에 존재하면서 경고를 날리고 있다. 더구나 돈을 많이 벌어 부자가 되는 것이 현대판 채굴이라고 한다면 분명히 옆에서 위기나 기회 혹은 좌표를 알려주는 카나리아의 존재가 필요한 것이다.

탄광의 극한적인 생존 조건에서 카나리아의 도움을 받았다면 인간의 극한적인 한계 상황에서는 어떻게 해야 할까? 대개의 경우 인간이 생각하는 한계는 정신적인 면이 크다. 스스로가 설정한 한계에 의해 제한을 받는 것이 인간이다. 다음의 이야기는 그것을 극명하게 보여주는 사례라고 할 수 있다.

한계란 애당초 없다

1970년 미국 오하이오주 콜럼버스에서는 세계 역도 선수권 대회가 열렸다. 이 대회에서 전 세계의 이목은 마의 500파운드(약 227.5kg)를 넘는 세계 신기록이 나올 것인가에 쏠려 있었다. 이때 이슈의 주인공은 강력한 우승 후보인 바실리 알렉세예프였는데, 사람들의 관심은 그의 우승 여부가 아니라 '과연 그가 500파운드를 들어 올릴 수 있을 것인가'에 쏠려 있었다.

당시는 역도의 전성기였지만 그때까지 그 어떤 스타도 이 무게를 들어 올리지 못했으며, 급기야 사람들은 500파운드를 '인간이 절대 들어 올릴 수 없는 무게'라고 믿고 있었다. 이미 한계를 긋고 있었던 것이다.

드디어 대회가 시작되었고 모두의 예상대로 알렉세예프가 결승에 올랐다. 그는 자신 있게 도전을 외치고 역기를 들어 올리는 데 성공했지만 사람들의 입에서는 환호성 대신 아쉬운 탄식이 흘러나왔다. 그가 500파운드가 아닌 499파운드로 도전했기 때문이었다. 사람들의 폭발적인 관심에 엄청난 부담을 느낀 알렉세예프 선수가 비교적 안전한 무게를 선택한 것일까?

이윽고 경기가 끝나고 사람들이 웅성거리고 있던 바로 그때 갑자기 장내에 안내 방송이 울려 퍼졌다.

"여러분! 죄송합니다. 주최 측의 실수로 역기의 무게가 잘못 측정되었습니다. 방금 알렉세예프 선수가 들어 올린 역기의 무게는 499

파운드가 아니라 501.5파운드입니다. 정정합니다."

그 소리에 장내에는 환호성이 울려 퍼졌다. 드디어 인간의 한계가 깨진 것이다. 그 일이 있은 후에 인간의 한계로 여겨졌던 500파운드를 뛰어넘은 선수가 그 해에만 놀랍게도 여섯 명이 더 나왔다.

그렇다! 이것이 바로 '한계'라는 인식의 무서운 힘이다. 사람의 머릿속(의식)에 '한계'와 '불가능'이라는 독초가 한번 뿌리를 내리면 그 생각들로 인해 충분히 할 수 있는 일조차도 도전할 수 없게 된다.

알렉세예프 선수 이전에 500파운드를 든 사람이 없었던 이유는 그 무게가 진짜 인간의 한계여서가 아니라 그것이 한계라는 잘못된 믿음 때문이었던 것이다. 한계란 애당초 없었다. 한계라고 믿는 사람만이 있을 뿐이다.

부자 역시 마찬가지이다. '나는 부자가 될 수 없다'고 스스로 한계를 긋지 않는 한 누구나 부자가 될 수 있다. 500파운드가 인간이 뛰어넘을 수 없는 한계가 아니었듯이 부자 역시 아무나 될 수 없는 한계가 아닌 것이다.

이렇게 스스로 한계를 설정함으로써 기록뿐만 아니라 부자가 될 찬스를 물거품으로 만드는 이야기는 너무나 많다. 지금 소개하는 회장과 정원사의 이야기 역시 그중 하나이다.

일본 대기업 회장 저택의 정원을 가꾸는 정원사가 있었다. 어느 날 정원을 거닐던 회장과 마주치게 된 그는 회장에게 말을 걸었다.

"회장님이 정말 부럽습니다. 회장님의 성공 비결을 알고 싶습니다."

회장은 성실한 그를 도와주기로 마음먹었다.

"내가 지켜본 바로는 자네는 원예 사업을 아주 잘할 것 같은데 이렇게 해보는 것이 어떤가? 옆의 공장 가까이에 2만 평방미터에 이르는 빈터가 있으니 여기에 묘목을 심어볼까? 지금 묘목 한 그루에 얼마씩 하는가?"

"4천 엔 정도 합니다."

"좋아! 그러면 모두 2만 5천 그루 정도 심을 수 있겠군. 제대로 키워서 3년 정도 지나 나무를 판다면 한 그루에 얼마나 받을 수 있겠나?"

"3만 엔 남짓 될 겁니다."

"그럼 이렇게 하지. 묘목 값 1억 엔과 비료 값은 내가 내겠네. 자네가 나무를 관리하고 잘 키워서 묘목의 상품 가치를 높이면 3년 뒤 우리는 6억 엔이 넘는 이윤을 얻게 될 거고, 그때 가서 절반 씩 나누는 걸로 하지."

"예? 그렇게 많은 이윤이 생깁니까?"

놀란 정원사는 입을 다물지 못하고 고개를 절레절레 흔들며 이야기했다.

"회장님, 저는 그렇게 엄청난 사업은 못합니다. 큰 욕심 안 부리고 안정적으로 사는 것이 좋습니다."

그 말을 듣고 회장은 할 수 없이 그를 고용하여 월급을 주며 묘목 사업을 했고, 예상대로 사업은 아주 잘되어 회장의 재산은 더욱 늘어났다. 하지만 정원사는 평생 정원을 돌보는 삶을 살았다.

운과 타이밍은 스스로 찾아오지 않는다

대다수의 가난한 사람들은 자신이 가난한 이유를 잘 알고 있다. 그들은 그 이유가 주로 기회와 운이 부족했기 때문이라고 여긴다. 그러면서 만약 자신에게도 기회가 주어졌다면 벼락출세와 대박을 통해 부자가 되었을 거라 믿고 그것을 사실인 양 말하곤 한다. 말하자면 가난뱅이에게는 운과 기회가 매우 중요하며 그것이 자신의 인생을 결정한다고 보는 것이다.

달리 이야기하면 그들은 운이 없고 기회가 주어지지 않으면 아무리 노력해도 되는 일이 없다고 생각한다는 것이다. 당연히 그들은 가만히 앉아 운과 기회가 두 발로 걸어 들어오기만을 기다린다. 안타깝게도 운과 기회마저도 그 사람의 근면과 노력에서 비롯된다는 사실을 깨닫지 못하고 있는 것이다.

가난뱅이는 어떤 일을 하더라도 실패하면 운이 나빴던 탓으로 돌리거나 자신의 부족한 기회를 원망한다. 만약 운이 조금만 더 좋았더라면 결과가 절대 나쁘지 않았을 거라는 식으로 운의 중요성만 강조한다. 결국 이들의 문제는 자기 자신에게서 실패의 원인을 찾지 않는 것이고, 이 때문에 영원히 가난뱅이로 남을 수밖에 없다는 사실은 헤아리지 못한다는 것이다.

반면 부자가 되는 사람은 그 어떤 기회나 운도 믿지 않으며 운명도 크게 고려하지 않는다. 말하자면 그들은 하늘에서 갑자기 무언가가 뚝 떨어져 주머니를 공짜로 채울 수 있을 거라는 생각은 하지 않는다. 오직 자신의 머리와 손발을 믿으며 모든 일을 직접 한다. 근면과 연구, 노력만이 새로운 변화를 만든다고 믿는다.

빌 게이츠가 최고의 부자가 된 계기

역사상 비운의 천재를 꼽을 때 빠지지 않는 인물이 게리 킬달(Gary Kildall)이다. 그는 약 40년 전인 1980년대 초, 퍼스널 컴퓨터가 일반 사용자들을 대상으로 시장을 확대해 나가고 있을 무렵 빌 게이츠보다 앞서서 소프트웨어 시장을 선점하고 있었다.

하지만 그는 부자가 될 절호의 찬스를 걷어차 버림으로써 이후 '세계 제1의 부자'라는 타이틀을 빌 게이츠에게 헌상하고 말았다. 말하자면 행운의 여신이 자기에게 손짓을 했으나 그것을 뿌리치면서 천추의 한을 남긴 것이다. 자타 공인 천재 소리를 듣던 그에게는 정말 뼈아픈 일이다. 무슨 일이 있었던 것일까?

당시는 소프트웨어 시장이 아직 독립적인 위치를 확보하고 있지 못한 시기였다. 이제 막 퍼스널 컴퓨터 시장에 진출하려는 빅블루 IBM에게 PC의 운영체제는 필수 조건이라기보다는 선택에 가까웠고, 그들은 운영체제 없이도 PC를 판매하는 데 별 지장이 없을 것이라고 판단하고 있었다.

어느 날 빌 게이츠는 IBM의 운영체제 담당자인 잭 샘스로부터 비즈니스 미팅을 하자는 전화를 받는다. 당시 IBM은 컴퓨터 시장의 대표적인 기업이었던 반면 MS는 빌 게이츠를 포함해 총 직원이 몇 명 안 되는 구멍가게 수준의 소기업이었다.

미팅에서 샘스는 "운영체제를 우리에게 판매할 용의가 있는가?" 물었고, 빌 게이츠는 "운영체제를 원한다면 번지수를 잘못 찾았다"면서 실리콘밸리에 소재한 게리 킬달의 디지털리서치를 소개해준다.

당시 MS는 언어 시장을, 디지털리서치사는 운영체제 시장을 독점하고 있었다. IBM에서는 운영체제를 접목시켜 다양한 소프트웨어를 효율적으로 통제할 수 있는 개량형 PC를 선보이는 것이 기존 시장에서 차별성을 가질 수 있는 방법이라고 판단하고 있었다. 그래서 안정적으로 돌아가는 운영체제를 찾고 있었던 것이다.

빌 게이츠의 추천을 받아들인 잭 샘스가 운영체제 계약을 맺기 위해 디지털리서치가 있는 퍼시픽 그루브 시에 도착했을 때 게리 킬달은 마침 자신이 구입한 경비행기의 성능을 테스트하기 위해 태평양 상공을 날고 있었다. 그 중요한 일생일대의, 아니 역사상 가장 중요한 계약을 앞에 두고 말이다.

결국 잭 샘스가 디지털리서치사의 대표 자격으로 만날 수 있었던 사람은 운영체제의 기본 개념조차 이해하지 못하고 있는 킬달의 아내 도로시 킬달이었다. 현직 변호사인 도로시 킬달은 잭 샘스가 운영체제 계약의 조건으로 제시한 서류, 즉 IBM사가 제시하는 디지털리서치사에 절대적으로 불리한 약관으로 구성된 계약서에 사인할 것을 거절한다.

당시 킬달 부부는 CP/M 운영체제의 성공적인 판매로 인해 이미 백만장자가 되어 있었고 아쉬울 것이 하나도 없는 상태였다. 이윽고 게리 킬달이 태평양 상공에서 디지털리서치로 돌아왔을 때는 이미 잭 샘스는 운영체제 문제에 대한 아무런 소득도 없이 동부에 있는 회사로 복귀한 뒤였다.

한편 결렬된 미팅 내용을 접한 빌 게이츠는 자신의 참모들인 폴 앨런, 스티브 발머 등과 함께 운영체제 사업에 뛰어들 것인가 말 것인가에 대해서 토론하게 되고, 격론 끝에 운영체제 시장에 뛰어들기로 결심한다.

하지만 당시의 MS는 PC용 운영체제를 가지고 있지 않았을 뿐더러 이를 제작할 능력조차 없었다. 빌 게이츠가 CP/M과 대등한 운영체제를 제작하려면 적어도 1년 이상의 시간이 필요했다. 반면 IBM은 두 달 이내에 안정적인 운영체제가 필요한 상황이었다.

그때 빌 게이츠의 오른팔 격인 폴 앨런은 시애틀 근교에서 아마추어 프로그래머들의 동호회를 수소문한 끝에 훗날 MS-DOS와 윈

도우의 모태가 되는 급조된 운영체제인 큐도스(Q-DOS)를 발견하게 된다. 팀 패터슨이라는 아마추어 프로그래머가 제작한 큐도스는 게리 킬달의 운영체제가 지닌 기능의 대부분을 갖춤으로써 IBM의 잭 샘스가 찾던 완벽한 대안이 분명했지만, 문제는 이것이 CP/M의 코드를 무단으로 도용한 일종의 짝퉁이었다는 점이다.

하지만 당시는 소프트웨어의 지식 재산권 조항이 그다지 체계적이지 못했고, 디지털리서치도 사활을 걸고 CP/M을 사수할 생각이 없다는 것을 간파한 빌 게이츠는 팀 패터슨에게 단돈 7만 5천 달러에 큐도스의 소유권을 사들였다. 그리고 바로 IBM에 전화를 걸어 자신이 운영체제를 확보했다는 소식을 전한다.

태평양 상공에서 운명이 바뀐 사나이

더 기가 막힌 사실은 잭 샘스가 계약을 하는 과정에서 빌 게이츠에게 선뜻 큐도스의 소유권을 넘겨주는 치명적인 실수를 범하게 되었다는 것이다. 당시 IBM의 시각에서 보면 운영체제는 PC라는 하드웨어에 물려 있는 하찮은 소프트웨어에 불과했으므로 운영체제의 소유권을 MS에게 줌으로써 큐도스에서 파생될지도 모르는 모든 기술적·법적 문제를 그들에게 떠넘기려는 속셈이었다.

그러나 속셈이야 어찌 됐든 신생 회사로서 영세 업체에 불과하던 MS는 '도스'라고 불리는 운영체제를 기반으로 순식간에 소프트웨어 시장의 대명사로 사람들에게 어필하기 시작했다.

그런데 게리 킬달은 두 번째 실수를 한다. IBM PC에 번들로 제공되고 있는 '도스'라는 운영체제가 자신의 CP/M 운영체제 코드를 도용한 제품이라는 사실을 누구보다도 잘 알고 있었지만 별다른 조치를 취하지 않았다는 점이다.

사실 사업가라기보다는 엔지니어에 가까웠던 게리 킬달은 자신의 프로그래머적 능력에 확신을 가지고 있었다. 그는 자신이 더욱 우수한 프로그램을 선보이면 결국 사용자들이 자신의 운영체제를 택할 것이라는 순진한 발상으로 끝내 MS나 IBM에 법적 조치를 취하지 않았다.

실제 운영체제 분야에서 부동의 1인자임을 자부하던 그가 새롭게 내놓은 신제품인 CP/M 86은 모든 면에서 MS-DOS의 기능을 압도하는 우수한 운영체제로 인정받았다. 그는 MS를 제치고 운영체제 시장의 새로운 표준으로 등극할 거라는 기대에 부풀었지만 막상 시장에서 86 버전을 찾는 사용자는 거의 없었다.

결국 몇 번의 실수 끝에 게리 킬달은 실리콘밸리의 영원한 아웃사이더로 전락할 수밖에 없었으며, 자기가 가질 수도 있었던 '세계 최고의 부자'라는 수식어를 빌 게이츠에게 헌상할 수밖에 없는 운명에 처하게 된다. 이렇게 되자 게리 킬달의 이름 앞에는 항상 '태평양 상공에서 운명이 바뀐 사나이'라는 반갑지 않은 수식어가 따라다녔다. 또한 그가 한때 운영체제 시장을 좌지우지한 '큐도스의 진짜 사나이'라는 사실을 인정하는 사람도 그리 많지 않았다.

오히려 대부분의 사람들이 퍼스널 컴퓨터 시장에 운영체제라는 패러다임을 제시한 그의 천재적인 엔지니어로서의 역할보다는 "그 때 정말 비행기를 타고 있었어요?"라는 말로 화두를 삼았다. 그 결과 '그때 만약'이라는 소프트웨어 시장의 대전제는 그가 감수해야 하는 몫으로 남아 항상 그를 괴롭혔다.

천재 킬달은 빌 게이츠와의 악연을 계기로 실리콘밸리와 인연을 끊고 은퇴를 선택한다. 그러나 전 세계에서 가장 아름답다는 캘리포니아의 해변 도시 산타크루즈에서의 그의 은퇴 생활은 해피엔딩과는 거리가 멀었다.

그는 고독한 방랑자의 모습을 한 채 1994년 7월 몬트레이 시의 해변에서 그리 멀리 떨어지지 않은 작은 호프집에서 만취한 상태로 바닥에 쓰러지면서 의식을 잃고 만다. 주위의 만류에도 불구하고 치료를 거부하고 집으로 돌아온 게리 킬달은 쓰러진 지 정확히 사흘 후 원인을 알 수 없는 뇌출혈로 52세의 젊은 나이에 세상을 떠나고 만다. 한 많은 생을 마감한 것이다. 그날은 1994년 7월 11일이었고, 밖에는 비가 내리고 있었다고 한다.

디지털 산업에 끼친 막대한 영향에도 불구하고 그의 죽음을 알리는 실리콘밸리의 매스컴은 그리 많지 않았다고 한다. 주변의 동료들을 중심으로 조촐하게 치러진 그의 장례식에서 빌 게이츠의 모습은 찾아볼 수 없었다. 아이러니하게도 그는 큐도스의 아성을 발판으로 성대하게 건설된 시애틀의 빌 게이츠 저택에서 그리 멀지 않은 곳에서 부와 명예를 모두 멀리한 채 진실만을 품에 안고 영원히 잠들고 말았다.

이렇게 게리 킬달은 30년 만에 싸늘한 시신으로 고향에 돌아왔다. 그의 주검을 통해 실리콘밸리는 "셰익스피어는 결코 붓으로만 만들어진 인물이 아니었다"는 오래된 격언을 실감하게 된다. 반면 그와 반대편에 있었던 빌 게이츠의 사례는 기회와 운도 결국은 제대로 준비하고 잡는 사람의 몫이라는 것을 가르쳐주고 있다.

부자가 되려면 시스템을 정확히 파악하라

부자와 가난한 사람의 차이점 중 하나는 가난한 사람이 기존의 규칙을 감히 깨지 못하고 주저하는 데 반해 부자는 오래된 규칙이나 관습을 과감히 타파해 나간다는 것이다.

사실 많은 법과 규칙들이 처음에는 유용하지만 시간이 흘러 사회가 발전하고 시대가 바뀌게 되면 건강한 발전을 이루는 데 있어 오히려 방해가 되기 시작한다. 또한 고정관념은 때로는 사람들이 성장하는 데 족쇄가 되어 쉽게 벗겨내지 못하는 구속물이 되기도 한다.

주위를 둘러보면 많은 사람들이 인내하며 기회가 오기만을 기다리고 있는 것을 알 수 있다. 대부분의 사람들이 받아들이기 어려운 고생을 참아가면서 자기에게도 공평한 기회가 오기를 기다리고 있는 것이다. 이유야 많겠지만 이런 사람들은 대개 어렸을 때부터 항상 참고 기다려야 한다는 말을 들으며 자라서 이미 참는 것이 몸에 밴 경우가 많다. 그런 말을 오랜 시간 반복해 들은 탓에 그들은 이제 참고 기다리는 것이 습관이 되었고, 결국은 평생을 기다리다가 성공의 기회조차 흘려보내고 마는 것이다.

내가 하고 싶은 이야기는 이것이다. 성공의 주인공이 되려면 현실에서 인내만 한다고 해서 되는 것은 아니며, 더욱이 기회를 기다리기만 해서도 안 된다. 익숙한 것으로부터 탈출해야 한다. 잔인한 이야기인지 모르겠으나 가난뱅이는 자신의 처지에 대해 원망할 이유와 권리가 없는 사람들이다. 가난을 거부하지 않고 받아들인 것은 결국 자신이기 때문이다.

부자가 되고 싶다면 부자가 하는 것을 따라 하는 것이 가장 빠른 길이다. 어떻게 설명해도 부자란 결국 자본주의 체제에서 승리한 사람이다. 그런 의미에서 부자가 되기 위해서 부자에게 노하우를 배우는 것은 너무나 당연한 일이다.

이때 '부자의 줄에 서라'는 것은 단순히 부자가 가진 돈을 좇으라는 것이 아니다. 부자가 어떻게 생각하고 행동하는지, 그들의 삶과 철학을 이해하고 그것을 배우기 위해 노력하라는 뜻이다. 그러다 보면 어느 사이에 부자가 된 자신의 모습을 발견하게 될 것이다. 사실 가난이 자랑할 일은 아니지 않은가? 그것이 불평만 하지 말고 부자를 배우는 일에 있어서 진지해야 하는 이유이다.

좋아하는 일과 돈을 많이 버는 일

부자를 닮기 위해서는 그들의 부에 대한 개념과 돈에 대한 철학을 이해하는 것이 우선이다. 예컨대 자신이 좋아하는 일과 돈을 많이 버는 일 중에 무엇이 더 중요한지에 대해 고민하고 있다고 하자. 돈과는 상관없이 하고 싶은 일이 무엇인가를 물었을 때 "가장 돈이 되는 일을 좋아한다"고 답한다면 그는 사업가임이 분명하다.

자본주의 사회에서는 더 많은 실패자와 극소수의 성공자로 나뉘게 되는데 좋아하는 일을 목표로 삼기보다는 돈을 목표로 하는 경우가 많다. 가령 꿈을 목표로 하는 사람에게는 현실 감각이 없다고 비아냥대지만, 돈을 목표로 하는 사람에게는 책임감이 있다거나 어른스럽다고 말하곤 한다. 물론 이것은 가치에 관한 문제이므로 어느 것이 좋고 어느 것이 나쁘다고 말할 수는 없다. 하지만 이때도 역시 경중과 우선순위에 따라 균형을 맞추는 것이 당연하다.

일반적으로 월급 생활자든 자영업자든 내년도 소득이 금년보다는 증가하기를 기대할 것이다. 그러면 먼저 작년에 했던 일과 금년에 해온 일 사이에 어떠한 변화가 있었는지 비교해보고, 그 결과를 바탕으로 내년에는 어떻게 될지를 생각해야 한다. 분석 결과 자기가 하는 일에 양적 또는 질적인 변화도 없고, 지식의 양에도 특별한 변화가 없다면 내년에 수입이 증가할 거라는 기대는 충족되기 어려울 것이다.

물가가 많이 올라 생활비 부담이 커졌으니 소득이 증가해야 한다고 생각하는가? 생활비가 오른 것과 수입이 증가하는 것은 아무런 상관관계가 없다. 같은 논리로 가족 중 누군가가 큰 수술을 받았거나 자녀의 과외비가 크게 오른 것도 개인의 사정일 뿐이다.

물론 회사가 최소한의 생활은 보장해야 한다고 생각할 수도 있고, 회사가 이익을 많이 냈으므로 월급도 올라야 한다고 생각할 수도 있다. 하지만 냉정하게 생각하면 회사는 자선 단체도 아니고 양로원도 아니다. 회사가 생활을 보장해야 하는 것이 아니라는 의미이다. 달리 말하면 회사가 이익을 냈으므로 월급이 올라야 한다고 생각한다면, 반대로 회사가 손실을 보면 월급을 스스로 낮추겠다는 것인가?

본질은 이것이다. 자신의 수입은 자기가 만들어내는 부가가치에 의해 결정되어야 한다. 아무리 성실하게 노력한다고 해도 부가가치 창출이 없다면 이는 수입이 올라야 할 근거가 아닌 것이다. 그런 경우 그는 회사나 고객 입장에서 볼 때 꼭 필요한 존재 역시 아니라는 말이다. 더 냉정하게 말하면 그는 그 자리에 없어도 되거나 혹은 다른 사람으로 대체 가능한 존재에 지나지 않는다는 말이 된다.

결국 수익의 핵심은 '무슨 일을 얼마나 할 수 있는가'에 달려 있다. 따라서 혹시 당신의 연봉이 높지도 않고 부자도 아니라면 먼저 투자해야 할 대상은 바로 자기 자신이어야 한다. 예컨대 어떤 회사가 연구 개발비나 교육비에 많이 투자하면 흔히 발전 가능성이 있는 좋은 회사라고 말한다. 그리고 결국 그런 회사가 성공한다. 사람도 마찬가지이다. 자기에게 투자하여 자신을 비싸게 만들어야 연봉도 오르고 그 결과 돈을 많이 벌 수 있는 것이다.

자영업자를 포함하여 어떤 사업이든 원리는 같다. 많은 손님이 찾아오도록 경쟁력을 갖추고 자신의 가치를 비싸게 만드는 것이 가장 좋은 투자이다. 인테리어를 새로 하고 멋진 시설에 투자하는 것도 물론 좋다. 하지만 그보다는 서비스를 개선하고, 고객을 어떻게 섬겨야 할지 고객 만족에 대해 연구하고, 직원들의 생산성을 증대시키고 태도를 변화시킬 방법에 대해 공부해야 한다.

공부를 해야 한다고 해서 반드시 학교를 더 다니라는 것은 아니다. 학교에서 배우는 것은 주로 이론 부분일 텐데 현실에서 필요한 것은 이론이 아니라 제대로 된 적용이다. 또한 적용 능력은 학위와 비례하지도 않는다.

경쟁력은 이론을 많이 아는 것이 아니라 실무를 잘 아는 것이다. 실무를 위해서는 주위의 성공자를 찾아 배우는 것이 가장 빠른 길이다. 말하자면 부자가 되기 위해서 부자의 줄에 서듯이 자신의 경쟁력을 갖추기 위해 책을 보며 공부하고 또 그 분야의 대가를 찾아 배워야 하는 것이다. 이런 노력이 바로 자신에게 하는 투자이다.

물론 이때 앞에서 보았던 실패자의 알리바이가 발동될 수 있다. "몸도 피곤하고 해봤자 소용도 없을 것 같고, 월급이 적어서 공부할 마음이 안 생긴다" 등등의 평계가 바로 자기의 의지를 실험하는 것이다. 진정한 노력이란 하기 싫은 것을 더 열심히 하는 것이다. 자기가 좋아하는 것을 열심히 하는 것은 노력이 아니라 취미 생활이다.

이런 점에서 사업이든 부자가 되는 것이든 기회는 모두에게 공평하게 제공되지만 그 보상은 노력 여하에 따라 차등적으로 지급되는 것이 우리가 살고 있는 자본주의 사회이다. 부자가 된다는 것은 이 시스템을 정확히 꿰뚫고 그것을 잘 활용하는 것에서부터 시작된다.

가난한 사람도, 부자도 태어날 때는 빈손이었다

누구나 빈손으로 태어난다. 이 명제만 본다면 가난한 사람이든 부자든 다르지 않다. 물론 극소수의 부모를 잘 만난 금수저도 있겠지만, 빈약한 출발과 달리 나중에 부자가 되는 대다수도 태어날 때는 아무것도 가진 것 없이 세상에 나온 이들이다. 그들 역시 생활을 위해 일해야 했고 어떤 때는 임시로 부업을 하기도 했다. 하지만 그들의 운명은 바로 일을 시작하는 순간부터 달라진다.

선택권이 없는 가난한 사람이 일을 할 때는 하루하루 굶주리지만 않으면 괜찮다고 생각한다. 그래서 고용주가 자신을 심하게 대하지 않고 수입만 적당하다면 1년을 일하든 10년을 일하든 상관없다고 여긴다. 즉, 회사가 자신을 내보내지 않고 월급만 꼬박꼬박 준다면 피곤이나 고달픔 따위는 기꺼이 감수하는 것이다.

결국 이런 식으로 일상에 익숙해지게 되면 회사나 자신의 미래까지는 생각해보지도 않는다. 그리고 나서 급격한 변화나 큰일이 발생한 후에야 비로소 자신의 안일했던 자세를 깨닫는다.

또한 대다수의 가난을 벗어나지 못하는 사람들의 특징은 실낱같은 구명줄만 쥐고 있어도 수영을 배울 생각은 조금도 하지 않으며, 더욱이 배를 만들 생각은 전혀 하지 않는다는 것이다.

그러다가 어느 날 큰 풍랑이 오는 것을 보기라도 하면 그 사실을 윗사람들에게 알린다. 그리고 그들이 그럴 리가 없다고 하면 그 자리에 다시 그대로 머무른다. 말하자면 그는 태평한 상태로 물이 새기 시작한 배 위에 그대로 앉아 있거나 혹은 썩은 오랏줄을 움켜쥐고 있는 미련하고도 처량한 신세가 되는 것이다.

물론 부자가 되는 사람도 자신이 가진 것이 없을 때는 다른 사람에게 의지할 수 있다. 하지만 그는 자신이 세워놓은 기준에 맞춰 울타리를 선택하여 살아간다. 그렇게 선택한 울타리는 세상으로 나가기 전에 보다 강하게 생명력을 키울 수 있는 곳일 것이다. 그는 울타리 안에서 열심히 일하고 당당하게 행동하며 적극적으로 노력하여 지식을 배워나간다.

그는 자신이 속해 있는 울타리가 아무리 편하고 만족스럽다 해도 그곳을 벗어날 준비를 한다. 가령 그 울타리가 다른 사람들보다 더 편한 생활을 할 수 있는 양호한 곳일지라도 밖으로 나갈 수 있는 좁은 길이라도 보이기만 하면 머뭇거리지 않고 그곳을 떠난다.

그것은 자신의 운명이 희망 없이 저당 잡히는 것을 원치 않기 때문이다. 아무리 안락해 보이는 울타리라고 해도 일찌감치 포기하는 편이 낫다고 판단한 것이다. 그것이 막다른 길에 다다랐을 때 어쩔 수 없이 떠나는 편보다 훨씬 더 능동적이다.

머리의 차이가 주머니의 차이를 만든다

부자나 부자가 되는 사람은 아무런 발전도 없이 서서히 죽어가는 길을 가기보다는 비록 허들과 어려움으로 가득 차 있을지라도 한 가닥 희망이 있는 길을 향해 나아간다. 자기 생각에는 그 편이 훨씬 낫기 때문이다.

그들은 본능적으로든 아니면 선택적으로든 잠시 잠깐은 그럭저럭 살아갈 수 있지만 평생을 희망 없이 살 수는 없다고 여긴다. 더 나아가 자신이 남을 도와 무너진 울타리를 단단하고 아름답게 고쳐준다고 해도 그것은 결국 남의 비바람을 가려주는 일에 불과하다는 사실을 꿰뚫고 있다.

그렇다! 다른 사람이 내려주는 동아줄로는 결코 자신의 목숨을 구할 수 없음을 깨달아야 한다. 자신의 생각에 따라 살고 자신의 의지대로 일을 하려면 자기만의 울타리를 만들어야 한다. 그리고 진정으로 세상이라는 바다에서 살아남으려 한다면 반드시 수영하는 법을 배워야 하며, 나아가 다양한 수영 기술을 능숙하게 구사할 줄도 알아야 한다. 누구든 오래도록 부자의 삶을 살고자 한다면 자신의 배를 만들어야 하고, 더 나아가 항공 모함을 구축해야 하는 것이다.

세상에는 금수저로 태어났지만 흙수저로 살아가는 사람도 있고, 흙수저도 아닌 무수저로 태어났지만 부자로 살아가는 사람도 많다. 결국 누구든 태어날 때는 빈손이었지만 어떤 일을 선택하고 삶을 살아가는 순간부터 운명이 달라지기 시작한다. 부자가 되든, 가난뱅이가 되든 그 극명한 차이는 누구도 아닌 자신의 삶에 대한 자세와 태도에서 비롯되는 것이다.

재론의 여지없이 부자가 되고 성공하는 데 있어서 가장 중요한 것은 '반드시 성공하겠다' 혹은 '부자가 되겠다'는 강한 의지이다. 물론 이것만으로는 부족하기 때문에 앞에서 삶의 태도와 좋은 자세를 살펴보았다. 그렇다면 이제 좋은 자세와 도전할 수 있는 마인드가 구축되었다고 봐도 좋을 것이다. 이때에도 부자와 달리 가난을 불러들이는 사람은 밑천이 없고 가진 것이 없다고 말한다. 비빌 언덕이 없다는 것이다.

사실 핑계를 찾자면 한도 끝도 없는 것이 세상살이이다. 만약 '비즈니스는 목돈이 없으면 시작할 수 없다'고 생각하는 사람이 있다면 그런 생각 자체를 나무랄 수는 없지만 좋은 생각이라고 박수칠 일도 아니다. 왜냐하면 아무리 자금이 없어도 아이디어를 짜내면 충분히 가능한 사회이기 때문이다. 또 돈이 없으면 밑천이 필요 없는 장사부터 시작하면 되는 것이다.

말하자면 지혜를 짜내서 '지금 있는 것'부터 활용할 수 있는 해법을 찾아가면 된다. 물론 해법이 하늘에서 뚝 떨어지는 것은 아니다.

장사든 뭐든 사업은 만만치 않다. 그래서 도전에 나서는 수많은 자영업자들이 패배의 쓴잔을 마시는 것이다.

현재 자영업은 과잉 상태에 있다. 수요는 계속 줄어드는 데 반해 오히려 점포를 여는 공급자는 계속 늘어나면서 그 결과 어려움이 더 가중되고 있는 것이다. 왜 이런 현상이 발생하는가?

우선 우리나라 경제가 저성장 국면에 있기 때문이다. 연간 성장률이 10%를 상회하던 고성장 국면에서는 공장을 운영하든 가게를 하든 무엇이라도 시작하면 10명 중 7~8명이 성공하고 그 나머지가 실패했다. 말하자면 고성장 가운데에서도 실패하는 사람이 있었지만 성공할 확률이 훨씬 높았던 것이다.

물론 지금의 저성장 국면에서도 성공하는 사람이 있고 실패하는 사람도 있다. 하지만 고성장 시대와 달리 저성장 국면에서는 10명이 가게를 열면 성공하는 사람이 2~3명이고 나머지 7~8명이 실패한다. 결국 한국 경제가 고성장 뒤에 저성장에 이어 지금은 정체 국면에 들어섰고, 무엇을 해도 안되는 시대인 것이다. 이것은 지극히 정상적인 현상이다.

다음으로는 소비자의 구매 환경 변화를 들 수 있다. 온라인 구매가 확대되고 상대적으로 직접 상점에 가서 구매하는 경우가 점점 줄어듦에 따라 저성장 국면에 더해 엎친 데 덮친 격으로 연쇄적인 타격이 왔다. 가뜩이나 장사가 안되는데 온라인 구매 활성화로 인해 찾아오는 손님 자체가 급격히 줄어들게 된 것이다. 더구나 이런 현상은 앞으로 점점 더 심화될 것이므로 자영업의 미래는 여전히 밝지 않다. 그 밖에도 고용 환경 변화 등 여러 요인이 있다.

어쨌든 처음 사업에 도전할 때는 누구나 몇 평 안 되는 작은 가게에서부터 시작할 수 있다. 이때 진정한 부자는 자신의 지혜와 총명을 바탕으로 그 작은 점포를 사람들이 모두 알아보는 거대 기업으로 성장시킨다. 다른 사람들이 파산의 피눈물을 흘릴 때 크게 성공했다는 것은 그들 나름의 이유가 있을 것이다.

작은 점포를 발판으로 큰 부자가 되고자 한다면 처음에는 자기를 찾아 돈을 쓰는 부자들의 머릿속에 더 큰 관심을 기울이는 것이 관건이다. 사업의 성장은 결국 부자 고객들을 관찰함으로써 가능하기 때문이다. 이것은 비즈니스의 시작은 작게 할 수 있으나 이후 진행은 크게 해야 하는 것과 같은 의미이다.

현대 사회의 특징 중 하나는 너무 많은 상품들이 넘쳐난다는 것이다. 어떤 상품은 무척 좋아 보이기도 하고 또 어떤 것은 유용해 보이기도 한다. 그 많은 상품들이 저마다 거부할 수 없는 매력으로 우리를 유혹한다. 하지만 이런 멋진 상품들을 넘쳐나게 소유했다고 해서 그것이 우리를 진정한 부자로 만들어주는 것은 아니다. 어찌 보면 우리의 주머니를 잘 채우기 위해서라도 부자들의 머릿속에 무엇이 있어야 하는지를 알아야 한다.

역설적인 것 같지만 진정한 부자와 단지 돈이 있는 사람 간의 차이를 잘 구분해야 한다. 이것이 무슨 말인가 하면 예컨대 한 가지 일에 성공해서 잠시 돈이 있는 사람이 될 수는 있으나 롱런하는 진정한 부자가 되는 일은 그렇게 간단하지 않다는 것이다.

물론 돈이 있는 사람이 부자의 덕목까지 갖추면 좋겠지만 그것은 쉽지 않다. 어쩌다 부자가 된 사람은 풍족한 주머니를 갖고 있을 뿐 그가 반드시 부자의 머리까지 가지고 있는 것은 아니기 때문이다.

부자의 머리가 왜 중요한가 하면 부자 마인드와 의식이 없는 자의 풍족한 주머니는 어느 날 갑자기 텅 비어버릴 수 있기 때문이다. 분명하게 기억해야 할 점은 가난뱅이가 가난한 이유가 있듯이 돈을 벌고 부자가 되는 데에도 그만한 이유가 있다는 것이다. 일종의 불변의 법칙인 셈인데 부연 설명하면 세상에 우연히 되는 것은 없다는 것이다.

정리하자면 이렇다. 부자가 되고자 하는 사람이라면 일단 자신의 머리와 마인드를 부자의 것으로 만들어라. 그러면 주머니가 가득 차는 것은 시간 문제이다. 한마디로 머리가 부유해지면 진정으로 부를 지배할 수 있고, 가난으로부터 받게 되는 상처에서 벗어날 수도 있다. 결국 가난뱅이와 진짜 부자는 먼저 머리에서 차이가 나고, 그 다음으로 주머니에서 차이가 나는 것이다.

03 부자가 되려면 먼저 운運을 잡아라

일상적인 삶과 매너리즘에 매몰되어 가는 것에 대해 반항하는 이야기를 우화 형식으로 풀어가는 소설《갈매기의 꿈》은 '갈매기 조나단'이라는 이름으로도 널리 알려져 있다. 리처드 바크의 세 번째 작품으로 1970년에 발표되었다.

이 작품은 처음에는 미국 서해안의 히피들이 돌려가며 읽었는데 곧이어 일반인들에게도 알려지며 널리 읽히게 되었다고 한다. 지나치게 일상의 삶에 얽매이는 우리의 모습을 경고하는 내용으로 구성되어 있다.

동료 갈매기들이 다투어 먹이 조각에 덤벼드는 동안 조나단 리빙스턴은 잘 날기 위한 연습을 하고 있다. 그에게는 먹는 일보다 하늘 높이 나는 일이 더 중요하다. 그를 보면서 부모들은 당황해하며 갈매기가 날아오르는 이유는 먹기 위해서라고 충고한다. 그 말을 받아들여 먹이를 구하기 위해 날아오르는 행동을 해보지만 곧 그만두고 만다. 마음에 차지 않았던 것이다.

그러던 어느 날 조나단 리빙스턴은 갈매기들이 날아오르는 한계 속도를 돌파한다. 갈매기 모임의 한가운데를 지나면서 극한 속도를 낸 것이다. 하지만 다른 갈매기들은 그런 조나단을 이해하지 못한다. 조나단은 삶의 목적과 자유를 찾았다고 생각하지만 다른 갈매기들은 그가 무책임한 짓을 저질렀다고 보는 것이다.

그가 동료들 앞에서 자랑스럽게 비행 사실을 알리자 그는 종족 그룹으로부터 추방당하고 만다. 무책임한 행위를 했다는 이유로 갈매기 사회로부터 추방되어 먼 벼랑에서 혼자 살아가라는 엄한 선고를 받는다. 하지만 그는 그곳에서도 더욱 열심히 날아오르는 방법을 익혀간다.

어느 날 조나단은 더욱 높은 수준에 있는 갈매기들을 만나 그들의 세계에서 어울리게 된다. 그곳에서는 아무도 먹고살기 위해 날지 않는다. 그들에게는 나는 것 자체가 삶의 목적인 것이다.

조나단 리빙스턴은 여기에서 교사 설리반과 원로 갈매기인 치앙을 만난 후 그들로부터 '난다는 것'의 진정한 의미를 배운다. 그것은 한계가 없는 것, 즉 시간과 공간을 초월하여 무한한 세계로 마음을 여는 것임을 깨닫는다.

드디어 조나단 리빙스턴은 자기가 추방된 갈매기 사회로 돌아온다. 그리고 자기처럼 날기를 원하는 갈매기들과 추방된 갈매기들의 교사가 된다. 이제 그가 가르친 갈매기들도 조나단 리빙스턴처럼 '나는 것'의 의미를 깨닫고 또 다른 교사가 되어간다.

일반적으로 문학 작품의 서두는 전체의 주제를 나타내는 중요한 모티브가 되는데《갈매기의 꿈》역시 마찬가지이다.

"아침이었다. 싱싱한 태양이 조용한 바다에 금빛으로 번쩍였다. 기슭에서 약간 떨어진 앞바다에서는 한 척의 어선이 고기를 모으기 위한 미끼를 바다에 뿌리기 시작한다. 그러자 그것을 옆에서 가로채려는 조반 모임의 알림이 하늘의 갈매기 떼 사이에 재빨리 퍼지고, 이윽고 몰려온 수많은 갈매기 떼가 이리저리 날면서 서로 다투며 먹이 조각을 쪼아 먹는다. 오늘도 또 이렇게 살기 위한 부산한 하루가 시작되는 것이다.

그러나 그 소란을 외면하고 갈매기 조나단 리빙스턴은 어선에서도, 기슭에서도 멀리 떨어져 혼자 연습에 열중하고 있었다. 아무래도 조나단은 보통 새가 아니었다. 대부분의 갈매기들은 '난다'는 행위를 지극히 단순하게 생각하여 그 이상의 것을 굳이 배우려 하지 않았다. 즉, 어떻게 기슭에서 먹이가 있는 데까지 날아가 다시 돌아오는가, 그것만 알면 충분한 것이다.

모든 갈매기들에게 중요한 것은 '나는 일'이 아니라 '먹는 일'이었다. 하지만 조나단 리빙스턴에게 중요한 것은 먹는 일보다도 하늘을 나는 일 자체였다. 그 밖의 어떤 일보다도 그는 나는 일을 좋아했다."

높이 나는 새가 더욱 멀리 본다

수없이 많은 대부분의 갈매기들이 먹고살기 위해서 나는 반면 조나단 리빙스턴은 멋지게, 빨리 나는 일 자체를 좋아했다. 그래서 먹는 것도 잊고 나는 연습을 하지만 동료 갈매기들의 눈에는 몹시도 어리석은 일이 아닐 수 없었다. 도대체 어떤 갈매기가 나는 일 자체에 관심을 갖는단 말인가? 게다가 조나단이 바라는 만큼 잘 난다는 것이 어디 쉬운 일인가?

하지만 조나단 리빙스턴은 공중에서 자기가 할 수 있는 것이 무엇이고 할 수 없는 것은 무엇인지 알기 위해 비행하는 연습을 계속한다. 굶주리면서도 마치 자신의 능력을 시험하는 것처럼 열심히 노력한다. 드디어 수많은 연습 끝에 그는 세계에서 제일 빠른 갈매기보다도 더 빨리 날 수 있게 되었다.

《갈매기의 꿈》은 우화 형식으로 진정한 삶의 의미가 무엇인지 집요하게 묻고 있어 현대판 《어린 왕자》라고도 불린다. 이 책에서는 '먹고사는 문제'와 '하늘을 나는 문제'가 대비되어 그려지고 있는데 바로 이 부분이 히피들이 즐겨 읽었던 이유이기도 하다. 히피들은 물질문명을 구가하던 1970년대의 일상적인 삶에 환멸을 느끼고 또 다른 형태의 삶을 모색하던 집단이었다. 그런 이유로 조나단 리빙스턴의 반역자적인 모습에 많은 공감을 했던 것이다.

의심의 여지없이 인간은 꿈꾸는 존재이다. 자신이 꾸는 꿈에 의해 자기가 만들어진다. 그런 의미에서 《갈매기의 꿈》은 진정한 자유는 기존 사회의 관습은 물론이고 사회 구성원들과 싸워가면서 얻어진다는 것을 알게 해준다. 그 과정에서 작가는 "더욱 높이 나는 새가 더욱 멀리 본다"고 말한다. 이는 삶에 대해, 미래에 대해 자유로운 꿈을 꾸는 것, 그것이 필요하다고 이야기하는 것이다.

그렇다! 자유를 위해, 꿈을 위해 부자가 되어야 한다면 그 역시 또 하나의 꿈꾸는 조나단 리빙스턴이 되어야 한다.

부자에게는 특별한 유전자가 있는가?

누구도 가난에 쪼들려 칙칙한 삶을 살고자 하는 사람은 없다. 그런데 왜 세상은 부자와 가난뱅이로 나눠지는 것일까? 부자로 사는 사람은 그만의 고유한 유전자가 있는 것일까? 만약 그런 것이 존재한다면 어떤 모습일까? 이런 의문에서 더 나아가 부자를 꿈꾸는 사람이라면 '그런 유전자를 가지려면 어떻게 해야 할까?'에 대해 한 번쯤 진지하게 생각해봤을 것이다.

사실 유전자까지는 아니어도 양자의 차이점은 분명히 있다. 부자는 오직 원하는 것에만 집중하는 반면 가난한 사람들은 원하는 것이 있지만 안타깝게도 원하지 않는 문제에 더 집중한다는 것이다. 가령 이런 식이다. 부자는 어디에서나 기회를 찾기 때문에 기회가 무궁무진하게 따라온다. 반면 가난한 사람은 어디에서나 장애물, 즉 안 되는 이유를 찾기 때문에 그에게는 장애물이 무궁무진하다.

따라서 부자가 돈을 엄청나게 벌 수 있는 기회들을 어떻게 처리하느냐에 대해 고민할 때 가난한 사람은 문제가 되는 그 많은 장애물들을 어떻게 처리해야 하는가에 에너지를 써야 하는 것이다.

정리하자면 자신의 관심이 어디로 향해 있느냐에 따라 찾는 것과 얻는 것이 결정된다. 기회를 노리고 있으면 기회가 찾아오고, 문제를 노려보고 있으면 문젯거리들이 생기는 것이다. 이 말은 문제가 생겼을 때 그것을 처리하지 말라는 것이 아니다. 문제가 생기면 당연히 신속히 해결해야 하지만 그 솔루션은 현재의 시점에서 찾아야 한다는 것이다.

자기가 원하는 것을 이루기 위해 시간과 에너지를 써야 한다는 말의 뜻은 이렇다. 만약 장애물이 생기면 문제를 해결함과 동시에 자신의 비전을 다시 확인해야 한다는 것이다. 이는 목표를 바라보는 시선은 고정시키되 과녁을 향해 계속 움직여야 한다는 뜻이다. 문제를 해결하느라 동분서주하는 인생을 아예 만들지 않는 것이 훨씬 더 좋다는 의미이기도 하다. 이를 위해서는 부자의 생각처럼 원하는 것에 집중해야 한다.

반드시 부(富)가 아니라도 집중하는 것은 결국 커지게 마련이다. 그 결과 가난한 사람들은 원하는 것을 얻는 과정에서 만나게 될 장애물에 집중함으로써 많은 시간을 낭비한다. 그런 사람들은 무척 바쁜 것 같은데 발전은 없고 오히려 퇴보한다. 그러므로 원하는 것, 즉 목표를 향해 꾸준히 전진하고 그것을 얻는 생각을 하고 또 행동하는 데 시간과 에너지를 써야 하는 것이다.

행동 패턴 '준비 - 발사 - 조준'

'행동' 이야기가 나왔으니 이 부분도 한번 짚어보자. 사실 '행동이 없으면 그 어떤 것도 일어나지 않는다'는 것은 두말할 필요도 없이 당연한 이야기이다. 행동하는 것이 행동하지 않는 것보다 낫다는 것은 당연한 말 아닌가? 너무나 단순하고도 중요한 원리 아닌가 말이다. 그런데 막상 어떤 문제 상황에 부딪혔을 때 바로 그 단순한 부분이 부자와 가난뱅이를 가르는 기준이 된다.

부자들은 시작을 먼저 한다. 심한 경우에는 생각하면서 동시에 행동이 나온다. 하지만 수천 권의 책을 읽고 TED나 성공담 강의를 수십 번 들었다고 해도 이것을 정확히 아는 경우는 거의 없다. 그렇다! 이 부분이 바로 요점이다.

그러면 왜 강의에서는 이런 부분을 잘 설명하지 않을까? 그것은 행동이 어려운 일이라는 것을 잘 알기 때문이다. 듣기 좋은 이야기만 해도 충분한 강의에서 굳이 고통스러운 이야기를 할 필요가 없을 것이고, 청중들의 입장에서도 재미가 없을 테니까 적당히 패스하는 것이다. 그래서 수많은 책을 읽고 명강사들의 화려한 강의에 매료되었지만 정작 지금도 성공하지 못하고 아직도 가난한 것이다.

예컨대 부자는 일단 게임을 시작하고 나서 그때그때 현명한 결정을 내리며 게임 방식을 수정한다. 내면의 내비게이션을 발동해 바람과 돛을 조정하면서 바다를 향해 나아가는 것이다. 그래서 부자들의 행동 패턴을 '준비-발사-조준'이라고 한다. 이해가 되는가?

사실 사격에서는 '준비'하고 '조준'한 다음에 '발사'하는 게 정석이다. 하지만 부자가 되는 사람의 생각은 다르다. 최대한 짧은 시간 내에 최선의 준비를 한 후 바로 행동을 취하는 것이다. 그리고 수정 작업을 거치며 앞으로 계속 나아가는 것이다.

이와는 달리 가난한 사람들은 자신과 자신의 능력을 믿지 않는다. 그래서 미리 모든 것을 알아야겠다며 결코 가능하지 않은 일에 시간을 허송한다. 자기에게 확신이 없기 때문에 미리 다 알기 전에는 아무것도 시작하지 않는 것이다. 그런데 그들이 망설이는 사이에 결국 '준비-발사-조준'의 긍정적인 태도를 지닌 부자들이 행동을 시작하고 승리를 쟁취한다.

외형적으로는 신중한 것처럼 보이겠지만 문제점들을 다 확인하고 대처 방안을 정확히 알기 전에는 아무것도 하지 않겠다고 생각하는 사람들은 영원히 행동에 뛰어들지 못하고 항상 패배자가 된다.

그러는 사이에 부자가 되는 사람들은 찬스를 보고 뛰어들어 더 부자가 되는 것이다. 그들이 더 부자가 될 때 가난한 사람들은 여전히 '조사' 중이고 '준비' 중에 있다. 안타깝게도 이들에게는 "축하합니다. 신중하셔서"라는 격려 외에는 해줄 말이 없다.

그러면 이제 '부자에게는 특별한 유전자가 있는가?'라는 명제의 답을 정리해보자. 사실 이것이 있기는 한 것인지, 있다면 어떤 모습인지에 대한 답을 할 수는 없다. 그 누구라도 또한 앞으로도 이것에 대해 명쾌한 정의를 내릴 수는 없을 것이다.

그러나 앞에서 예로 든 몇 가지 사례를 바탕으로 이렇게 이야기할 수는 있을 것 같다. 그것은 "관심과 시선이 머무는 곳이 더 커지게 되어 있다"는 말이다. 이 말을 조금 더 부연 설명해보면 이렇다.

"부자가 되려면 돈과 관련된 것, 즉 돈을 벌고 그것을 잘 관리하고 재투자하는 데 관심을 기울여라. 반대로 꼭 가난해지려고 한다면 돈을 쓰거나 혹은 돈과 관련 없는 분야에 관심을 쏟아라."

백만장자 마인드millionaire mentality

역사적으로 부자가 되는 방법에 대해서는 수많은 가르침이 있고 그것을 기록한 책들 또한 넘쳐난다. 이 부분을 쉽고 명쾌하게 정리한 인물로는 1970년대 중반 미국 최고의 갑부였던 폴 게티(J. Paul

Getty)를 들 수 있다. 그는 부유한 아버지에게서 태어났으나 사업은 거의 밑바닥에서부터 출발해 자기 힘으로 석유 재벌이 되었는데, 미국의 다른 부자들과는 달리 돈에 관한 입장을 자주, 그것도 공개적으로 밝히곤 했다.

1960년대에 출간한 그의 저서 《부자 되는 법(How to be rich)》은 지금도 미국에서 꾸준히 팔린다고 한다. 게티는 부자가 되는 방법에 대해 "부자가 되기를 원한다면 돈을 많이 버는 사람을 찾아 그 사람이 하는 대로 따라서 하라"고 충고한다. 즉, 부자의 사고방식과 습관을 따라 하면 부자가 된다는 것이다.

그러면 도대체 부자의 사고방식이란 어떤 것을 말하는 것일까? 게티는 이를 '백만장자 마인드(the millionaire mentality)'라고 명명했다. 백만장자 마인드란 일과 목표를 달성하기 위한 기술과 지적 능력의 총체를 의미한다. 그의 주장을 토대로 부자가 되는 방법을 정리해보자.

첫째, 일을 대하는 태도가 다르다

부자와 가난한 사람을 가르는 가장 큰 경계선 중 하나가 바로 게티가 말하는 '일을 대하는 태도'이다. 세계적인 부자들은 거의 예외 없이 일 중독자에 가깝다. 더 정확히 말하면 그들은 자신이 하는 일을 즐기기 때문에 다른 사람보다 더 많은 일을 한다.

주식투자의 달인으로 세계적인 부자인 워런 버핏을 옆에서 오랫동안 지켜본 버크셔 헤서웨이(워런 버핏이 회장)의 한 임원은 이렇게 이야기한 바 있다. "그는 돈을 버는 취미를 가지고 있을 뿐이다. 그것은 그에게 휴식이다." 말하자면 일이 취미이자 휴식이라는 것이다. 사실 이런 자세를 가진다면 부자가 못 되는 것이 더 이상하다.

이민자 출신으로 많이 배우지도 못했고 가난했던 노동자가 펩시의 부사장이 된 비결도 주목할 만하다. 리처드 몬타네즈는 멕시코에서 태어나서 바로 미국으로 이민을 왔다. 그는 어렸을 때부터 생계를 위해 농장 등에서 단순 노동 일을 했다. 최소한의 생계를 위한 일만 하다 보니 영어조차 능숙하게 구사하지 못했다고 한다. 영어를 못하니 고등학교 중퇴 후에도 닭 도살장이나 정원 관리 등 허드렛일만 할 수밖에 없었다.

그렇게 지내오던 그는 치토스와 감자칩으로 유명한 프리토 레이 공장에 청소부로 취직하게 되었다. 그는 여기서 청소 담당이 되겠다는 마음으로 열심히 일을 했다.

어느 날 프리토 레이의 모 회사인 펩시의 CEO가 모든 직원들에게 편지를 보냈고 몬타네즈 역시 편지를 받았다. 편지에는 이렇게 적혀 있었다. "사원 모두가 회사의 주인인 것처럼 행동해주세요." 대부분의 직원들은 이것을 보고 "월급을 많이 주든가 일이나 줄여주지"라며 불평불만을 토로했다고 한다. 하지만 몬타네즈는 '그래, 맞아. 나도 이 회사의 주인이야'라는 생각에 심장이 뛰었다고 한다.

그러던 중 하루는 공장에서 불량품이 발생했다. 치토스에 치즈 가루가 뿌려지지 않은 채 불량품 상태로 나왔고, 몬타네즈는 그 불량 치토스를 집으로 챙겨왔다. 그는 여러 방법으로 그것을 조리해 먹어보았는데 자기 고향인 멕시코에서 파는 엘로테처럼 양념을 해서 먹어보니 아주 맛이 좋다는 것을 발견한다. 스스로가 주인 의식을 가지고 일한다고 생각한 그는 대박 아이디어라고 직감하고 본사 CEO에게 전화를 걸었다.

"그런데 전화한 당신은 누구인가요?"

"저는 캘리포니아 공장에서 일하고 있습니다."

"그럼 캘리포니아 공장장인가요?"

"아닙니다."

"그럼 미국 서부 지역 담당 임원이신가요?"

"아닙니다. 저는 캘리포니아 공장의 청소부입니다."

그렇게 통화를 한 것이 계기가 되어 2주 후에 CEO에게 프레젠테이션을 하라는 요구를 받게 된다. 프레젠테이션을 위해 난생 처음으로 3달러나 주고 넥타이도 구매하고, 열심히 공부하며 준비했다.

2주 뒤 그는 매운맛 치토스를 들고 프레젠테이션을 했는데 이야기를 듣고 그것을 먹어본 CEO는 굉장히 좋은 아이템이라고 평가했다. 그리고 그가 제안한 양념을 바탕으로 생산 라인을 새로 만들어 판매를 시작했다. 그 결과 이 매운맛 치토스는 프리토 레이 회사에서 가장 잘나가는 아이템이 되었다.

그 일이 있은 후 단순 청소부였던 몬타네즈는 펩시콜라 북미 지역 다문화 제품 판매담당 부사장으로 일하게 되었다. 그리고 대학의 MBA 과정 등에 강연을 다니며 자기의 경험을 가르치고 있는데 강연에서 이렇게 말하곤 했다.

"저는 학교는 많이 안 다녔지만 학위는 박사(PhD)가 있습니다. 'P(poor)' 가난해봤고, 'H(hungry)' 굶어도 봤으며, 'D(determined)' 결의를 굳혀도 봤습니다."

이와 같이 리처드 몬타네즈의 사례는 '어떤 자세로 일을 대해야 하는가'에 대한 해답을 제시하고 있다. 더 나아가 폴 게티가 말한 '백만장자 마인드'는 멀리 있는 것이 아니라는 반증이기도 하다. 꼭 이들의 사례가 아니라도 부자가 되고 성공하려면 일하는 태도가 중요하다는 것은 아무리 강조해도 지나치지 않다.

둘째, 공부하는 자세가 다르다

대부분의 부자는 보통 사람보다 독서량이 많다. 잘 알려진 사실이지만 세계 1위와 3위의 부자인 빌 게이츠와 워런 버핏이 전형적인 예이다.

빌 게이츠의 어릴 적 별명은 책벌레였으며, 지금도 '생각 주간(Think Week)'으로 불리는 휴가 기간에는 책과 보고서만 읽는다고 한다. 미 북서부의 한적한 호숫가에 자리한 별장에서 휴가를 보내는 동안은 회사 임원은 물론 가족도 만나지 않은 채 통신도 끊고 하루 18시간을 책과 보고서를 읽는 데 몰두하는 것이다.

워런 버핏 역시 하루의 3분의 1 정도를 책과 각종 투자 관련 자료와 잡지, 신문을 읽으면서 보낸다고 알려져 있다. 또한 미국 월가에서 가장 존경받는 펀드 매니저였던 존 템플턴 경은 아예 자기 자신을 '살아 있는 도서관'으로 만들라고 충고하기도 한다. 그는 "공항에서 비행기를 기다리거나 전철을 기다릴 때 업무 관련 서적을 보거나 아니면 책을 읽으라"고 권한다.

독서하고 공부하는 것이 습관이 됨으로써 성공한 사람은 너무나 많다. 예컨대 아시아 최대의 갑부 리카싱 역시 지독한 독서광으로 알려져 있다. 홍콩에는 "홍콩 사람이 1달러를 쓰면 그중 5센트는 리카싱의 주머니로 들어간다"는 말이 있다. 리카싱이 홍콩 경제에서 차지하는 위상을 빗대어 표현한 말이다.

사실 리카싱은 어려운 가정 형편으로 중학교도 제대로 마치지 못한 인물이다. 그런 그가 이토록 큰 성공을 거둔 비결은 무엇일까? 여러 가지가 있지만 그중에서도 손에서 책을 놓지 않는 습관을 꼽을 수 있다. 리카싱은 중학교 중퇴 학력이지만 유창하게 영어를 구사한다. 길을 걸으면서도 영어 공부를 할 정도로 영어에 매달린 결과이다. 홍콩 최대의 재벌이 된 이후에도 매일 잠자리에 들기 전에 30분가량은 반드시 책을 읽는다고 한다.

셋째, 저축의 힘을 믿는다

세계적인 갑부들은 한결같이 처음에는 저축을 통해 사업 밑천이나 투자 자금을 만들었다. 저축의 습관으로 종자돈뿐만 아니라 부자가 되는 기반을 만든 것이다.

앤드루 카네기는 자서전에서 "나는 저축을 통해 억만장자가 될 수 있었다. 처음에는 조금씩 급료를 저축했는데 나중에 그것으로 사업을 위한 대출을 받을 수 있었다. 부자의 증거가 무엇인지 아는가? 바로 수입이 항상 지출을 초과하는 것이다. 백만장자들은 일찍부터 저축을 시작한다. 돈을 벌기 시작할 무렵부터 말이다"라며 저축의 중요성을 강조하고 있다.

존 템플턴 경은 한술 더 뜬다. 그는 부자가 된 다음에도 소득의 50%는 무조건 저축하는 '50% 규칙'을 지켰다고 한다. 그가 50% 규칙을 지킨 기간은 무려 20년 이상이다. 말하자면 세계적 거부들은 모두 현재 할 수 있는 일, 즉 저축의 힘을 믿고 수입의 일부를 떼어내는 것으로부터 시작한다. 이와 반대로 일반인들은 일확천금을 노린다. 복권을 사고 운에 자신의 인생을 기대려 하는 것이다.

지금까지 간략하게 세계적으로 부자가 된 사람들의 사고방식, 즉 '백만장자 마인드'를 살펴보았다. 이쯤에서 중요한 것을 짚어보자. 그것은 돈을 많이 버는 것과 그것을 지키는 것은 전혀 다른 차원의 문제라는 것이다. 어찌 보면 '부자 삼대를 가지 못한다'는 말처럼 돈을 지키는 것은 자손들이 해야 할 일일 것이다.

그러면 이름난 거부들은 자식을 어떻게 교육시키기에 자손들이 그 재산을 지속적으로 그리고 성공적으로 지켜낼 수 있었을까? 이에 대한 힌트를 출발선이 전혀 달랐던 두 갑부 폴 게티와 샘 월튼에게서 찾아보자.

처음부터 가난하게 태어나 자수성가한 부자와 달리 부잣집 아들로 태어난 폴 게티는 아버지의 석유 사업에 매료되어 16세 때 아버지에게 유정을 발굴하는 일에 참여하게 해달라고 부탁한다. 그러자 그의 아버지는 다음과 같이 조건부로 허락한다. "알았다. 대신 조건이 있다. 맨 밑바닥 일부터 시작할 생각이 있다면 해도 좋다."

그는 그 조건을 받아들였고 하루 12시간 일하는 대가로 일당 3달러를 받았다. 3달러는 당시 노동자의 임금이었다. 즉, 게티의 아버지는 자기 자식을 부모의 기준이 아닌 세상의 기준으로 대한 것이다.

샘 월튼(Sam Walton)도 마찬가지이다. 동네 슈퍼마켓에서 시작해 세계 최대의 유통업체인 월 마트(Wal-Mart)를 창업한 그는 자식이 게으른 부자가 되는 것을 원치 않았다. "나는 정말이지 나의 후손 중 그 누구라도 내가 '게으른 부자'라고 부르는 범주에 속하는 것은 보기 싫다." 그래서 그는 모든 자식들에게 신문 배달을 시켰다.

그의 장남인 롭슨은 "우리 형제는 항상 상점에서 일을 했다. 나는 수업이 끝나면 바닥을 닦기도 하고 상자를 나르기도 했다. 물론 당시 우리 모두는 급여를 받았지만 친구들이 받는 것보다 더 적은 금액이었다. 하지만 아버지는 언제나 우리에게 상점에 돈을 투자하도록 했다"며 아버지에 대해 추억하고 있다.

폴 게티의 아버지나 샘 월튼 모두 큰 부자였지만 자식을 더 혹독하게 다뤘다. 사실 진리나 원칙은 대부분 진부하며 새롭다고 할 만한 것도 없다. 지금까지의 내용에서 보듯이 부자가 되는 방법도 특별하지 많다. 열심히 일하고, 책 읽고 공부하고, 돈 생기면 저축하는 것 등은 획기적인 것도 아니고 처음 듣는 이야기도 아니다.

그러나 세계적 갑부들의 삶에서 보듯이 부자가 되기 위해서는 이런 간단한 원칙을 잘 지켜야 한다. 실제로 부자가 되는 것보다 더 중요하고 획기적이며 특별한 방법이 있겠는가!

우연하게 부자가 되는 경우는 없다

동양 문화권에서는 돈을 탐하는 것을 금기시하며 천박한 것이라고 생각하는 풍조가 있다. 지금은 비교적 덜하지만 우리나라도 유교의 영향 때문인지 돈에 욕심을 내는 것을 터부시하는 경향이 있다. 가난할수록 더 그렇다.

그러나 부자는 돈을 버는 행위에 치열하다. 돈 버는 것을 부끄럽게 여기지 않으며 가급적 더 많은 돈을 벌려고 노력한다. 돈을 많이 버는 것을 죄악이라 생각하면 진정한 부자가 될 수 없다.

유대인의 격언 중에 "재산이 많이 있으면 근심거리가 늘어나지만, 재산이 전혀 없으면 근심거리는 더 늘어난다"는 말이 있다. 유대인들의 돈에 대한 관(觀)은 깨끗한 돈, 더러운 돈을 구분하는 사고방식 자체가 잘못이라는 것이다. 그 결과 돈은 신이 주신 선물이며 이 세상을 헤쳐나갈 수 있게 해주는 보증 수표이므로 깨끗하거나 더럽다고 구분할 수 없다고 말한다.

그런 돈에 대한 열린 자세의 결과 미국 금융업계를 대표하는 44명 중에서 15명이 유대계이다. 유대인들이 세계 금융계를 장악하고 있다는 사실에 느낌이 좋지 않다고 생각하는 사람도 있는데, 소수민족인 유대계가 전 세계 금융업계에 막강한 영향력을 행사하고 있는 것만은 분명한 사실이다.

일본인으로서《유대인의 상술》을 쓴 후지타 덴은 자신의 책에서 다음과 같이 말한다. "일반적으로 술장사라든지 술집, 호텔 등에서 번 돈은 '더러운 돈'이고, 열심히 일해서 받은 저임금은 '깨끗한 돈'으로 구분하고 싶어 하는데 그것은 정말 난센스이다. 라면집 돈이라고 해서 '이 돈은 라면집에서 번 돈입니다'라고 쓰여 있는 게 아니지 않은가! 술집 주인의 지갑에 든 지폐에 '이것은 술에 취한 손님에게 받아낸 돈입니다'라고 쓰여 있는 것도 아니다. 즉, '더러운 돈'이란 없다."

당연한 말이다. 세상 사람들의 사고방식은 다양하지만 어느 누구도 깨끗한 돈과 더러운 돈을 구분할 수는 없다. 어떻게 벌든 돈은 돈이다. 범죄를 저지르거나 타인에게 해를 끼쳐서 벌어들인 돈이 아닌 이상 이러쿵저러쿵 논할 필요는 없는 것이다. 그래서 영국의 작가 서머셋 몸의 "돈을 싫어하는 사람이야말로 나는 신뢰할 수 없다. 그들은 위선자이거나 바보이다"라는 이야기는 와닿는다.

어쨌든 유대인들은 '돈은 신이 주신 선물'이라고 생각하기 때문에 돈을 버는 데 있어서 머뭇거리지 않으며, 그런 현실적인 마인드로 무장함으로써 전 세계의 금융을 장악할 수 있었다. 당연히 그들은 생활 속에서도 돈 버는 이야기를 즐겨 하며 또한 다양한 비즈니스를 통해 막대한 부를 거머쥔다. 그들에게는 돈을 버는 일이라면 귀한 것도, 천한 것도 없다. 이런 이유로 유대인에게는 돈에 관한 격언 또한 유난히 많다.

> "돈은 선한 자에게는 선한 것을 부르고, 악한 자에게는 악을 부른다."
> "가난해서 옳고, 부자여서 옳지 않다고 할 수는 없다."
> "금전은 기회를 제공한다."

이렇게 돈에 대한 열린 자세를 가졌다고 하여 유대인들이 돈을 만능이라고만 생각하는 것은 절대 아니다. "돈이 결코 모든 것을 좋게 만들지는 않는다. 그렇다고 돈이 모든 것을 썩게 하지도 않는다"는 그들의 격언을 봐도 알 수 있다.

그들은 돈은 훌륭한 수단이면서도 무서운 것이라는 점을 확실히 인식하고 있다. 그런 이유로 그들의 DNA는 돈벌이를 죄악으로 여기지 않고 기회가 주어지면 치열하게 돈을 벌기 위해 매진하는 것이다. 어찌 보면 이것이 바로 유대인의 현명한 점이다.

앞의 돈에 관한 격언 중에서도 "금전은 기회를 제공한다"는 말이 가장 중요하다. 왜냐하면 돈은 인간에게 다양한 기회를 제공하는데, 가령 힘든 노동에서 해방시켜 줄 뿐만 아니라 시간적인 여유를 부여함으로써 자기 계발과 꿈의 실현이라는 창조적인 일에 몰두할 수 있게 해주기 때문이다. 말하자면 돈의 힘으로 레저를 즐기고 새로운 인간관계를 맺으며 큰 감동을 얻게 됨으로써 거기에서 삶의 의미를 찾게 되는 것이다.

"가난한 삶에는 여유가 없다"는 말처럼 안타깝게도 돈이 없으면 생계를 위해 매일 노동에 시달려 여유로운 생활을 할 수가 없다. 물론 마음만 먹으면 못할 것이 없겠지만 그러기 위해서는 다른 사람의 몇 배나 되는 노력이 필요하다. 따라서 많은 사람들이 견디지 못하고 포기하는 것이다.

가난으로 인한 고통 때문에 마음이 무거워지고, 그 결과 사람에 대한 불신과 질투로 불법적인 죄를 저지르는 경우도 많다. 더 심한 경우에는 절망감에 빠져 극단적인 선택을 하는 사례도 있다. 이런 어리석은 유혹에서 벗어나기 위해서라도 반드시 돈을 벌어 마음의 여유를 가져야 한다는 것은 아무리 강조해도 지나치지 않다.

4장

" 머니 프리덤의 "
경로를
잡아라

First, think. Second, dream. Third, believe.
And finally, dare.

첫째, 생각하라. 둘째, 꿈을 꿔라. 셋째, 믿어라. 그리고 마지막으로, 과감히 시도하라.
– 월트 디즈니(Walt Disney)

흔히 "부자가 되려면 부자의 줄에 서라"고 한다.
이것은 단순히 부자가 가진 돈을 좇으라는 것이 아니다.
부자가 어떻게 생각하고 행동하는지
그들의 삶과 철학을 이해하고 노력하라는 뜻이다.

01 일단 시작하고 완벽은 나중에 하라

악명 높은 감옥에 수감되어 19년이라는 세월을 견디다 마침내 탈옥에 성공하는 한 남자의 이야기를 다룬 영화 〈쇼생크 탈출〉은 엄청난 카타르시스를 전해주기에 충분하다. 억울하게 종신형을 선고받고 쇼생크에 갇힌 앤디는 절망 속에 안주하고 있는 쇼생크의 회복을 꿈꾼다. 그것은 억울한 운명에 대한 저항만큼 자유와 희망을 잃고 살아가는 재소자들에 대한 안타까움이 바탕에 있기 때문이다.

스티븐 킹이 원작자인 이 영화는 능력 있고 조용한 은행 간부 앤디(팀 로빈스 분)가 아내의 부정을 목격하고 그녀와 정부를 살해했다는 혐의로 쇼생크 감옥에 수감되면서 시작된다. 자신의 결백을 입증

할 방법이 없는 앤디는 살인자로 낙인찍힌 채 짐승 같은 수감자들과 간수들에게 모욕을 당하며 절망스런 감옥 생활을 하지만 희망을 놓지 않는다. 한편으로는 감옥에서 만난 또 다른 장기수 레드(모건 프리먼 분, 앤디의 이야기를 들려주는 화자)와 우정을 쌓아간다.

결국 쇼생크에 적응하기로 한 앤디는 20년 세월이 흐르는 동안 교도소의 실체에 대해 속속들이 파악하게 된다. 그것을 토대로 간수들과 소장의 절세를 도우면서 그들의 신임을 얻고 급기야 소장의 부정 축재 자금을 세탁하고 관리하는 역할을 담당하게 된다. 그러나 이 모든 것은 탈출을 위한 계획의 일환이었다.

영화는 앤디가 갑자기 사라진 것을 먼저 보여주고, 그 후 레드의 목소리를 통해 그의 탈출 경로를 제시함으로써 극적인 흥미를 더해준다. 어느 날 아침 점호에 앤디가 나타나지 않고 이에 놀란 소장은 앤디의 방에서 배우의 사진으로 위장되어 있던 굴을 발견한다. 이어서 소장의 신발 상자에 깨끗한 구두 대신 앤디의 낡은 신발이 들어 있는 것이 클로즈업되면서 소장과 앤디의 역전된 상황을 상징적으로 보여준다.

이어지는 장면에서 경찰은 쇼생크 주변 개울에서 수석용 망치를 발견하는데, 이 망치를 들고 있는 경찰을 찍는 플래시가 터지고 그 사진이 톱기사로 실린 신문이 화면에 보여진다. 이것은 앤디가 수석용 망치를 이용해서 탈출했다는 것을 상징하는 동시에 그 망치를 가져다준 레드가 앤디의 탈출에 조력자로 작용했음을 암시한다.

이어 레드의 설명이 이어지면서 탈출 과정이 묘사된다. 앤디는 수석 조각용 망치로 조금씩 벽을 뚫으면서 탈출 준비를 한다. 드디어 탈출 예정일, 소장이 퇴근하자 그날 밤 앤디는 소장의 옷과 신발을 챙겨서 굴속을 기어나간다. 한쪽 발에 밧줄로 양복 등 소지품이 든 주머니를 묶고 굴을 빠져나간 다음, 천둥이 칠 때마다 감옥의 하수구를 돌로 내리쳐 뚫고는 그 안을 기어서 탈출한다. 냄새가 진동하는 축구장 5개 정도의 길고 어두운 통로를 지난 앤디는 마침내 쇼생크 밖 개울로 떨어진다.

쏟아지는 빗속에서 앤디는 더러워진 윗옷을 벗으며 숨 가쁘게 개울을 걸어 나가고 이때 카메라는 롱 숏으로 긴 팔을 하늘을 향해 뻗으며 해방감과 자유의 환희를 만끽하는 앤디의 모습을 클로즈업한다. 드디어 그는 그토록 원하던 자유를 얻은 것이다.

한 인간이 갈구하는 자유와 집념의 힘이 얼마나 무서운가를 보여주는 이 영화에서 앤디가 탈옥에 성공한 후 쏟아지는 비를 맞으며 두 팔을 벌려 카타르시스의 집약을 보여주는 장면은 가히 압권이라 할 만하다. 영화 〈쇼생크 탈출〉에서는 자유의 환희를 보여주기 위한 장치로서 현실에 길들여지는 인간의 모습과 '희망의 메시지'를 보여준다.

사실 감옥에 갇힌 이들의 유일한 희망은 그곳으로부터 벗어나 자유를 누리는 것일 것이다. 하지만 감옥에 길들여진 이들에게 세상은 자유가 아닌 두려움으로 가득 찬 곳이다. 새로운 희망을 가져볼 수도 없고, 세상을 살아갈 힘마저도 빼앗긴 것처럼 하루하루를 무기력하게 살아갈 뿐이다.

영화에서는 희망이 무엇인지, 희망이 사람을 어떻게 살아가게 하는지를 끊임없이 보여준다. 앤디가 탈옥한 후 감옥에 남은 레드의 내레이션은 이를 잘 설명한다.

"그를 잘 알던 우리는 그의 이야기를 하곤 했다. 그러나 때로는 그가 가버리고 없다는 것이 나를 슬프게 한다. 나는 스스로에게 어떤 새들은 새장 안에 가두어둘 수 없다고 말할 뿐이다. 그러기에는 그 깃털이 너무나 찬란하다. 그들을 가두는 것이 죄악이라는 것을 알기 때문에 그런 새들이 날아갈 때 한편으로 기쁘지만, 그 새들이 떠난 장소는 더욱 어둡고 허전하다."

결국 이 영화의 무대인 교도소나 정신병원과 같은 설정은 인간을 억압하고 통제하는 시스템의 은유라고 볼 수 있다. 또한 앤디의 행위가 의미를 지니는 것은 부당한 시스템에 맞서 싸우려는 개인의 올곧은 의지이기 때문이다.

내가 주장하고 싶은 것은 이것이다. 우리가 살고 있는 사회도 영화의 무대인 교도소 못지않게 억압의 무대로 작용하는 것이 현실이라는 점이다. 큰 고민 없이 그냥 길들여진다면 편할 수도 있겠으나 희망(행복, 돈, 부자, 성공)을 잃지 않는 사람에게는 어쨌든 탈출해야 할 감옥인 것이다.

성공과 실패의 DNA는 따로 있는가?

동의 여부와 상관없이 "성공한 사람이 성공 인자를 가지고 있는 반면 실패자는 실패 인자를 가지고 있다"는 주장이 힘을 얻고 있다. 이런 주장이 전혀 근거 없다고 무시할 수만은 없는 것이 현실에서 바로 증명이 되기 때문이다.

가령 성공을 하고 부자가 되기를 소망하는 사람은 여러 방법으로 노력하지만 누구나 성공이라는 목표에 도달하는 것은 아니다. 그렇다면 이렇게 소망하는 것과 정작 주어지는 결과가 다른 이유는 무엇일까? 그것은 외형적으로는 알 수가 없고 또 보이지 않는 요인에 의해 결과가 달라지기 때문이다.

예를 들어, 많은 사람들이 창업 전선에 뛰어들지만 극소수를 제외한 대부분은 실패라는 쓰디쓴 성적표를 받아든다. 이때 실패자들은 사업 계획을 세우면서 창업 자본금, 점포 임대, 인테리어, 종업원 채용, 판매 촉진용 소품 등의 외형을 챙기고 준비하는 데 거의 모든 관심을 쏟고 있다.

이것이 잘못되었다는 것은 아니지만 사업의 성공에는 외형적인 것보다도 비전과 경영 철학, 아이디어, 리더십, 열정, 커뮤니케이션 기술 등이 더 중요하다. 그런 부분들이 진정한 성공 인자일 텐데 그 부분을 고려하지 않고 눈에 보이는 것, 즉 외형만을 중시하는 발상으로는 사업 계획을 치밀하게 짜면 짤수록 오히려 실패 확률이 높아진다고 할 수 있다.

이런 관점에서 본다면 앞에서 언급한 성공과 실패를 가르는 경계가 성공 인자와 실패 인자의 차이로 인한 것이라는 주장은 근거가 있다고 할 수 있을 것이다.

"그 사람, 운이 좋았을 뿐이야"

각도를 달리 해서 성공, 나아가 부자가 되는 부분을 살펴보자. 사실 부자(백만장자)가 된다는 것은 평범한 사람들이 쉽게 도달할 수 있는 목표는 아니다. 일부 사람들만이 부자가 되는 것이 현실이다.

그렇게 어려운 일이기 때문에 부자가 되는 것은 이유야 어떻든 혜택 받은 사람들만이 누리는 불공평한 운명의 장난이라고 생각하기도 한다. 그 결과 자기는 이루지 못한 다른 사람들의 성공과 부를 스스로에게 합리화시키기 위해 이런 생각들을 한다.

"그는 더할 나위 없는 좋은 인맥을 타고났다."

"장소도 좋았고 타이밍도 진짜 잘 맞았다."

"집안이 금수저이고 많은 유산을 물려받았다."

"기회를 잘 잡았다."

"축복받았다."

"그것은 특별한 경우이다."

이런 이유에도 해당되는 것이 없을 때는 흔히 "그 사람, 운이 좋았을 뿐이야"라는 말도 빼놓지 않는다. 과연 부자가 되는 것이 운에 의해 좌우되고 유산을 많이 물려받아야만 가능한 일일까? 만약 그렇다면 오늘날 백만장자들의 80% 이상이 자수성가한 사람들이라는 사실은 어떻게 설명할 것인가? 특히 이 책에서 엄선하여 소개하는 많은 부자들은 거의 자수성가 부자들이다.

그렇다! 원하는 부와 성공을 얻지 못하는 것은 자신의 IQ나 집안의 내력, 교육 수준, 성별, 연령 또는 불운 때문이 아니다. 그것은 오히려 사고방식의 영향이 더 크다. 인생은 사실 혼자 헤쳐나가고 걸어가야 하는 게임이다. 그 말은 결국 자신의 사고방식에 따라 판단을 내리고 그 판단이 행동을 결정한다는 것이다. 그 행동에 따라 성공 여부가 판가름되는 것이다.

생각을 바꾸면 결정도 바뀌고, 결정을 바꾸면 행동도 달라진다. 행동을 어떻게 바꾸는가에 따라 인생 역시 바뀌는 것이다. 하지만 대다수가 이런 사실을 깨닫지 못하고 살아가기 때문에 오직 소수의 사람만이 부자가 되는 것이다.

그러면 과연 자신의 인생을 바꾸고 싶어 하는 사람은 얼마나 될까? 많을 것 같지만 아니다. 매우 적다. 그래서 경제학자 J. K. 갤브레이스(Galbraith)는 "스스로 마음을 바꾸는 일과 바꿀 필요가 없다는 것을 증명하는 일 중에서 선택해야 하는 상황이 된다면 대부분 증명하는 일에 매달린다"고 말한다. 그의 말은 정말 정확한 사실이다. 물론 마음을 바꾸는 일로 부와 자유가 뒤따라온다는 사실을 깨닫기만 하면 많은 사람들이 기꺼이 바꾸겠다고 시도할 것이다.

그런데 여기서 중대한 의문이 생긴다. 요즘 같은 불경기에 경제적인 자립을 이룰 수 있는 사고방식이란 어떤 것일까? 당연한 말이지만 적절한 사고방식을 가지고 있다면 올바른 결정을 할 수 있다. 마치 밤이 지나면 낮이 오는 것처럼 옳은 결정에는 성공이 따른다. 올바른 판단과 결정이 관건인 것이다.

부자의 습관, 부자의 판단 기준

마음을 바꾸는 일, 즉 사고방식을 바꾸려 한다면 그 기준은 무엇일까? 사실 부자가 되는 데 정도(正道)는 없다. 성실한 부자도 있지만 게으른 부자도 있고, 인품이 좋은 부자도 있지만 나쁜 부자도 많다.

사람의 성격이 각양각색인 만큼 부자들의 특색도 다양한데, 중요한 것은 부자들의 공통점을 찾으려는 노력은 계속되고 있다는 점이다. 부자가 되고 싶어 하는 사람이 많으니 '이렇게 하면 당신도 부자가 될 수 있다'고 제시해주는 매뉴얼에 대한 수요도 꾸준히 있기 때문일 것이다.

일본의 경제평론가인 가야 게이치가 지은 《부자의 습관》은 부자들의 습성을 관찰한 내용을 담고 있다. 이 책에서 특히 새겨들을 만한 내용을 참고하고 여기에 몇 가지 사례를 더하여 부자들이 판단하는 기준을 정리해보겠다.

1) 부자는 빠르고 분명한 판단 기준이 있다

부자는 어떤 결정을 내릴 때 속도가 빠르다. 그러나 결정 자체가 성급한 것은 아니다. 오히려 판단을 내릴 때 나름의 명확한 기준이 있어서 빠른 것처럼 보일 뿐이다. 예컨대 부동산에 투자할 때도 '역세권만 산다' 혹은 '재건축 중심으로 투자한다' 등의 기준이 있는 것이다. 또한 쇼핑을 하거나 물건 하나를 살 때도 '당장 필요하지 않으면 아무리 싸도 사지 않는다'와 같은 기준이 있다.

이런 것으로 유추해볼 때 부자가 되려면 어떤 경우에 돈을 쓸지 혹은 어떻게 투자할지 등에 대한 자기만의 분명한 기준부터 확립할 필요가 있음을 알 수 있다.

2) 부자는 감각과 눈치가 빠르다

돈이란 돌고 돌기 때문에 돈이라고 한다는 우스갯소리가 있다. 그런데 실제로도 맞는 말이다. 이때 돈이 다음에는 어느 곳으로 옮겨갈지 전망하려면 환경의 변화에 민감해야 한다. 최근 모임 등에서 어떤 주제가 부쩍 자주 화제에 오른다거나 어떤 상품이 눈에 많이 띈다거나 혹은 한적한 동네인데 갑자기 사람들의 발길이 늘었다는 등의 변화를 일찌감치 알아채서 돈이 흘러가는 방향을 파악할 수 있어야 한다.

"공부 못하는 부자는 있어도 눈치 없는 부자는 없다"는 말이 있는데 일면 타당한 표현이다. 어찌 보면 돈 버는 행위는 감각에 좌우될 테니 말이다. 이렇게 다른 사람들이 무슨 생각을 하고 있고 기분이 어떤지 잘 알아챌수록 출세하고 부자가 될 가능성도 높아진다.

3) 거주 목적의 집을 사는 것도 투자이다

주변에서 흔히 전세나 월세를 살면서 몇 번 이사를 다니다 보면 옮겨 다니는 게 힘들어서 덜컥 집을 구매하는 것을 목격할 수 있다. 임대료나 이사 비용을 따지면 빚을 내서라도 집을 사는 게 낫다고 생각해서 그렇게 한 것이다. 그런데 나중에 보면 다른 집의 집값은 다 올랐다는데 자기 집의 집값만 몇 년이 흘러도 그대로이거나 오히려 내려간 경우도 많다.

이런 사례에 대해 합리적으로 생각해보자. 임대할 때 드는 비용은 소비이다. 반면 집을 살 때는 대출 비용 등 소비와 함께 투자가 개입된다. 그렇다면 투자인 만큼 '어차피 평생 살 집인데'라고 자기 합리화할 것이 아니라 향후 집값이 오를 지역인지, 매입할 타이밍인지 등을 냉정하게 따져봐야 하는 것이다.

4) 비싸도 부자들이 많은 동네에 산다

이것은 일종의 사회 비용인 셈인데 일반적으로 교통이 편리하고 살기 좋은 지역은 집값이 비싸다. 비싸다는 것만 고려한다면 돈을 모으기 위해서는 저렴한 지역에 살아야 할 것 같다. 하지만 도시 외곽 신도시에 살면서 출퇴근을 위해 왕복 3~4시간을 쓰는 것은 시간은 물론 체력 낭비이다. 출퇴근 외에 여유 있게 보낼 시간이 없어서 자기계발은커녕 기본적인 회사 업무를 처리하기에도 급급하게 된다. 가족과 보내는 시간이 줄어드는 것도 감수해야 한다.

반면 부자들이 사는 동네는 비싸지만 돈이 모인다. 이런 동네에 살면 괜히 소비 수준만 높아져 돈을 모으기 어렵다고 생각할 수도 있는데 반대로 부자들의 모습을 보면서 돈이 어디로 흐르는지 배울 수 있다. 주식이나 부동산 등에서 좋은 종목이나 지역이 오를 때는 더 많이 오르고 떨어질 때도 덜 떨어지는 현상만 봐도 알 수 있다.

5) 부자는 'No'라고 판단되면 확실히 돌아선다

부자는 대개 고집이 센 경우가 많아서 누군가 심기를 건드리면 보통 사람보다 더 격하게 화를 내는 경향이 있다. 또한 부자는 포기도 빨라서 말해도 소용없다고 판단되면 오히려 담담하고 단호하게 대처한다. 개선의 여지가 없는 사람과 의견을 조율하고 업무를 진행해봤자 시간 낭비라고 생각하기 때문이다. 무책임하고 대책 없는 사람에게 화를 내서 감정을 소진하고 시간을 쓰기보다는 재빨리 관계를 청산하는 것이다.

이것 외에도 부자들이 판단하는 기준은 많겠지만, 앞의 다섯 가지를 바탕으로 부자들의 특징을 한 마디로 정리하면 다음과 같다. 인간관계나 투자를 할 때, 사는 곳을 정할 때, 물건을 살 때 등등의 상황에서 자기 나름의 분명한 원칙이 있다는 점이다.

사실 돈을 열심히 좇는다고 돈이 잡히는 것은 아니다. 그래서 성경에서도 "부자 되기에 애쓰지 말고 네 사사로운 지혜를 버릴지어다(잠언 23장 4절)"라고 말한다. 이 문구를 글자 그대로 해석하면 주먹구구식의 사사로운 비법으로 부자가 되려고 몸부림쳐봤자 소용없다는 의미일 것이다.

더 정확하게 이야기한다면 부자가 되려고 애쓰는 것은 좋지만 진짜 중요한 것은 분명한 자기 원칙을 세워 살아가다 보면 필요한 돈은 붙기 마련이라는 점이다. 쉽게 말하면 삶의 바른 기준부터 세우는 것이 올바른 순서라는 이야기이다.

초점을 맞추고 기대 수준을 높여라

부자가 된 많은 성공자들은 '생각하는 대로 이루어진다'는 말을 입에 달고 산다. 이 말은 밖에는 길이 없으니 자신의 안에서 길을 찾으라는 말과 같은 의미일 것이다. 굳이 이런 부연 설명이 없어도 어려운 시대에 어려운 삶을 사는 사람들은 자기 처지의 핑계 내지는 해답을 자신의 밖에서 찾게 마련이다.

하지만 꿈을 꾸면 그대로 현실이 된다는 것은 답을 안에서 찾으라는 의미이다. 예컨대 생각하면 이루어지고, 꿈을 가지면 현실이 된다는 주장인 셈이다. 이를 황당무계한 것으로 치부하지 말고 부자가 되는 첫 걸음으로 인식해야 한다.

문제를 복잡하게 만들기를 좋아하는 사람들(특히 전문가라는 사람들)일수록 어렵게 비틀어서 설명하지만 성공의 비결은 의외로 간단하다. '생각하는 대로 되고 기대하면 얻게 된다'는 것이다.

부자가 되는 목표를 이루는 것도 같다. 자신이 되고 싶은 모습에 생각의 초점을 맞추고 기대 수준을 높이는 것부터 시작해야 한다. 말하자면 인생의 목표와 신념을 갖는 것에서부터 시작하는 것이다. 그것이 상상 속의 비전이든 글자로 쓴 목표든 아니면 구체적인 사업 계획서든 상관없다. 어떤 것이라도 자신이 하고 싶고, 되고 싶고, 이루고 싶은 것에 초점을 맞추는 방법을 선택하면 된다.

이 부분에서 오해가 없기 바란다. 무엇이든 될 수 있다고 해서 모든 것이 다 이루어진다는 것은 아니다. 한 개인이 자신이 원하는 어떤 것을 성취하기에는 능력과 시간, 에너지가 모자라는 것이 현실이다. 그러므로 능력을 적절히 쓰고 더 많은 노력을 하기 위해서는 먼저 할 일에 초점을 정확히 맞춰야 한다는 것이다.

기대 수준을 높이는 것이란?

다행히 초점을 잘 맞췄다고 하자. 다음 할 일은 기대 수준을 높이는 것이다. 불행하게도 우리나라에서는 어렸을 때부터 "못 오를 나무는 쳐다보지도 마라", "송충이는 솔잎을 먹어야 한다"는 말을 많이 들으며 성장한다. 말하자면 어렸을 때부터 목표를 낮춤으로써 스스로 세상에 대해 별로 기대하지 않는 법을 배웠다.

동시에 "너무 높은 것을 바라면 실망 역시 크다"는 말도 들어왔다. 물론 기대가 크면 실망도 클 수 있다. 하지만 기대가 적으면 얻는 것도 적다는 사실 또한 분명하다. 말하자면 목표를 높게 가지고 그것에 에너지를 집중하지 않고서는 남과 다른 부와 성공 또는 다른 어떤 것도 실제적으로 얻을 수 없다.

과거뿐만 아니라 현재까지도 미국에서 가장 큰 부자 집안인 월마트를 창업한 샘 월튼은 "높은 기대가 모든 문제를 해결하는 열쇠이다"라는 신조로 사업을 키웠다. 또한 위대한 예술가인 미켈란젤로는 "가장 위험한 것은 목표가 너무 높아서 못 오르는 것이 아니라 목표가 너무 낮아서 도전 의식이 훼손되는 것이다"라고 경고하고 있다.

그렇다! 스스로에게 어떤 기대를 하고 있는가? 이것은 간단해 보이지만 정말 중요한 질문이다. 왜냐하면 자신에게 거는 기대가 인생에서 얼마나 큰 성공을 이루느냐를 판가름하는 가장 크고 유일한 요소이기 때문이다.

서커스에서 말뚝에 매인 코끼리에 관한 이야기를 들어본 적이 있는가? 엄청난 힘이 있으나 어려서부터 말뚝에 매여 길들여진 코끼리는 꼼짝 못하고 묶여 있다. 말하자면 대부분의 사람들은 이 코끼리처럼 자신의 힘을 인식하지 못하고 사장시키고 있는 것이다.

스스로에게 바라는 것이 무엇이든 기대를 높여라. 그러면 더 많은 것을 성취할 수 있고, 자기가 생각하는 자신의 이미지도 훨씬 긍정적으로 바뀔 수 있다. 이렇듯 자신에 대한 이미지가 달라지면 더 큰 성취와 만족을 얻을 수 있을 만큼 능력 또한 커지게 된다.

정말로 부자가 되고자 한다면 인생이 더 나아질 수 있다고 굳게 믿어야 한다. 믿으면 믿을수록 더 많은 것을 얻을 수 있다. 왜냐하면 인식이 현실을 창조하기 때문이다.

계속 설명을 이어가보자. 사실 대다수 사람들이 원하는 만큼 성공하지 못하는 것은 마음의 힘이 얼마나 큰지를 잘 이해하지 못하기 때문이다. 스스로 세상에 대해 무기력하다고 생각하는 것인데 이는 실제로 그래서가 아니라 자기 안에 감춰져 있는 엄청난 힘을 깨닫지 못하는 것에서 비롯된 것이다.

앞에서도 언급했듯이 이것은 거대한 코끼리가 조그만 말뚝에 한쪽 발이 매인 채 살아가는 모습과도 비슷하다. 이 코끼리에게는 말뚝을 뽑아버리고도 남을 만한 힘이 있고, 한 번만 힘을 쓰면 언제 어디로든 갈 수 있지만 그렇게 하지 못한다. 그 이유는 간단하다. 코끼리들은 말뚝에 매여 길들여져 살아가는 삶에 익숙해진 것이다.

코끼리는 달아나기에는 힘이 모자랐던 새끼 때부터 말뚝에 매여졌고 여러 번 사슬을 당겨보지만 그때마다 실패한다. 그러면서 자연스레 어디로든 갈 생각을 포기하고 그냥 그 상태에 머무르게 된 것이다. 점점 자라 이윽고 말뚝을 뽑아버릴 만큼 힘이 세졌음에도 사슬이 풀리지 않을 거라는 믿음은 바뀌지 않는다. 결국 성인이 된 코끼리들은 이제 말뚝을 풀어봐도 달아나지 않는다.

사람도 본질적으로는 같다. 실패에 대한 두려움 때문에 주저하면서 앞으로 나아가지 못하고 그 자리가 마치 자신의 자리인 양 뭉개고 있는 것이다. 이런 것을 빗대어 마크 트웨인(Mark Twain)은 "해마다 천재들이 수천 명씩 태어나고 죽는다. 자기 자신도, 다른 사람들도 모르는 채로"라고 말한다.

그렇다! 단번에 말뚝을 뽑아버릴 수 있는 엄청난 힘이 있음에도 코끼리들이 도망가지 않는 이유는 이미 마음의 감옥에 갇혀버렸기 때문이다. 결국 코끼리들은 영원히 스스로를 사슬의 포로라고 믿고 그 상황을 받아들이고 있는 것이다.

우리 자신은 얼마나 다를까? 가령 '자신이 진정으로 원하는 삶을 가로막는 것은 무엇인가?'에 대한 답을 찾아보자. 아마도 그 대답은 '자신을 둘러싸고 있는 주변 환경'일 수도 있고, 그런 환경을 자신의 힘으로 변화시킬 수 없다고 믿는 '본인의 선택'일 수도 있다.

이쯤 되면 그는 서커스의 코끼리와도 같이 이미 자신이 만든 마음의 감옥에 갇혀버린 포로라고 할 수 있다. 스스로가 만든 사슬의 포로가 되었거나 마음의 감옥에 자기를 가두고 그곳을 탈출하려 하지 않는 것이다. 그 결과 아주 유감스럽게도 그는 가난에서 벗어나지 못하고 칙칙한 삶을 살아가야 한다.

일의 초점을 명확히 한다는 것은?

사업을 시작하려면 계획을 세우는 것부터 시작해야 한다. 그런데 이때 사업계획서를 잘 만드는 것이 무의미하다고 주장하는 사람도 있다. 그들의 주장은 사업계획서는 요리책의 조리법과 같아서 이것이 있다고 요리를 잘하는 것은 아니라는 것이다. 일면 수긍이 가는 부분도 있다.

하지만 사실 사업을 시작할 때는 형식에 맞는 사업계획서를 쓰는 일이 필요하다. 이때 사업계획서는 일종의 '지도'라고 할 수 있다. 사업을 정착시키기까지 여러 복잡한 과정을 거치겠지만 이때도 역시 자기가 하려는 일의 초점을 명확히 하는 것이 중요하다.

자, 그러면 사업의 초점을 잘 맞추려면 어떻게 해야 할까?

1) 사업 '하나'를 선택한다

자신이 하고자 하는 일을 선택했다면 이제 성공할 수 있도록 전력투구해야 한다. 어떤 사람들은 몇 가지 유행하는 사업을 동시에 시작하면서 '그중 하나라도 잘되겠지' 하는 생각으로 진행하는 경우도 있는데, 이는 실패를 예약하는 것과 같다.

그러므로 목표를 향해 레이저 총을 발사하는 것처럼 시간과 에너지를 하나의 사업에 집중해야 한다. 또한 최선을 다해 자기의 아이디어가 실제 사업으로 발전할 수 있도록 해야 한다.

2) 사명을 확실히 한다

다음은 사업을 하는 이유가 있을 테니 그것에 대해 적어보자. 이 과정은 곧 사업에 대한 임무를 스스로에게 입력하는 것과 같다. 말하자면 사업의 목적을 글로 쓴 것인데, 달리 이야기하면 왜 이 일을 시장에 내놓는가에 대한 답인 것이다.

비즈니스는 자기 나름으로 능력껏 고객이나 사용자에게 봉사하기 위해서 하는 행위의 집합이며, 이것이 곧 사업의 사명이다. 그러므로 사명이 제대로 성립하려면 다음 질문에 대해 답을 한두 가지는 할 수 있어야 하다.

"지금 하려는(하고 있는) 사업은 무엇인가?"
"고객은 어떤 사람인가?"
"고객을 위해 어떻게 가치를 창조할 것인가?"

이렇게 자신의 사명을 글로 옮겨보면 자기 사업에 대해 보다 명확한 인식과 자세를 가질 수 있다.

3) 비전을 글로 쓴다

일단 사업에 대한 사명을 명시한 다음에는 매일의 업무 가운데 무엇이 가장 중요한지를 스스로에게 일깨워주는 비전을 적어본다. 이때 사업의 사명과 비전은 같지 않다. 예컨대 사명이 시장에서 그 사업이 존재해야 하는 이유를 설명하는 것이라면, 비전은 사명을 수행하는 방법에 대한 계획과 사명 수행을 통해 이루려는 것을 의미한다. 다음은 어느 소상공 창업 사업가의 비전이다.

"나의 비전은 합법적이며 정직한 방법으로 고객들에게 필요한 가치를 제공함으로써 돈을 버는 것이다. 또한 나는 나의 일을 즐겁게 자부심을 가지고 할 것이다."

이 사업가가 제시하고 있는 비전을 보면 사업을 하면서 마음에 새겨두어야 할 가치에 초점을 잘 맞추고 있음을 알 수 있다. 아울러 법적이고 윤리적인 매너를 지키는 선에서 돈을 많이 벌겠다는 것이고, 다음 강조점으로는 고객이 지불하는 돈에 비해 더 큰 가치를 얻을 수 있도록 하겠다고 말하고 있다. 거기에 더해 '즐겁게 자부심을 가지고 일하겠다'는 업무에 임하는 자세를 강조하고 있다.

4) '왜 이 사업을 시작했나?'라는 질문에 답한다

잘 알려진 격언 중에 "어느 것이 나에게 가치 있는지 알면 결정하기가 쉬워진다"는 말이 있다. 이것은 어떤 일이든 가치가 자기 결정의 기준이 되어야 한다는 의미를 내포한다.

앞에서 사명과 가치에 대해 정의를 내렸으면 가장 중요한 질문이라고 볼 수 있는 아래 질문에 대해서도 명확하고 주도면밀하게 답할 수 있어야 한다.

"나는 왜 이 사업을 시작했는가?"

사실 개인이 사업에 뛰어들었을 때는 나름의 타당한 이유들이 있었을 것이다. 돈을 훨씬 더 많이 벌고 싶어서 사업을 시작했을 수도 있고, 자기의 취미에 맞고 재미도 있으며 자유롭게 관심 있는 일을 하는 것이 훨씬 의미 있다고 생각했을 수도 있다.

그 이유가 무엇이 됐든 개인적인 이익을 얻을 가능성이 없다면 사업을 계속할 수는 없는 일이다. 그러므로 앞의 질문에 대해 답이 될 수 있는 가치로는 다음의 두 가지가 있을 것이다.

첫째, 개인적으로나 재정적으로 보상을 가져다줄 사업이라는 것을 확인하는 가치이다.
둘째, 그 가치가 장래에 이정표 역할을 해줄 것이다.

사업을 하다 보면 반드시 중대한 결정을 해야 하는 전환점을 만나게 된다. 가령 사업을 확장해야 할지, 새 시장에 진입해야 할지, 혹은 누구를 해고해야 할지 등등의 결단의 시간에 자신에게 물어야 한다. "나는 처음에 왜 이 사업을 시작했는가?" 그러면 초심, 즉 사업을 시작한 처음의 이유에 부합하는 결정을 내릴 수 있을 것이다.

말하자면 "어느 것이 나에게 가치 있는 일인지를 잘 알면 결정하기가 쉬워진다"는 격언처럼 자기 내부의 균형추에 따라 일관된 결정을 내리게 함으로써 혹시 모를 큰 낭패를 피할 수 있는 것이다.

비즈니스에서 중요한 것은 단순하고도 어렵다

비즈니스의 요소 중에서도 시장성을 갖추는 것의 중요성은 아무리 강조해도 지나치지 않다. 이때 열정과 재능은 중요한 토대가 된다. 왜냐하면 성공을 하고 부자가 되려면 사람들이 기꺼이 돈을 지불하고 살 만한 아이템을 만드는 일에 열정과 재능을 쏟아야 하기 때문이다.

사업의 성공은 열정을 다해 고객이 원하는 것을 제공할 때 비로소 따라오는 것이다. 이 부분에서 핵심은 '가치 창조'라고 볼 수 있다. 예컨대 사람들이 돈을 주고 사는 것은 무엇일까? 바로 이익이다. 고객은 자기가 내는 돈의 값어치보다 더 큰 만족을 줄 거라고 확신할 때 돈과 상품을 맞바꾼다.

따라서 어떤 사업이나 아이템을 선택했든 고객에게 자신이 지불한 돈보다 더 가치 있는 서비스나 상품을 제공 받았다는 확신을 주는 것이 기본이다. 이런 것을 흔히 '인식된 가치의 창조'라고 부른다. 예를 들어, 서점에 가서 특정 책을 고르는 이유를 생각해보자. 몇 가지 이유를 가정해본다면 아마도 이런 것들이 아닐까?

"저자의 다른 책을 읽었는데 참 좋았다."
"관심 있는 주제인데 좀 더 알고 싶다."
"이미 읽어본 친구가 권해주었다."

"커다란 이익을 가져다 줄 것으로 생각된다."

　이런 이유 외에도 더 많을 것이다. 중요한 것은 이유가 무엇이든 그 책을 선택하게 된 바탕에는 자기가 치르는 값보다 더 큰 가치가 있을 거라고 기대하는 심리가 깔려 있다는 것이다. 만약 그렇지 않다면 책을 살 이유가 없다. 이 부분이 바로 '인식된 가치'인데 여기서 한 가지 의문이 생긴다. 그렇다면 고객이 가치로서 인식하는 것은 과연 무엇일까?

　일반적으로 사람들이 돈을 지불할 때는 다음 두 가지 경우뿐이다. 그것은 '좋은 느낌'과 '문제 해결'을 위해서이다. 예를 들어, 경비 회사나 청소 대행 업체 등의 서비스 사업은 문제 해결 방법을 파는 것이고, 영화나 콘텐츠 회사 등은 좋은 느낌을 파는 것이라고 할 수 있다. 물론 대다수의 비즈니스는 두 가지를 같이 엮어서 판다. 정리하자면 고객이 고민하는 문제를 풀어주고 좋은 기분을 가질 수 있도록 만들어준다면 성공은 반드시 뒤따라온다.

　결론적으로 말해 사람들이 구입하고 싶어할수록, 구입하려는 사람이 늘어날수록 사업이 번창할 것은 자명하다. 여기에 군이 설명을 덧붙일 필요는 없다. 마찬가지 이유로 해결해주는 문제가 크고 어렵거나 상품이나 서비스의 퀄리티가 높을수록 돈을 더 많이 벌 수 있다. 또 경쟁자가 적을수록 돈 버는 데는 더 유리하다.

　간단히 말해 '돈은 수요를 따른다'는 것은 불변의 진리라고 할 수 있다. 마케팅이라는 관점에서 볼 때 이상적인 사업이란 고객이 진정으로 사고 싶어 하고, 그들의 문제를 해결해줄 수 있는 상품이나 서비스를 잘 만들어서 그것을 제공하는 일이다. 이 부분에 자신의 열정과 에너지를 집중해야 한다.

사업은 오직 고객에 의해 결정된다

사업이 잘 안 풀리면 '자본이 달려서', '목이 안 좋아서' 등등의 평계를 댄다. 그러나 그것은 잘못된 표현이다. 실제로 사업이 망하는 이유는 '고객이 없어서'이다. 그래서 사업에서 가장 중요한 기능은 고객을 창출하고 유지하는 일이다.

이것은 분명하다. 고객이 없는 사업이란 존재할 이유가 없기 때문이다. 따라서 "누군가가 나서서 사주기 전에는 아무 일도 일어나지 않는다"는 말은 진리이다. 물론 그것은 단순하고도 어렵다.

어떤 사업이든 고객은 생명 유지에 필요한 혈액과 같은 존재이다. 왜냐하면 고객이 항상 옳은 것은 아니지만 그들은 항상 돈을 갖고 있기 때문이다. 고객만 충분히 확보하고 있으면 불법적인 것 말고는 어떤 것이든 할 수 있으며 이윤까지 얻을 수 있다. 하지만 고객이 없는 상황에서는 무슨 짓을 해도 파산으로 치닫는다.

처음 비즈니스를 시작할 때 범하기 쉬운 실수 중 하나는 자기가 사업 그 자체라고 생각하는 것이다. 절대, 절대 그렇게 생각해서는 안 된다. 오히려 고객이 바로 사업이며, 사업자는 단지 서비스를 제공하는 사람이라고 생각해야 한다. 이것이 사업의 본질이다.

특히 직장을 다니다가 독립하려는 사람들이 흔히 빠지는 함정이 있다. 그것은 그들 대부분이 사업자의 마음가짐보다는 직장인의 사고방식으로 교육받고 훈련받았기 때문에 마케팅에 관한 근거 없는 통념에 사로잡히기 쉽다는 것이다.

사업을 시작할 때 주변에 널려 있는 잘못된 통념 혹은 착시 현상을 인식하고 바로잡아야 시간과 돈을 절약하고 혼란을 줄일 수 있다. 착시 현상에는 다음과 같은 것들이 있다.

1) 첫 번째 착시 : 내가 좋아하기 때문에 팔릴 것이다?

사업을 막 시작하는 사람도 그렇지만 어떤 제품을 개발한 사람은 대개 그 제품이 정말 좋기 때문에 시장에서 먹힐 거라고 생각한다. 그렇게 뜻대로 진행되기만 한다면 얼마나 좋을까? 하지만 안타깝게도 현실은 그렇지가 않다.

예컨대 새로 사업을 시작할 예정이거나 새로운 상품 또는 서비스에 대한 멋진 아이디어가 있다고 가정해보자. 자기 생각에는 '이건 굉장한 아이디어이다. 창조적이고 혁신적이며 감히 남들은 흉내 낼 수도 없는 일이다. 아직 들어본 적도 없는 최고의 아이디어이다. 따라서 이건 잘 팔리고 대박이 날 수 있다'고 판단했다고 해보자.

과연 이 판단은 맞는 것일까? 냉정하게 다시 리뷰를 해보자. 만약 앞에서처럼 생각했고 그것이 실현되기 위해서는 고객 역시 자기와 같은 욕구와 기호, 필요성, 더 나아가 같은 세계관을 가지고 있어야 한다. 그러나 그런 추정이 들어맞을 개연성은 정말 희귀하지 않을까? 드물게 서로 원하는 것이 같을 경우도 있겠지만, 미리 그럴 것이라고 단정하기에는 무리가 있다.

여기에서 핵심은 파는 사람이 잘 아는 것이 아니라 고객이 중요하다고 여겨야 한다는 점이다. 냉정하게 말하면 사업주가 자기 사업을 어떻게 인식하는가는 전혀 중요하지 않다. 자기가 좋아하는 것을 가지고는 부자가 될 수 없다. 오직 고객이 원하는 것을 제공할 때 돈은 따라오는 것이다.

2) 두 번째 착시 : 일만 잘하면 고객은 저절로 찾아온다?

예전의 산업 사회, 즉 공업 경제에서 부를 창출하려면 일반적으로 대규모 자본과 에너지가 필요했다. 이때는 '돈이 돈을 번다'는 말이 당연하게 통용되는 시대였다. 하지만 이제는 이 말이 통하지 않는다. 지금과 같은 정보 시대에는 자본이나 에너지와는 상관 없이 부를 이룰 수 있기 때문이다.

예컨대 오늘날의 경제에서는 정보를 제공하고 서비스를 배달하는 것이 부의 새로운 열쇠로 등장했다. 고객에게 서비스를 제공하되 그것이 대가로 지불한 요금보다 훨씬 가치 있게 느껴질 수 있도록 만족을 주는 것이 사업의 포인트가 되는 시대인 것이다.

이런 시대에서 살아남으려면 우선 할 일이 자기의 세계관부터 버려야 한다. 자신의 자아, 선입견, 견해를 잠시 옆으로 밀어놓고 고객의 눈으로 세상을 보아야 한다.

'누가 나의 고객이고 그들이 원하는 것은 무엇일까?', '그들에게 가치 있는 것은 어떤 것이며, 내가 과연 그것을 줄 수 있을까?' 등의 질문에 제대로 답할 수 있다면 어떤 사업에서나 성공할 수 있는 마스터키를 손에 쥔 것이라고 할 수 있다. 이런 마스터키를 갖기 위해 앞에서 자기 사업의 사명에 대해 적어보는 작업을 한 것이다. 이때 충실히 했다면 이미 그 해답을 알고 있을 것이다.

사업의 성공을 결정짓는 요소

상투적으로 하는 표현 중에 "열심히 하면 고객은 알아서 찾아온다"는 말이 있다. 그런데 의외로 이것을 진실인 양 받아들이는 사람들이 많다. 정말 열심히 하기만 하면 우등상을 탈 수도 있고, 교과서만 공부해도 수능에서 고득점을 받을 수 있을까? 유감스럽게도 이런 것은 학교에서나 통하는 이야기이고 운동 경기에서나 가능한 일이다. 간혹('간혹'이다) 직장 생활에서 통용될 수도 있겠다.

예외가 전혀 없는 것은 아니겠지만 치열하게 사업이 진행되는 경쟁시장에서는 그런 일은 거의 발생하지 않는다. 말하자면 '잘만 지어놓으면 고객이 찾아올 것이다'와 같은 일은 경쟁시장에서는 좀처럼 일어나지 않는다는 것이다.

왜 그럴까? 그것은 경쟁시장에서는 기본적으로 '최고'라는 것이 있을 수가 없기 때문이다. '최고'라는 것은 관념 속에서만 존재한다. 본인은 '최고'라고 생각하는 작업 결과를 다른 사람은 평균 수준으로 생각할 수도 있으며, '그저 그렇다' 혹은 '잘못되었다'고 생각할 수도 있다. 말하자면 한 고객이 크게 평가하는 일도 다른 고객의 눈에는 돈 낭비로 비춰질 수 있는 것이다.

사업이 어렵다고 하는 이유는 바로 이런 부분 때문인데, 더 문제가 되는 것은 착각이 심한 부분도 바로 이 지점이라는 것이다. 실제 사업의 세계에서는 다음과 같은 것들은 없다고 보면 된다. 만약 그렇지 않다고 주장하고 싶다면 그것이 곧 착각이다. 그럼에도 진짜로 믿는다면 조만간 사업을 접게 되는 길로 간다고 보면 된다.

'좋은 제품, 형편없는 제품'
'훌륭한 가치, 하찮은 가치'
'좋은 서비스, 나쁜 서비스'
'좋은 거래, 잘못된 거래'
'고품질, 저급한 품질'

분명한 점은 이런 모든 평가는 오로지 고객의 인식에 달려 있다는 것이다. 그러므로 사업가로서 성공하느냐 마느냐는 제공하는 상품이나 서비스에 의해 결정되는 것이 아니며, 얼마나 노력하고 시간을 들였는가 하는 것으로 결정되는 것도 아니다. 머리가 좋고 학위가 많으며 대단한 사람을 안다고 해서 성공할 수 있는 것도 아니다.

파워풀하게 대단히 일을 잘하고 열심히 노력하고 현명하게 행동하며 큰 계약을 따내고도 파산할 수 있다. 왜냐하면 이런 것들이 사업에 필요한 요소인 것은 분명하나 사업의 성공을 결정짓는 요소는 아니기 때문이다. 성공하는 데 도움이 되기는 하겠지만 결정적인 요인이 될 수는 없다는 말이다.

결국 사업의 성공은 고객의 수와 그 고객이 얼마나 돈을 쓰느냐에 따라 결정된다. 고객의 인식을 사로잡아야 한다는 말인데 그것은 고객의 생각과 감정, 사업에 대한 믿음에 의해 정해지는 것이다. 이 부분에 대한 설명은 다음에 계속된다.

02 돈을 많이 벌겠다는 의지가 있는가?

　오늘날의 올림픽은 스포츠 제전 이전에 비즈니스의 총아로서의 역할을 충실히 하고 있다. 그 결과 크든 작든 전 세계 비즈니스맨들은 올림픽을 사업 확대를 위한 아주 좋은 기회로 본다. 올림픽 무대에서 광고를 하고 이를 발판으로 기업 이미지를 확산하면서 자사와 자사 제품의 지명도를 높이려는 시도를 한다. 이렇듯 올림픽이 명실상부하게 비즈니스의 총아로 등장한 것은 1984년 로스앤젤레스 올림픽부터로 평가된다. 그 전에는 어땠는가?

　로스앤젤레스 이전에 거행된 올림픽은 모두 정부가 보조를 했는데 대부분 엄청난 손해를 보고 끝났다. 그런 영향으로 1979년 올림픽 개최권을 획득했다는 소식을 듣자 로스앤젤레스 시민들은 거리로 뛰쳐나와 시위를 시작한다. 올림픽이 자기 시에서 개최되는 것을 반대한 것이다. 설상가상으로 미국 정부는 올림픽이 미국에서 개최되는 것은 환영하지만 정부는 어떤 재정적인 지원도 하지 않겠다고 발표했다. 더 최악은 올림픽을 유치한 로스앤젤레스 시 정부조차 한 푼도 못 내놓겠다고 표명한 것이다.

올림픽은 반드시 개최되어야 하는데 자금 문제를 어떻게 해결해야 한단 말인가? 진퇴양난의 난세(亂世)에 한 영웅이 출현한다. 사람들이 어찌할 바를 모르고 미국 정부도 두 손을 들고 당황해할 때 한 사람이 자원해서 제23회 로스앤젤레스 올림픽의 위원장이 되겠다고 나선 것이다. 그 사람은 사업 수완이 남달랐던 피터 유버로스(Peter Ueberroth)였다.

당연히 사람들은 그의 돌발적이고 놀라운 행동에 대해 의견이 분분했다. 정부의 도움 없이 모든 자금을 민간으로부터 조달하겠다는 그의 의견에 찬반도 격렬했지만 대안도 별로 없었다. 그러자 유버로스는 자원해서 위원장이 되겠다는 발언에서 한 걸음 더 나아가 다음과 같이 주장했다.

"내가 로스앤젤레스 올림픽을 주관하면 미국 정부의 재정적 도움을 필요로 하지도 않을 뿐더러 오히려 이익을 보게 될 것이다."

사실 로스앤젤레스 올림픽은 1984년에 개최를 희망하는 곳이 없는 유일한 입찰자였는데 그것은 이전까지의 올림픽이 재앙에 가까운 적자를 보였기 때문이다. 결국 유버로스는 최강국 미국의 체면이 걸린 로스앤젤레스 올림픽의 위원장이 되었고, 자신의 발언을 실현시키기 위해 우선 역대 올림픽의 손해 원인부터 분석했다. 그리고 그의 결론은 다음과 같은 네 가지였다.

① 자금 출처가 오직 한 곳이었으며, 그나마 그 한 곳도 정부였다.
② 체육 기초 시설과 운동장 건설 비용이 과다했다.
③ 기업들의 찬조와 광고 선전이 충분하지 않았다.
④ 서비스 시설과 인력 서비스에 드는 비용이 너무 많았다.

이상과 같은 원인 분석에 근거하여 유버로스는 올림픽의 배후에 있는 사업 기회를 대대적으로 발굴하기로 결정한다. 우선 그는 기업들이 올림픽을 통해 지명도를 높이려는 욕구를 이용하였다. 다양한 수단을 강구하여 교묘하게 세계적으로 유명한 기업들 사이에 경쟁을 유발시켰다. 물론 그는 매혹적인 찬조 조건을 만들었지만 당시에는 가혹한 것이었다. 그가 제시한 조건은 다음과 같았다.

"이번 올림픽에서는 단지 30개의 정식 찬조 기업만 받아들인다. 각 업계별로 한 개의 찬조 기업을 선택하며 찬조금은 최소 500만 달러가 되어야 한다. 찬조자는 반드시 올림픽조직위원회가 제시하는 장기적이고 완전한 표준을 지켜야 한다."

그러자 후지필름, 토요타 자동차, 코카콜라 등이 속속 고액으로 해당 업계의 단독 찬조권을 획득하였다. 결과적으로 유버로스의 이러한 전술과 전략이 매우 효과적이었다는 것이 증명되었다. 그는 기업의 찬조금만으로 가볍게 3억 8,500만 달러의 수입을 올려 당초 목표로 잡았던 재원을 충분히 마련했다.

이어서 유버로스는 올림픽의 텔레비전 중계권을 팔기 시작했다. 전 세계 30억 명이 올림픽의 실황 중계를 시청하므로 중계권을 획득하는 사람은 거대한 시장과 이익을 얻게 되는 것이다.

그는 미국 텔레비전 방송사인 ABC와 NBC 사이에 경쟁을 유발시켰다. 두 방송사는 서로 가격을 올리다가 결국은 ABC 방송사가 2억 5천만 달러의 가격으로 중계권을 따냈다. 이전 올림픽에 비해 몇 배에 해당하는 엄청난 액수였다. 그 외 지역까지 모두 합하면 텔레비전 중계권만 가지고도 2억 8천만 달러를 긁어모으게 된다. 인력에 드는 비용을 아끼기 위해서는 자원 봉사자를 대거 동원했다.

간접적인 경제 효과도 엄청났다. 올림픽이 개막된 후 전 세계 140개 국가에서 온 8천 여 명의 선수들이 24개 경기에 참여했다. 그뿐만이 아니다. 선수 수행단, 각국 기자 및 세계 각지에서 올림픽을 구경하려 몰려든 사람들로 로스앤젤레스 시에 거대한 사업 기회가 생겨났다.

호텔과 숙박업소 및 상점, 식당들은 손님이 너무 많아 골치가 아플 정도였으니 얼마나 많은 매출을 올렸는지는 짐작조차 할 수 없을 정도였다. 평소 238달러였던 뉴욕과 로스앤젤레스 간의 비행기표

가격은 올림픽 기간 동안 놀랍게도 866달러로 세 배 이상 폭등했다.

올림픽이 끝난 후 결산해보니 유버로스는 무려 100억 달러의 자금을 모았고, 그는 기자회견에서 "제23회 로스앤젤레스 올림픽은 흑자를 기록했다"고 선언했다. 경비를 충당하고도 최종적인 흑자는 2억 5천만 달러였으며 이는 원래 계획의 10배에 달하는 수치였다. 유버로스 개인도 자그마치 47억 달러에 달하는 큰돈을 벌었다.

이 사례에서 배워야 한다. 유버로스가 처음 올림픽 위원장을 자원할 당시에는 인류의 잔치는커녕 로스앤젤레스 올림픽은 천덕꾸러기 그 자체였다. 천문학적인 적자가 불을 보듯이 뻔한 상황이었다. 그러나 그는 모든 사람들이 회피하고 절망하고 있을 때 분연히 일어나 그 난제를 대단한 호재로 바꿔놓은 것이다.

그의 이야기는 의지와 아이디어, 열정으로 무장한다면 성공과 부자가 되는 길도 그리 어렵지 않다는 점을 시사한다.

리스크를 회피만 해서는 성장도 없다

부자는 되고 싶다고 해서 쉽게 되는 것이 아니다. 이것이 엄연한 현실이라는 증거는 주위를 조금만 둘러봐도 쉽게 알 수 있다. 부자가 되고 싶어 하는 사람은 수십억 명이지만 유감스럽게도 실제 부자는 아주 적다는 사실로 쉽게 증명된다.

평범한 사람이 부자가 되지 못하는 데는 많은 이유가 있다. 돈에 대해 진지하게 생각해본 적이 없기도 하고, 자신이 부자가 될 수 있다고 생각하지 않는 경우도 많다. 부자가 되기 위한 생활 습관이 몸에 배지도 않았고 지식도 없으며, 용기나 실행력, 결단력이 부족한 사람들도 많다. 또한 자신을 이끌어주는 스승과 친구가 없다면 이역시 부자가 되기 힘든 조건이다.

말하자면 부자는 하늘에서 떨어지듯이 우연히 되는 것이 아니라는 의미이다. 가난한 사람이 부자가 되는 것이 결코 우연이 아니듯이 겉으로 보기에 돈과 권력이 있던 부자가 하루아침에 가난뱅이로 전락하는 것 또한 우연은 아니다. 이것은 무엇을 의미할까?

지금 설명하려는 내용은 가난한 사람들을 무시하려는 것이 아니며 아울러 그들의 상황에 연민을 품는 것도 아니다. 나에게는 그럴 자격이 없을뿐더러 중요한 것은 돈이 많다고 하여 부자가 가난한 사람보다 더 낫다고 생각하지도 않기 때문이다. 하지만 서로 대비되는 그들의 생각과 행동, 즉 그들의 '사고방식'에 대해서는 알아볼 필요가 있다.

도전 정신으로 무장한 모험주의자

사람들 간의 사고방식의 차이를 고려하고 부유층, 중산층, 저소득층에 대한 사회적인 가치나 그들이 벌어들이는 실질적인 돈의 액수까지 감안한다면 가난한 사람이 부자가 되기까지는 분명 헤쳐나가야 할 허들이 많다. 그리고 그에 필요한 시간도 몇 년 혹은 몇십 년이 걸릴지 모른다.

그뿐만이 아니다. 사실 같은 길을 걸어가지만 사람들의 주법이 같을 수 없고, 똑같이 하루 24시간이 주어졌다고 해도 시간을 보내는 방식 역시 다르다. 그런 이유로 결과 역시 사람마다 다를 수밖에 없는 것이다. 따라서 사람들 사이에 부자와 가난한 사람의 구별이 생기는 것은 당연하다.

이 부분에서 중요한 내용은 이것이다. 부자는 자신의 눈으로 관찰하고, 자신의 머리로 사고하며, 자신의 마음으로 깨닫고, 자신의 다리로 실천을 위한 걸음을 내딛는다. 말하자면 일이 언제 이루어질지 혹은 안 이루어질지는 하늘에 달려 있는지 모르지만, 일을 계획하는 것은 사람에게 달려 있다는 것을 행동으로 보여주는 것이다.

그리고 그때 보이는 행동의 바탕에는 이른바 "리스크 없이는 성장도 없다(Growing Means Risking)"는 정신이 깔려 있다. 이 말은 결국 인생의 주도권을 잡는 자는 '성실하고 근면하게 노력하는 자'가 아니라 '도전 정신으로 무장한 모험주의자'라는 의미를 내포하고 있다. 그러므로 어떤 도전도, 어떤 리스크도 감당하지 않으려는 것은 아무것도 바라지 않는 것과 같다.

성장으로 가는 길에는 모험이 뒤따르며, 도전하지 않는다면 결코 승리의 환희를 맛볼 수 없다. 당연한 말이지만 '인생에서 가장 큰 위험은 위험을 감수하지 않는 것'이다. 항상 해왔던 것을 계속하면 항상 얻었던 것만을 얻게 된다.

익숙한 것이 편하다고 해서 마냥 그것에 머물러 있으면 바로 그 익숙한 것들이 독이 되고 쇠사슬이 된다. 하지만 여러 차례의 도전 끝에 성공과 실패를 경험했다면 실패는 생각보다 힘들지 않은 반면 성공은 아주 멋지다는 것을 알게 된다. 이쯤 되면 새로운 도전을 하는 데 있어서도 더욱 자신감을 얻게 되고, 심지어 더욱 열정적이 된다.

모험에서 오는 두려움과 도전에서 오는 위험을 피하려고만 한다면 그것은 결국 '최소화된 삶'을 선택하는 것과 같다. 지금 하고 싶은 일을 나중에 틈이 나기를 기다려서 하려고 한다면 끝내 그 일을 하기는 힘들어진다. 지금까지의 설명만으로도 "리스크 없는 성장은 없다"는 것이 충분히 입증되었을 것이다.

부자의 메커니즘, 부자의 시스템

사실 부자가 된다는 것은 소파에 앉아 편안하게 캔맥주를 마시며 야구 경기를 보는 일이나 한가로이 공원을 산책하는 일과는 다르다. 그냥, 쉽게, 빠르게 부자가 될 수 있다고 이야기하는 사람이 있다면 거짓말을 하고 있거나 사기꾼일 가능성이 농후하다. 부자가 된다는 것은 부자(백만장자)의 마인드가 필요하고, 스스로 '나는 부자가 될 수 있다', '부자가 될 자격이 있다'고 확신해야 가능한 일이다.

물론 열심히 일하는 것은 중요하다. 하지만 열심히 일하는 것만으로는 부자가 되지 못한다. 주위를 둘러보면 이 사실을 바로 확인할 수 있다. 세계적으로 낮에 열심히 일하고 심지어 밤늦게까지 일하는 사람들이 수백만, 아니 수억 명이다. 그들이 다 부자인가? 아니다. 그렇다면 대부분이 부자인가? 그것도 아니다. 그들 중 대부분은 가난하거나 그 비슷한 상태에 있다.

반면에 골프장에서 골프를 치고, 몇 주일씩 크루즈 여행을 다녀오고, 수시로 쇼핑 다니는 사람들은 다 부자들이다. 중산층도 저소득층도 아닌 부자들이다. 이런 사실로부터 '열심히 일해야 부자가 될 수 있다'는 말은 거짓이라는 점이 증명된 셈이다. 부자들은 열심히 일하는 것이 아니라 똑똑하게 일하기 때문에 휴식하며 즐긴다.

기독교에서는 '일한 만큼 번다'는 근면한 노동관을 강조한다. 표현대로 하면 이 말은 정확하게 맞다. 그러나 사실 이 말은 틀린 것은 아니지만 옳은 것도 아니다. 왜냐하면 그렇게 열심히 번 돈을 어떻게 사용해야 하는지를 가르쳐주지 않았기 때문이다. 말하자면 '번 돈을 어떻게 사용해야 하는가'가 핵심인 것이다. 이 지점이 바로 열심히 일하는 수준에서 똑똑하게 일하는 수준으로 옮겨갈 수 있는 분기점이다.

그렇다! 부자들은 똑똑하게 일하기 때문에 돈을 많이 벌면서도 휴식하고 즐길 시간이 충분한 것이다. 돈을 버는 효과적인 방법을 알아내 자기 대신 일해줄 사람을 고용하고 그들에게 임금을 준다. 말하자면 흔히 이야기하는 시간 복제이다. 이것이 가능함으로써 부자는 더 부자가 될 수 있다.

어쨌든 돈을 벌기 위해서 열심히 일해야 하는 것은 맞다. 이것은 부인할 내용이 아니다. 하지만 부자들에게 이런 상황은 일시적인 과정인 반면에 가난한 사람들에게는 평생 이어지는 상황이라는 점에서 차이가 있다. 부자들은 이렇게 생각하는 것이다.

"그래, 돈이 나 대신에 일하기 전까지는 내가 열심히 일해야 한다. 그리고 나서 돈이 일하기 시작하면 그때부터는 나는 덜 일해도 된다."

지금까지 설명한 내용에 특별한 문제가 없고 동의할 수 있다면 이제 돈은 '에너지'라는 사실을 이해할 필요가 있다. 이런 이야기이다. 대개의 사람들이 노동 에너지를 '투입'해서 금전적인 에너지로 바꿔나갈 때 경제적으로 성공한 사람들은 자신이 '투자'한 노동 에너지를 금전 에너지로 바꿔나간다. 부연하면 다른 사람으로 하여금 자신을 위해 일하게 하면서 비즈니스 시스템이 작동하게 하고 투자 자본이 움직이게 하는 것이다.

결과적으로 처음에는 돈을 위해 열심히 일하지만 이후에는 돈이 자신을 위해 일하도록 만드는 것이 부자의 메커니즘이다. 또한 이 단계에 이르는 것이 진정한 부자의 길이라고 볼 수 있다.

이런 부자 시스템의 주인공이 되기 위해서는 일정한 과정을 거쳐야 한다. 다음에 욕망을 성취하는 3단계가 있다.

1) 첫째, '부자가 되고 싶다'고 생각하는 단계

계속 이야기하지만 부자는 되고 싶다고 해서 되는 것이 아니다. 그러나 "부자가 되고자 하는가?" 하고 물어보면 바로 "그걸 말이라고 하느냐?"는 답이 돌아오는 것을 보면 누구나 부자가 되고자 하는 것은 맞다. 문제는 원하는 마음만으로는 소용이 없다는 것이다.

예컨대 어떤 것을 가지고 싶다고 해서 그것을 꼭 갖게 되는 것은 아니다. 더구나 가지지 못한 것을 바라기만 하면 바라는 마음만 점점 더 커지는 경험은 누구나 해보았을 것이다. 그렇게 바라는 마음은 어느새 습관이 되어 제자리에서 뱅뱅 맴을 돌고 앞으로 나아가 움직이지 못한 채 그대로 있을 뿐이다.

2) 둘째, '부자가 되기로 했다'고 선언하는 단계

외부를 향해 "나는 부자가 되겠다"고 선언했다면 이때는 부자가 되겠다는 결심이 섰다는 의미가 된다. 말하자면 '생각하는 것'과 '결심하고 그것을 선언하는 것'은 엄청난 차이가 있다.

이때 결심은 강력한 에너지를 발하는데 당연히 결심한 바를 이루겠다는 책임 의식이 동반된다. 사실 영어의 'decision(결심)'이라는 단어는 라틴어 'decidere'에서 유래한 것으로서 '다른 대안들을 잘라 없애다'라는 의미를 내포하고 있다.

3) 셋째, '부자가 되기 위해 헌신'하는 단계

욕망을 성취하기 위해서는 이 단계가 가장 중요하다. 사실 '헌신'이라는 말은 '전적으로 전념하여 노력한다'는 의미이다. 부자가 되겠다는 목표를 향해 망설이거나 도망갈 궁리를 하지 않고 자기가 가진 에너지의 100%를 쏟아붓는 것을 말한다.

이때는 '만약의 경우', '어쩌면' 등의 핑계도 없어야 하며 실패도 고려하지 않아야 한다. 목표를 이루기 위해 무엇이든 해야 하는데 '부자가 되거나 열심히 하다 죽거나 둘 중 하나'라는 각오로 임하는 것이 바로 '헌신'이라고 볼 수 있다.

대개의 가난한 사람들 역시 부자가 되기 위해 노력은 한다. 하지만 진심으로 헌신하는 것은 아니다. 가난한 사람이 반드시 부자가 되겠다고 전의를 불태울 때 "어때요? 당신은 10년쯤 지나면 부자가 되어 있을 것 같은가요?"라고 물으면 많은 경우 이런 대답이 돌아온다. "글쎄요, 택도 없어요. 크게 기대하지 않아요." 바로 이런 점이 부자와 가난한 사람을 구분하는 경계이다.

부자가 되려고 한다면 자신이 부자가 될 자격이 있다고 진정으로 확신해야 한다. 결국 전적으로 또 진심으로 부자가 되기 위해 헌신하지 않으면 가능성은 별로 없다. 물론 "무슨 말을 그렇게 합니까? 내가 얼마나 열심히 노력하는데. 정말 무진장 애쓰고 있단 말이오"라고 말하는 사람도 있을 것이다. 그들의 노력은 가상하나 부족한 것은 헌신이다. 헌신하려면 전폭적으로 해야 한다.

여기서 중요한 키워드는 '전폭적'이다. 이는 '모든 것을 다 쏟아부어야 한다'는 의미이다. 경제적으로 성공하지 못한 사람들의 특징은 자기가 감당해야 할 일과 모험하고 희생하려는 정도가 어디까지인지의 한계를 미리 정해놓고 있다는 것이다. 부자가 되기 위해 무엇이든지 하겠다고 생각은 하지만, 실상은 여기까지는 할 수 있으나 그 이상의 일은 할 수 없다는 조건들이 이미 정해져 있는 것이다.

이 부분에는 부연 설명이 필요할 것 같다. 사실 오랫동안 힘들게 일하지 않아도, 또 무엇 하나 희생하지 않아도 운 좋게 부자가 될 수도 있다. 물론 그런 요행을 바랄 수도 있을 것이다. 하지만 진정한 부자는 그런 요행에 기대지 않는다. 대신 부자들은 필요한 일은 뭐든지 다하겠다는 자세로 헌신한다.

가령 하루 중 잠자고 밥 먹는 시간을 제외한 나머지 시간을 몽땅 일하는 데 쓸 수 있겠는가? 부자들은 그렇게 한다. 일주일에 7일, 말하자면 주말도 반납하고 일할 수 있겠는가? 가족이나 친구들과의 재미있는 시간을 희생하고, 취미와 여가 생활을 포기해야 한다고 해도 괜찮은가? 부자들은 그렇게 한다.

중요한 것은 이것이다. 확실한 보장이 없어도 시간과 에너지와 초기 자본을 모험에 걸 수 있는 자세가 되어 있다는 것이다. '부자'라는 목표에 이를 때까지 한시적이겠지만 그 기간 동안 부자들은 위에서 말한 일들을 기꺼이 할 자세가 되어 있다. 물론 기간이 얼마나 길어질지 모르는 상태인데도 말이다. 당신은 어떤가? 당신도 헌신할 준비가 되어 있기를 진심으로 기대한다.

가난한 사람에게는 미안하지만 부자가 된다는 것은 휴일에 편안한 복장으로 외식하러 가는 것처럼 한가로운 일이 아니다. 부자가 되기 위해서는 집중력, 용기, 지식, 전문 기술, 혼신의 노력, 포기하지 않는 태도 그리고 부자(백만장자) 마인드가 필요하다. 덧붙여 자기는 부자가 될 자격이 있다고 확신해야 하며, 동시에 헌신해야 한다.

많은 가난뱅이들이 자기가 부자가 된다는 확신도 없거니와 진심으로 부자가 되려고 헌신하지도 않기 때문에 지금 부자가 아닌 것이다. 그런 자세를 바꾸지 않는 한 앞으로도 부자가 될 가능성은 역시 희박하다.

부자는 계획보다는 대응을 중시한다

개인적으로 가장 위험하다고 생각하는 말이 흔히 '다 안다 병'으로 불리는 "나는 이미 모든 것을 알고 있다"는 문장이다. 재테크든, 골프든, 이 책의 주제인 부자가 되는 것이든 분야에 관계없이 광범위하게 통용되는 말이기도 하다. 정말로 아는지 모르는지 알아내는 방법은 간단하다. 안다는 대로 살아가면 분명히 아는 것이 맞다. 그러나 듣기도 하고 읽기도 하고 말도 잘하지만 그대로 행동하지 못한다면 아직 모르는 것이다.

요점은 이것이다. 혹시 귀하의 생각에 현재 자신이 부자가 아니고 행복하지도 않다면 그것은 돈과 성공 그리고 인생에 대해 배워야 할 것들이 아직 남아 있다는 뜻이다. 그러므로 귀하가 아직 원하는 만큼 성공하지 못했고 돈도 충분히 벌지 못했다면 '모르는 게 있어서 그런 것'이라는 충고를 받아들여야 한다. 가급적 빨리 충고를 받아들여 '다 안다'라는 태도에서 '다 배우겠다'는 자세로 바꿀 필요가 있다. 그러면 그때부터 모든 것이 달라질 것이다.

틀림없는 사실 하나는 가난한 사람일수록 자신이 옳다는 것을 증명하려 애쓴다는 점이다. 자신이 다 알고 있는 것처럼 위장하면서 단지 운이 나빠서, 세상이 자기의 진가를 알아보지 못해서, 사회가 잘못돼서 등등의 이유로 자신이 가난하게 하루하루를 근근이 사는 것에 대해 합리화하려 든다. 알리바이를 만드는 것이다.

그들에게는 냉정하지만 이렇게 이야기할 수 있다. "귀하가 옳다면 지금 부자일 것이고, 만약 부자가 아니라면 옳지 않은 것이다. 둘 중 하나 외에 다른 이유는 없다."

중요한 것은 그들이 지금까지 해왔던 것처럼 '지금 이대로가 옳다' 고 믿는 한 부자가 될 수 없다는 것이다. 왜냐하면 자기가 옳다고 생각하고, 그 옳은 상태를 유지하려면 예전의 방식을 고수해야 하기 때문이다. 이것의 결과는 유감스럽게도 자기가 지금 있는 곳에 묶여버리는 것이다. 이것은 다른 분야에서도 마찬가지이다.

결국 결과를 바꾸려면 과정을 바꿔야 한다. 너무 당연하지 않은가? 현재 가난하다면 지금까지의 방식을 바꿔야 부자가 될 수 있는 것이다. 현재 불행하다면 지금까지와는 반대로 해봐야 하지 않겠는가? 이때 '익숙한 것과의 결별'이라는 헌신이 필요하다. 익숙한 것의 결과가 현재 모습이라면 익숙하지 않은 과정으로 과감히 바꿔줬을 때 결과가 바뀌지 않겠는가?

아마 이쯤 되면 다시 '다 안다 병'이 도질 차례이다. "설명 내용은 잘 알겠다. 충분히 이해했다. 그럼 뭘 어떡하라고?" 이제 그 부분을 설명해보자.

프로처럼 해야 프로로 대접받는다

간단한 원리지만 사실 최고의 보상을 받으려면 최고가 되어야 한다. 프로의 세계에서는 이 원칙을 우리에게 매일 확인시켜 준다. 일반적으로 최고의 선수들이 최고의 보상을 받고 가장 많은 돈을 번다. 제품 하나의 광고 모델을 해주고도 최고의 대가를 받는 것이다.

야구를 예로 들어보자. 취미로 하는 아마추어 동네 야구에서는 '아무거나' 잘 치는 타자가 최고이다. 상대편 투수가 던지는 공들이 단조롭기 때문이다. 그러나 프로로 가면 이야기가 달라진다. 투수들이 워낙 잘 던지기 때문에 정말로 잘 칠 수 있는 공이나 자기가 좋아하는 공을 노려야 한다.

예를 들면, '가운데로 들어오는 낮은 커브'를 노리고 있다가 그게

들어오면 때려야 한다. 그래야 안타를 만들 수 있고, 잘 맞으면 홈런도 날릴 수가 있다. 아무거나 스트라이크면 치겠다고 덤비다가는 한 수 위인 투수의 실력에 눌려 삼진을 당하기 십상이다.

PGA나 LPGA의 프로 골퍼들 역시 마찬가지이다. 그들은 전략적으로 '노리는 홀'이 있다. 사실 18홀의 모든 홀에서 버디를 치겠다고 호기를 부리는 것은 아마추어들이나 하는 일이다. 프로들은 웬만한 홀에서는 절대로 보기를 내지 않도록 조심하는 보수적인 플레이로 파를 잡고, 만만한 몇 개 홀을 골라 공격적으로 장타도 때리고 긴 퍼팅도 시도한다. 그중 4개 홀에서만 버디를 만들면 그날 하루에 4언더파라는 성적을 올려 우승 후보군에 낄 수 있게 된다.

골프로 돈을 벌어서 먹고살아야 하는 프로들이므로 매홀 최선을 다하겠지만, 모든 홀에서 버디를 만들겠다고 덤비다가는 OB도 나고 해저드에도 빠지고 깊은 러프 아래 공이 숨어 경기 자체를 망치기 쉽다. 말하자면 전략이 좋은 결과를 야기하는 것이다.

그렇다! 프로와 아마추어의 차이는 삶을 걸고 경기를 하느냐 아니면 즐기기 위해 하느냐에 있다. 배팅 연습을 하루 수백 회씩 해야 하는 프로 선수에게 야구는 '일'인 것이다. 또 일이 즐거우려면 당연히 '성과'가 좋아야 한다. 성과란 팀이 이기고 홈런 수가 많아야 하며 타율이 높은 것으로, 이때 즐겁고 신나고 일할 맛이 날 것이다. 이와 같이 프로 선수들이 특정한 공을 노리고, 특별한 홀을 노리는 이유는 최대의 성과를 올리기 위해서이다.

문제의 핵심은 여기에서 끝나지 않는다는 데 있다. 예컨대 직장인들조차도 자신이 하는 일로 몸값이 매겨진다. 잘하면 스타가 되기도 하지만 잘못하면 2군으로 밀려나거나 방출될 수도 있다는 것이다. 이런 점에서 보면 이제 모든 분야가 프로 선수와 같은 신세로 바뀌어가고 있다고 할 수 있다. 이는 사람들이 원해서가 아니라 우리가 뛰는 경기장, 즉 직장들이 그렇게 변해가고 있기 때문이다.

현실이 그렇다면 일을 대하는 방식에서도 프로 선수처럼 바꿔야 할 것이다. 성과와 직결되는 일을 골라서 노리고 기다리다가 거기에서 승부를 걸어야 한다는 이야기이다. 양보다는 질로 일하는 방식 자체를 전환하지 않으면 새벽부터 밤늦게까지 일해도 성과가 적을 수 있고, 그것은 바로 일을 못한다는 평가로 귀결된다.

그러므로 혹시 의무감에 사로잡혀 닥치는 대로 일을 하고 있다면 즉시 바꿔야 한다. 업무에 대한 분석 없이 아무 일이나 열심히 하고 있다면 그것은 헛일을 하고 있을 가능성이 크다.

지금은 과거와 달리 일을 하는 태도로 평가받던 시절이 아니다. 근면성이 대우받던 시절은 이미 지나갔다. 지금은 아무리 열심히 해도 성과가 없으면 인정받지 못하는 무한 경쟁, 즉 프로의 세계가 되었고 당연히 일도 그렇게 해야 한다.

냉정하지만 프로는 과정보다 결과를 중시한다. 동료들과 잘 어울리지 못하고 연습에 다소 게을러도 경기를 잘하면 인정해주는 것이 프로의 세계이다. 이런 기본 원리는 종목에 관계없이 통용된다.

부자가 되는 방식도 다르지 않으며 기본은 모두 같다. 물론 비즈니스에서도 똑같은 원리가 적용된다. 예컨대 사업가, 전문직 종사자, 회사원 구분할 것 없이 투자를 한다고 가정해보자. 대상이 부동산이든 주식이든 혹은 다른 무엇이든 한 가지만은 분명하다. 그 분야에 대해 잘 알고 기술이 좋은 사람이 더 많이 번다는 것이다. 성과가 좋기 때문이다. 따라서 자기가 돈을 벌고자 하는 분야에 대해 지속적으로 공부하고 거기에서 실력을 키워나가야 하는 것이다.

사실 거창하게 '부자의 원칙' 등으로 부를 필요도 없이 최고의 보상을 받으려면 최고가 되어야 한다. 이를 위해서는 자기 분야에서 꾸준히 배우는 것은 물론이고 자신이 목표로 하는 곳에 이미 도달해 있는 사람들에게 배운다는 점이 부자들의 학습 포인트이다.

더 구체적으로 말하면 전문가라고 주장하는 사람이 아니라 현실적인 결과로 자기 말을 증명해 보이는 사람들에게 배우는 것이다. 이것은 반드시 자기 분야에서 진정한 최고의 자리에 있는 사람에게 배운다는 점에서 다르다.

그와는 달리 가난한 사람들은 자기 주위에 있는 친구나 동료 혹은 그가 누구든 자신과 똑같이 가난한 사람들에게 충고를 구한다. 부자들이 자기보다 더 큰 부자들에게 자문을 구하는 것과 달리 말이다. 이 부분이 중요하다.

가령 에베레스트에 오르려 할 때 정상을 밟아보지 않은 사람, 이를 테면 주위의 친구에게 가이드를 요청하는 것보다는 몇 번 정상에 올라가본 경험이 있는 가이드를 쓰는 것이 훨씬 안전하다는 점은 굳이 부연 설명이 필요치 않을 것이다.

정리하자면 이렇다. 부자가 되고자 꾸준히 배우는 데 관심과 에너지를 기울이는 것도 중요하다. 하지만 더 중요한 것은 자기가 배우고 충고를 구하는 사람 역시 신중하게 선택해야 한다는 점이다. 아무리 자신과 친하고 명성이 자자한 직업 컨설턴트나 전문 코치라고 해도 그가 현재 파산 상태라면 가르칠 수 있는 것은 파산하는 방법뿐이다. 이왕 배우려면 당연히 성공을 이끌어줄 수 있는 전문가에게 자문을 구해야 하지 않겠는가!

03 다수가 생각하는 것과 다르게 행동하라

전 세계인에게 사랑받는 스포츠용품 나이키를 모르는 사람은 없을 것이다. 덩달아 슬로건인 '저스트 두 잇(Just do it)'과 알파벳 V를 흘려 쓴 듯한 스우시 로고 역시 너무나 유명한 나이키의 상징이다. 세계 최고의 스포츠 브랜드답게 승리의 여신 니케의 날개를 형상화한 것으로 알려진 나이키 로고는 이제 스포츠의 대명사가 되었다. 전자·IT뿐만 아니라 전 세계를 통틀어도 가장 익숙한 로고로서 시장 가치만 해도 260억 달러(약 32조 원)를 넘는다고 한다.

혼자, 즉 직원 한 명 없이 자신의 집 지하 차고에 사무실을 차린후 트럭 행상으로 사업을 시작한 필 나이트(Phil Knight)는 장차 세계 최고의 회사를 만들겠다는 꿈이 있었으므로 회사 이름과 로고가 필요했다. 그래서 그의 대학 친구인 제프 존스에게 부탁해서 그리스 신화 속 승리의 여신인 '니케(Nike)'가 연상되는 '나이키'로 회사 이름을 지었다.

그리고 로고는 캐딜린 데이비슨이라는 여대생에게 부탁했다고 한다. 부탁을 받은 그녀는 니케의 날개를 형상화해서 'Swoosh' 로고를 그렸다. 완성된 로고를 보고 나이트는 처음에는 썩 마음에 들지 않았지만 데이비슨에게 35달러짜리 수표를 끊어줬다고 한다. 이렇게 그린 단돈 35달러짜리 로고가 세계를 휩쓰는 히트 상품이 될 것을 당시에는 나이트는 물론 데이비슨 역시 꿈에도 몰랐을 것이다.

나이키는 리복(1895년), 아디다스(1949년)보다 늦게 출발했으나 제품 개발에 대한 열정과 스마트한 광고 전략을 통해 글로벌 1위의 스포츠용품 브랜드로 성장했다. 그 결과 영국 파이낸셜타임스와 시장 조사 기관 밀워드 브라운이 함께 집계한 '2016 브랜드 조사 보고서'에 의하면 나이키는 브랜드 가치 순위 28위로 선정됐다. 또한 2015년 피플 위드 머니는 필 나이트를 '세계에서 가장 높은 연봉을 받은 비즈니스맨 랭킹 1위'로 발표했다.

나이키의 역사는 사실 그리 길지 않다. 필 나이트는 1938년 미국 오리건 주에서 태어났다. 고등학교 때부터 중거리 육상 선수였던 그는 대학에 들어가서도 육상을 계속했다. 운동을 하던 청년이 사업에 관심을 갖게 된 계기는 아주 우연히 찾아왔다. 당시 프랭크 셸런버그 교수의 창업론 강의를 듣고 창업을 결심한 것이다.

후일 나이트는 "교수님이 기업가의 자질을 이야기하는데 마치 내 이야기를 하는 것 같았다. 내가 진정으로 원하는 일을 찾은 순간이었다"고 당시를 회상했다. 그리고 창업 종목으로 택한 것이 운동화였다. 막연하지만 육상 선수 출신이었기에 소비자들이 편안하고 가벼운 운동화를 좋아할 거라고 생각한 것이다.

1962년 아버지에게 빌린 50달러를 밑천 삼아서 시작한 사업은 일본의 신발 회사 오니츠가 타이거(현 아식스)의 런닝화를 수입 판매하는 것이었다. 말이 창업이지 직원 한 명 없이 자신의 집 지하 차고에 사무실을 차린 1인 기업이었다.

그렇게 작게 사업을 시작했지만 나이트는 '고객이 찾아올 가게가 없다면 내가 직접 고객을 만나러 가면 된다. 사람들이 지나다니는 거리가 바로 내 점포이다'라고 생각했다. 이때 나이트의 주요 고객은 육상 대회에서 만난 운동선수들이나 전국의 신발 업자였다.

트럭 행상으로 이루어지던 신발 장사에서 벗어나 정식으로 회사 형태를 갖춘 것은 1964년이었다. 혼자서는 역부족이라고 느낀 필 나이트가 당시 육상부 코치였던 빌 바우먼에게 도움을 구했고, 의기투합한 두 사람은 각각 500달러씩 투자해 나이키의 전신인 '블루 리본 스포츠(BRS)'를 창립한 것이다.

이들은 신발을 수입해 파는 것에서 나아가 1972년부터는 직접 신발을 만들기 시작했다. 나이키 성공의 발판이 된 것은 격자무늬 밑창을 깐 운동화로 일명 '와플 트레이너'였다. 와플 틀 속에 고무를 집어넣어 고무 와플을 만든 것인데, 이는 동업자 바우먼이 부인이 와플 굽는 것을 보고 영감을 얻어 녹인 고무를 와플 석쇠에 붓는 기발한 생각을 한 것에서 비롯되었다. 그는 그렇게 만든 고무 와플을 잘라 신발 밑창에 아교로 붙였다. 말 그대로 밑창에 고무가 달린 가벼운 운동화가 만들어지는 순간이었다.

바우먼은 자신이 가르쳤던 육상 선수들에게 이 신발을 신고 달려보게 했는데 반응이 아주 좋았다. 고무 밑창 덕분에 신발의 탄력성이 매우 뛰어났기 때문이다. 나이트와 바우먼은 이 운동화가 성공할 거라 확신하고 제작과 판매에 집중했다.

이후 나이키는 가파른 성장세를 이어갔는데 여기에는 운도 따랐다. 1970년대 미국에 조깅 열풍이 불면서 너도나도 나이키를 신었던 것이다. 그 덕에 나이키는 1980년 아디다스를 제치고 미국 내에서 판매 1위를 차지했으며, 미국뿐 아니라 세계 최고의 스포츠용품 회사로 성장했다.

이렇게 성장하기까지는 특유의 스타 마케팅도 한몫했다. 농구 황제 마이클 조던을 비롯해 골프 황제 타이거 우즈가 나이키 신발을 신었던 것이다. 그 결과 스포츠용품 시장에서 나이키의 시장점유율은 큰 폭으로 뛰었고, 'Just Do It' 광고는 20세기 최고의 광고 슬로건으로 뽑히기도 했다. 공격적인 스포츠 마케팅 전략을 앞세워 세계 최고의 스포츠 브랜드가 된 것이다.

이런 나이키를 이끄는 사람이 바로 필 나이트이다. 지나온 과정을 보면 그의 유일한 재산은 '열정'이었다고 말할 수 있다. 그는 자신의 성공 비결을 이렇게 말하곤 한다.

"나는 아직도 비행기를 타거나 오솔길을 달릴 때 언제 어디서든지 아이디어가 샘솟고 있습니다. 때문에 나에게는 하루하루가 도전해야 할 목표입니다."

필 나이트는 나이키 창립 당시 독일제 스포츠화가 휩쓸던 미국 스포츠화 시장을 자국 브랜드로 뒤집겠다는 결심을 했다고 한다. 그로부터 약 50여 년이 지난 지금 그의 꿈은 이루어졌고 개인적으로도 세계 슈퍼 리치 반열에 올랐다. 성공의 비결인지는 모르겠으나 그가 지금까지도 지키고 있다는 생활 신조 다섯 가지는 유명하다.

첫째, 지독해야 한다. 그러나 규칙을 지켜라.
둘째, 반드시 이기려고 하라.
셋째, 일단 한번 해봐라(Just do it).
넷째, 결코 포기하지 마라.
다섯째, 남들보다 더 우월하기 위해서 꼭 모범적일 필요는 없다.

프레임을 바꿔야 새로운 돌파구가 열린다

누구에게나 미래가 문제이고 불확실한 내일이 걱정이다. 오늘보다 더 나은 내일이 시야에 보여야 하는데 현실에서는 유감스럽게도 그런 모습이 잘 느껴지지 않는다. 세상은 빠르고도 무섭게 변해가고 있다. 디지털과 온라인, 4차 산업혁명과 AI는 이미 우리 곁에 자리 잡아가고 있다. 미래는 벌써 오늘이 되어 우리 옆에 있다.

미래를 열어감에 있어서 가장 중요한 것은 활발한 경제활동일 것이다. 그것을 위해 '성공할 수 있는 비결이 있는가' 묻는다면 누가 대답하든 단호하게 '없다'가 정직한 답일 것이다. 말하자면 기업가 정신은 가르쳐서 얻어지는 것이 아니고, 비즈니스도 정해진 경로를 따라 이루어지는 것이 아니기 때문이다.

성공적으로 사업을 영위하는 사람들을 보면 피버팅(pivoting)에 능한 경우가 많다. 이때 피버팅이란 시장 상황이 예상과 다르게 전개되거나 성과가 나오지 않을 경우에 내려야 하는 결정을 말한다. 말은 쉽지만 고통스러운 과정이고 이것 역시 새로운 분야로의 도전이기 때문에 리스크를 감안해야 한다. 하지만 신속한 판단과 추진력이 더해지면 예상 밖의 성과를 올리기도 한다.

예컨대 여행업이 어려워졌다는 이유로 갑자기 여행사가 전혀 생소한 자동차 제조 산업 분야로 업종을 바꾸는 것이 아니라 정보화 시대의 흐름에 맞추어 대리점 중심으로 판매하던 여행 상품을 온라인 중심으로 하여 IT 산업으로 전환하는 것이다.

이렇게 창업을 성공시키는 데는 관점(프레임) 전환이 크게 작용한다. 이때 관점, 즉 프레임(frame) 법칙이란 똑같은 상황이라도 어떤 틀을 가지고 상황을 해석하느냐에 따라 사람들의 행동이 달라지는 것을 말한다. 많이 알려진 이야기가 있다.

어느 날 롤렉스(ROLEX)의 앙드레 하이니거(Andre Heiniger) 회장이 저녁 식사를 하고 있는 도중에 친구가 물었다.

"자네 요즘 시계 장사 잘되고 있는가?"

하이니거 회장이 심드렁한 표정으로 대답했다.

"시계? 글쎄, 그걸 내가 어찌 아나? 내가 모르는 분야라네."

친구는 그의 말을 듣고는 어이없는 웃음을 터뜨리며 되물었다.

"아니, 세계 최고의 시계를 파는 자네가 시계를 모르면 누가 안 단 말인가?"

그러자 하이니거 회장이 말했다.

"무슨 소리인가? 난 시계 장사가 아니라 보석 장사일세."

대부분의 시계업체들이 시계를 '패션'으로 정의하고 경쟁하는 동안 롤렉스는 자신들이 만드는 시계를 '보석'으로 정의했다. 그렇기에 모든 시계 업체들이 치열하게 경쟁하는 시장에서 한 발짝 벗어나 새로운 시장을 끊임없이 만들어낼 수 있었던 것이다.

이렇게 어떤 대상을 바라보는 관점을 '프레임'이라고 한다. 쉽게 말해 '사고의 틀'을 이야기하는 것인데 문제는 이 틀이 워낙 강력해서 한번 형성되면 좀처럼 빠져나오기 어렵다는 점이다.

예를 들어, 더불어 사는 사회에서 서로 간에 불협화음이 일어나곤 하는 것은 자기의 고정관념에서 오는 선입견이나 편견으로 상대방을 배려하지 않고 모든 것을 자기 입장에서 자기중심적으로만 생각하기 때문이다.

이런 것으로부터 벗어나는 방법 가운데 하나가 하이니거 회장처럼 대상을 새롭게 정의하는 것인데, 그때 새로운 돌파구가 열리게 된다. 그렇다면 지금부터는 자신의 비즈니스에 대해 새롭게 정의하는 기회를 가져보자.

제품 중심이 아니라 고객 중심으로

현재의 경영 환경이 무한경쟁 시대라는 것을 부인할 사람은 없을 것이다. 사업 자체도 유행에 따라 우후죽순 생겨나고 또 비례해서 망하는 것도 다반사이다. 왜 그렇게 절박한 것일까?

우리나라는 복지국가 시스템이 취약해 생계형 창업이 많다. 더구나 복지가 할 일을 영세 자영업 부문이 떠맡아온 것이 문제의 한 원인이기도 하다. 한계 상황에 이른 자영업은 일자리 부족의 또 다른 얼굴인 것이다. 이는 수많은 자영업자와 예비 인력이 옮겨갈 만한 '덜 나쁜' 일자리 마련 없이는 해결이 불가능한 구조적인 문제이다.

그러나 어떤 이유로 창업을 했든 또 그 비즈니스가 소상공이든 자영업이든 이왕 시작한 사업이라면 성공적으로 이끌어야 하는 것은 당연하다. 물론 성공이라는 결과가 쉽지는 않겠지만, 어떤 상황에서도 잘해나가고 있는 사람들이 많은 것 또한 분명한 사실이다.

변화무쌍하고 변덕스러운 소비자들을 상대로 성공하기 위해서는 어떻게 해야 할까? 빌 비숍은《관계 우선의 법칙》에서 이렇게 말한다.

"이제는 어떤 사업이든 더 좋은 상품이나 서비스를 제공하는 것만으로는 성공하기 어렵다. 오늘날의 시장에서 기업은 제품이나 서비스 중심이 아니라 특정 고객 유형을 중심으로 구축되어야 한다."

그가 말하는 핵심은 제품 중심이 아니라 고객 중심으로 사업을 전개하라는 것이다. 말하자면 창업을 성공시키기 위해서는 관점, 즉 프레임을 바꾸라는 것이다. 그가 이렇듯 관계를 강조하는 이유는 아주 간단하다.

"만약 고객들이 당신과 관계를 맺은 이유가 순전히 제품 때문이라면 그들은 다른 기업의 제품이 더 마음에 드는 순간 당신을 버릴 것이다."

그의 주장을 들어보면 틀린 말은 하나도 없다. 지금과 같은 변화무쌍한 시기에 소비자를 유혹하는 제품에만 사업의 사활을 걸다가는 쓰라린 실패를 맛보게 될 것이라는 경고이자 충고인 것이다. 문제는 맞는 이야기는 분명한데 듣다 보면 혼란스럽다는 사실이다.

지금까지는 '제품이 좋으면 팔린다'는 통념이 있었다. 말하자면 제품 중심이라는 이야기인데, 그에 따르면 이것이 낡은 성공 공식이라는 것이다. 그렇다면 그의 주장은 어떤 근거에 의한 것인지 그리고 대안은 무엇인지 알아볼 필요가 있겠다.

　현대는 예전에 비해 변화 속도가 빠르고 경쟁이 치열하며 즉각적인 커뮤니케이션이 가능해진 세상이다. 이런 상황에서도 모든 기업은 성공을 위한 노력을 경주하고 있다.

　하지만 전통적인 제조업과 서비스 분야는 물론 첨단 기술을 이용하는 디지털 토대의 산업 등 사실상 거의 모든 기업이 소비자와의 관계를 어려워하고, 그 결과 경영상의 애로에 맞닥뜨려 좌절을 경험하곤 한다. 따라서 사업을 하고 있든 아니면 새로 시작하려 하든 이런 좌절을 주는 요인은 무엇이고, 그런 문제점들에 대한 해결책은 무엇인지 찾아보는 것은 의미가 클 것이다.

　우선 사업자들이 왜 좌절감을 느끼는지 그 이유를 이해할 필요가 있다. 사실 사업이 흥하고 망하는 것은 여러 요인에 의해서 발생한다. 그럼에도 불구하고 사업자들이 좌절감을 느끼는 본질적인 이유는 그들이 사용하고 있는 성공 공식이 지금 같은 변화무쌍한 시대에는 맞지 않기 때문이다.

　예전부터 사용하고 있는 성공 공식이란 예컨대 이런 것이다. 좋은 제품(서비스)이 있고 그것을 많이 팔면 곧 성공이라는 것이다. 말하자면 사업의 성공을 위해서는 '좋은 품질의 제품만 있으면 된다'는 것으로 핵심에 '제품'이 있다. 부연 설명하면 제품을 잘 만들어서 많이 팔면 돈을 벌 수 있다는 것이 이 공식의 개념이다.

정말 간단하고 훌륭한 성공 공식임이 분명하다. 좋은 제품을 만들어 계속 생산하고, 그것을 수많은 소비자에게 팔아 돈을 긁어모은다니 말이다. 이론대로만 된다면 누구나 사업을 성공시킬 수 있을 것 같은데 현실은 그렇게 간단하지가 않다.

우선 지금은 예전처럼 수요가 많았던 시기가 아니라 공급 과잉의 시대이다. 또한 특정한 몇몇 분야를 제외하고 획기적인 제품은 있을 수가 없다. 고만고만한 품질의 제품이라면 소비자의 충성도를 기대하기는 어렵다. 품질이 비슷하다면 소비자 입장에서는 하나의 제품에 목맬 이유가 없는 것이다. 결국 지금은 제품이 종속 변수가 된 것이다.

제품은 여러 요소 중 하나이다

제품 중심의 사업 방식을 신봉하는 사업자들에게는 몇 가지 공통점이 있다. 그중에서도 가장 큰 특징은 모든 전략적 사고의 출발점으로 삼는 것이 바로 '경쟁력 있는 제품'이라는 점이다. 그들은 사업을 전개하면서 끊임없이 이런 질문을 던진다.

"어떻게 하면 제품을 더 좋게 만들 수 있을까?"

"값을 더 싸게 할 수는 없을까?"

"색깔은 어떻게 하나?"

"크기를 더 작게 만들어볼까?"

"유통 채널은 어떤 게 좋을까?"

"아예 다른 제품을 만들까?"

이것이 틀렸다는 이야기가 아니다. 어찌 보면 당연히 고민해야 하는 부분이기도 하다. 하지만 현대 경영에서는 제품은 여러 요소 중하나라는 점을 분명히 기억해야 한다.

더 큰 문제는 제품 중심의 공식을 우선하는 사업자들은 경쟁에 대해 지나친 강박 관념을 갖고 있다는 점이다. 경쟁이 심해지면 심해질수록 강박 관념 또한 더욱 심해진다. 가령 이들은 다음과 같은 질문에 대해 생각하고 고민하느라 많은 시간을 보낸다.

"경쟁사는 지금 무엇을 하고 있을까?"

"제품을 경쟁사보다 더 좋게 만들 수는 없을까?"

"경쟁사보다 가격을 내릴까?"

"완전히 다른 제품을 만들어야 할까?"

이 부분을 쉽게 정리하면 이렇다. 제품 중심의 공식을 충실히 따르는 사업자들은 제품을 중심으로 모든 전략과 시스템을 구축한다.

이렇게 구축된 시스템은 판매나 마케팅처럼 창조력과 인간관계가 필요한 업무에 적용되었을 때 심각한 분열 현상을 일으켜서 전혀 효력을 발휘하지 못할 수 있다.

이런 모든 문제에도 불구하고 사업자들이 제품 중심에서 벗어나지 못하는 이유가 알고 있는 성공 공식이 이것뿐이기 때문이 아니기를 바랄 뿐이다. 말하자면 공부가 필요하다는 뜻인데 여기에는 제품을 판매하는 기업뿐 아니라 서비스를 제공하는 기업들도 해당된다.

이유가 무엇이 되었든(의식적이든 무의식적이든) 오늘날 전 세계 사업자의 대부분은 제품을 중시하는 성공 공식을 이용하고 있다. 물론 그렇게 하는 바탕에는 산업혁명이 시작된 이래 거의 200여 년 동안 이 공식이 효력을 발휘해왔기 때문이기도 하다.

그러나 지금은 수요가 공급을 초과하는 시대가 아니다. 오히려 공급 과잉이며 이런 때 제품의 품질은 크게 차이 나지 않는다. 결국 지금까지와 같은 제품 중심의 사업 공식으로는 살아남을 수 없으며, 새로운 관점으로 사업에 접근해야 하는 시대가 된 것이다.

사업 진행과 돈을 버는 개념은 다르다

최근 우리 사회 곳곳에서 힘들다는 아우성이 들린다. 주변 나라와의 관계도 안 좋고 사회는 혼란스러우며, 주력 산업의 위축으로 수

출이 감소하고 생산도 위축되는 모습을 보인다. 소비 침체로 자영업 종사자들은 어려움을 토로하고, 청년 실업과 고용 악화는 만성화된 상태에서 벗어나지 못하고 있다.

더 큰 문제는 우리 사회에 '노력해도 별 수 없다', '바뀌는 게 없다', '내년에는 더 나빠질 것 같다'는 패배 의식과 자조 섞인 체념이 넘쳐난다는 것이다. 이런 이유로 도전을 하려고 해도 동력이 점점 사라져가는 것이 현실이다.

사실 어떤 경우에도 실패하지 않는 방법은 간단하다. 그것은 도전하지 않는 것이다. 마치 배가 항구에 정박해 있을 때 가장 안전한 것처럼 말이다. 하지만 그럴 수는 없지 않겠는가? 설령 출구가 보이지 않아도 기회를 만들어서라도 도전해야 하는 것이 요즘 같은 변혁기에 요구되는 자세가 아닐까?

다음 대사는 영화 〈록키 빌보아〉에서 아들의 반대를 무릅쓰고 복싱 경기 출전을 선언한 중년의 주인공이 던진 말이다.

"인생은 말이다. 난타전이라고 할 수 있다. 그때는 얼마나 센 펀치를 날리느냐가 중요한 게 아니라 계속 맞으면서도 조금씩 앞으로 나아가며 하나씩 얻는 게 중요하다."

이런 멋진 영화 대사를 실제로 보여주는 현역 복서가 있다. 필리핀 상원의원이면서 최근 WBA 웰터급 경기에서 챔피언 자리를 지킨 매니 파키아오이다. 그는 한계 체중 49.9kg인 플라이급에서 출발해서 슈퍼 웰터급(69.9kg)까지 평정해 8체급 세계 챔피언 벨트를 거머쥐었다. 전무후무한 성적을 기록한 파키아오는 1978년생으로 이미 불혹을 넘긴 셈인데 그는 "경기에서 이기는 게 중요하지만 더 중요한 건 매번 자신에게 싸움을 걸 수 있는 용기이다"라고 말한다.

아무리 파키아오라고 하지만 다음 번 시합에서 질 수도 있다는 두려움이 엄습해왔을 것이다. 그러나 그는 도전을 멈추지 않고 있다. 이 때문에 많은 복싱팬들은 50전 전승으로 패배가 없는 플로이드 메이웨더보다 70차례 싸워 7패를 기록한 파키아오에게 더 인간적인 매력을 느끼는 것이다.

출구가 보이지 않는 터널에 갇힌 듯한 지금의 한국 사회에 가장 필요한 것은 무엇일까? 아마도 그것은 "우리 힘을 합쳐 다시 한 번 도전해보자"는 격려일 텐데 그것이 자신에게 힘과 용기를 불러일으키는 말이면 더 좋지 않을까? 동시에 고정관념 내지는 생각의 틀과 관점을 바꾸고 지향점을 재설정하는 노력이 필요할 것이다.

고객이 시장을 지배하는 역전 현상

앞에서 살펴본 제품 중심의 사업 방식은 예전부터 많이 사용되어 왔고 지금도 마찬가지이다. 이것은 제품을 많이 팔수록 돈을 많이 번다는 전제가 바탕에 있다. 사실 지금까지의 모든 마케팅 교육은 이 부분을 다루는 데 초점이 맞추어져 있었다고 해도 과언이 아니다.

사업의 종류를 막론하고 성공을 결정짓는 것은 '무엇을 팔 것인가'와 '얼마나 파는가'에 달려 있다. 물론 사업하는 사람 치고 판매에 관심 없는 사람은 없을 것이다. 문제는 제품과 특정 기술을 중심으로 기업을 운영하다 보면 요즘 같은 상황에서는 적응하기 힘들고 많이 파는 것도 어려워지면서 덩달아 매출 향상도 힘들어진다는 점이다. 이것은 지금까지와는 다른 사업 환경과 패러다임이 등장했기 때문이다.

꼭 사업을 하지 않아도 약간의 관심만 있으면 알 수 있는 것이 현재의 사업 세계는 (사업자가 아닌) 고객이 시장을 지배하는 역전 현상으로 인해 큰 변화의 시기에 있다는 점이다. 또한 시장의 변화 속도는 빨라지고 특별한 제품 외에는 마진도 줄어들고 있다. 게다가 잠재 고객과 접촉하기는 더 어려워졌고, 시장과 사업 경로가 조각조각으로 나뉘는 환경이 최근 시장의 특징이다.

설상가상으로 제품의 라이프 사이클이 짧아지고 있으며 새로운 기술이 빠르게 개발되고 있는데 이러한 때에 과거의 방식, 즉 제품에만 집중하면 변화에 대처하기 힘들 것은 자명하다. 더구나 이렇게 변화가 가속화되는 상황에서 미래를 예측한다는 것은 불가능한 영역에 속한다는 점을 인정해야 한다.

이와 반대로 전혀 예측하지 못했던 기회가 다가왔을 때는 그 미지의 찬스에 재빨리 적응할 수 있어야 한다. 이러한 때에 변화를 두려워하지 않고 환영할 수 있으려면 기존 시장의 접근 원리로는 충분하지 않다는 점을 기억해야 한다.

예컨대 전통적인 시장의 원리, 즉 오직 제품과 서비스만 생각하는 것, 경쟁자를 물리쳐야 생존한다는 생각, 마케팅이 아니라 판매에 초점을 맞추는 것 등이 틀린 이야기는 아니다. 다만 이런 것들은 기존 시장에만 초점을 맞춘 것이므로 지금에 와서는 오히려 사업을 정체 상태에 붙들어놓는 요인이 된다. 과거와는 엄청나게 달라진 사업 환경 때문이다.

이뿐만이 아니다. 가령 성장을 가로막는 요인에는 단기적 목표에 초점을 맞추거나 시장을 보지 않고 제품 우선이라는 과거의 방식에 지나치게 매몰되는 경우도 있다. 이것이 왜 성장을 가로막는가 하면 소비자가 보기에 파는 사람이 누구든 똑같아 보이는 물건이나 서비스에 매력을 느낄 이유가 없기 때문이다. 또한 그런 상태에서는 당연히 소비자의 충성도를 기대할 수도 없다.

물론 이런 부정적인 결과를 원하지는 않겠지만 제품 중심으로만 가면 이런 함정에 빠질 수 있다. 결국 시장이 바뀌고 있다는 말인데 당연히 대안이 필요하다. 이 장에서 다루고 있는 관계 중심의 사업 방식이 그 대안 중 하나가 될 수 있을 것이다.

관계 중심으로 사업 패러다임을 교체하라

지금까지 모든 사업자들은 제품을 중심에 두는 사업 방식에 특화되었고 그것을 금과옥조처럼 사용해왔다. 제품을 많이 팔수록 돈을 벌 수 있다는 것은 사실 틀린 말은 아니다. 그러나 지금에 와서는 이

방식은 한계에 다다랐고, 그 대안으로 관계를 중심에 두는 방식으로 전환되어야 한다고 이야기한 바 있다.

지금까지 제품 우선의 공식이 효력을 발휘한 데에는 세 가지 큰 이유가 있다. 그것은 느린 변화 속도와 상대적으로 치열하지 않은 경쟁 그리고 소비자들의 정보 부족이다.

첫째, 세상이 변하는 속도가 지금과 달리 느슨했다

과거에는 세상이 변하는 속도가 그리 빠르지 않았다. 시장은 수십 년 동안 기본적으로 똑같은 상태를 유지했으므로 제품을 만들어 파는 사람은 같은 것을 오랫동안 판매할 수 있었다. 그렇게 수 년 혹은 수십 년 동안 사업 방식을 크게 바꾸지 않아도 문제가 되지 않았다. 하지만 지금은 과거 10~20년 동안 있었던 변화의 양이 단 한두 달 만에 일어나고 있다. 속도 자체를 따라갈 수 없는 시대가 된 것이다. 이제는 마케팅 방식이 바뀌어야 한다.

둘째, 과거 고도 성장기에는 경쟁이 심하지 않았다

제품을 중심에 두는 사업 방식이 산업 시대를 비롯한 구시대의 고도 성장기에 먹힐 수 있었던 것은 무엇보다도 비교적 경쟁이 심하지 않았기 때문이다. 경쟁자가 거의 없다는 것은 바꿔 이야기하면 가격을 마음대로 정하고 높은 이윤을 취할 수 있다는 의미가 된다. 지금 생각하면 호랑이 담배 피우던 시절 이야기이다.

셋째, 소비자보다 사업자가 더 많은 정보를 가졌다

지난 시기에는 지금과는 달리 사업자(생산자)가 소비자보다 제품에 대해 더 많은 정보를 갖고 있었기 때문에 제품 중심이 효력을 발휘할 수 있었다. 말하자면 구시대(산업 시대)에는 소비자가 오늘날처럼 엄청나게 많은 정보에 접근할 수 없었다. 소비자가 가지고 있는 정보가 제한적이었기 때문에 사업자는 자신들의 이윤 폭을 유지하면서 같은 물건을 계속해서 팔 수 있었던 것이다.

이해가 되는가? 느슨한 변화 속도, 치열하지 않은 경쟁, 소비자보다 더 많은 정보 등 세 가지 조건이 충족되었으므로 제품 중심의 성공 공식은 존재할 수 있었고, 그런 토대에서 사업자는 견고한 성을 쌓을 수 있었다.

그러나 시장 상황이나 소비자의 취향, 기술 등의 모든 조건들이 계속해서 변화하고 있으므로 사업자도 꾸준히 제품과 서비스를 개발해야 하는 것이 당연하다. 경쟁이 심해질수록 사업자 입장에서는 죽을 맛이겠지만, 소비자는 한 회사의 제품과 그 경쟁사의 제품에 차이가 거의 없음을 알게 될 것이기 때문이다.

사실 제품의 품질에 큰 차이가 없다면 사업자 입장에서는 가격이 유일한 변수가 되는 소비재의 함정(commodiry trap)에 빠질 수 있다. 이 함정에 빠지면 이윤 폭이 급격하게 감소하게 되며 때로는 마이너스로 떨어질 때도 있다. 게다가 소비자들이 특정 상품이나 서비스에 대한 정보를 쉽고 빠르게 구할 수 있다면 이윤 폭은 더욱 감소할 것이다. 이 모든 요인들로 인해 똑같은 상품을 대량으로 만들어 내면서 제대로 이윤을 올리는 것이 사실상 불가능해지는 것이다.

지금까지 살펴본 내용만으로도 오늘날 우리가 살고 있는 세상은 현기증을 일으킬 정도로 빠르게 변하고 있으며, 세계적으로 경쟁이 점점 더 심해지고 있다는 사실을 알 수 있다. 더구나 소비자들은 많은 정보를 손쉽게 얻을 수 있고, 집이나 사무실에서 편하게 인터넷을 통해 쇼핑을 할 수 있다. 그런 만큼 제품 우선의 성공 공식을 가능하게 했던 세 가지 조건은 더 이상 존재하지 않는다고 봐야 한다.

간단히 말해서 제품 중심 전략은 시대에 뒤떨어진 것으로서 이것이 효과를 발휘하게 만들려는 시도, 즉 홍보, 광고 캠페인, 가격경쟁 등 기업이 행하는 모든 노력은 궁극적으로 별로 영양가가 없다는 이야기가 된다. 결국 격변기 상황에서 제품과 특정 기술을 중심으로 사업을 진행하는 것으로는 생존조차 만만치 않으며 조속히 관계 중심으로 사업의 패러다임을 바꿔야 한다.

경쟁에서 벗어날 수 있는 사업을 하라

앞에서 요즘처럼 공급 과잉이 문제인 격변기에 제품과 특정 기술을 중심으로 사업을 진행하는 것은 생존조차 만만치 않다고 말했다. 그러면서 제품 중심 전략은 시대에 뒤떨어진 것이라는 전제 아래 몇 가지 근거를 바탕으로 그 이유를 이야기했다. 또한 이런 패러다임이 바뀌지 않으면 기업이 행하는 모든 노력은 궁극적으로 별로 영양가 없는 노력이라고도 말했다.

이쯤 되면 의문이 생긴다. 그것은 '시대 변화나 기술의 발전 등으로 경영상의 큰 변혁이 일어나고 있는데도 사람들은 왜 아직도 제품 우선의 법칙에 집착하는 것일까?'라는 근본적인 질문이다. 그 답은 다음의 두 가지 이유를 알면 명확해진다.

첫째, 제품 중심 공식의 문제를 인식하고 그것을 바꾸려는 의도를 갖고 있지만 기존 전략과 시스템들이 도저히 넘을 수 없을 장벽이 되어 앞을 가로막고 있기 때문이다.

둘째, 제품 중심의 사업 방식이 긴긴 역사를 통해 우리 문화에 깊이 배어 있기 때문이다. 따라서 사람들은 자신이 그 공식을 사용하고 있다는 사실조차 인식하지 못하는 것이다.

인식의 부족과 변화를 일으킬 수 있는 능력의 부족이라는 두 가지 조건을 이야기했는데 여기에는 위험도 동반된다. 그것은 앞으로는 제품 중심의 경영을 기반으로 사업을 계속하는 기업들은 성공하기가 더 어려워진다는 것이다.

우선 변화 속도가 빨라짐에 따라 특정 제품을 가지고 이윤을 올리기가 더욱 힘들어질 것이고, 경쟁이 심해짐에 따라 가격이 유일한 변수가 되는 함정에서 빠져나와 높은 이윤 폭을 유지하는 것 자체도 더욱 난감해질 것이기 때문이다.

사업자에게 더 곤란한 변화는 소비자가 점점 더 현명해진다는 것이다. 소비자는 최고의 상품을 더욱 저렴한 가격으로 구입하기 위해 인터넷을 더 많이 이용하게 되고, 그 결과 사업자의 이윤 폭은 더욱 줄어들 것이라는 점이다. 이런 환경에서 새로운 기술의 등장이나 고객 취향의 변화는 사업의 기반을 하루아침에 무너뜨릴 수 있다.

설사 망하지 않는다 해도 낡은 공식으로 새로운 재주를 발휘하려면 엄청난 돈과 시간 그리고 에너지를 낭비하게 될 것이다. 이는 꼭 판매를 목적으로 하는 회사뿐만 아니라 제품이나 서비스를 제공하는 조직(소기업, 정부기관, 협회, 여행사, 컨설팅 회사, 대기업)까지도 해당되며 당연히 비관적인 결론도 같을 것이다.

그렇다면 해결책은 무엇인가? 제품 중심의 성공 공식을 버리고 완전히 새로운 모델인 관계 중심의 경영 방식을 채택함으로써 패러다임 변화에 순응하는 사업체로 변신하는 것이다. 결론적으로 제품 중심의 패러다임을 관계 중심으로 과감히 바꿔나가야 한다.

특정 유형의 고객 중심으로 사업을 구축한다

관계(關係)란 사전적 의미로는 '둘 이상의 사람, 사물, 현상 따위가 서로 관련을 맺거나 관련이 있는 것'을 의미한다. 그런데 이것을 마케팅에 원용한 관계 중심 경영이 왜 지금 각광받는 것일까?

현대 비즈니스의 특징은 경쟁이 더욱 심해지고 변화 속도는 점점 빨라지고 있으며 즉각적인 커뮤니케이션이 가능한 시대라는 점이다. 이러한 때에는 구시대적 사고방식을 벗어버리고 현재와 미래에 더 적합한 혁신적인 사업 모델을 채택해야 하는 것은 두말할 필요도 없다. 그런 이유에서 새로운 성공의 공식으로 제품 중심이 아닌 관계를 중심에 놓으라는 것은 의미가 다르게 다가온다.

이 새로운 사고방식에는 무엇보다 중요한 원칙이 하나 있다. 제품이나 서비스를 중심으로 사업을 구축하는 대신 특정 유형의 고객을 중심으로 사업을 구축해야 한다는 점이다. 이때 사업자의 임무는 이런 특정 유형의 고객에게 독특한 가치를 지닌 제품을 계속해서 공급하는 것이다.

사업의 모든 전략과 공정 그리고 시스템들은 이 특정 유형의 고객과 장기적인 관계를 맺을 수 있는 방향으로 설계되어야 한다. 말하자면 이런 관계를 중심으로 경영을 하는 업체가 바로 전략적 기업이라고 볼 수 있다. 다음 사례를 살펴보자.

세계적인 자동차 회사 포드(Ford)가 2017년 5월 자동차 산업에 큰 파장을 주는 발표를 했다. 짐 해킷을 최고 경영자(CEO)로 임명한 것이다. 그는 자동차 산업 경험이 없으며 30년 경력 대부분을 사무용 가구 업체인 스틸케이스에서 보낸 인물이다.

해킷을 선임하기 직전 포드는 실적 악화와 이에 따른 주가 하락으로 고전하고 있었다. 2016년 순이익은 46억 달러(약 5조 4천억 원)로 2015년 73억 달러보다 1년 사이에 36%가량 급감했고, 2015년 말 15달러 대를 유지했던 주가는 2017년 4월에는 11달러 수준까지 떨어졌다. 상당히 어려운 상황이라는 것이 숫자로도 증명된다.

해킷은 대학을 졸업한 1977년부터 P&G에서 세일즈와 마케팅 직원으로 일했다. 그는 재무를 전공한 덕분에 '숫자를 아는 영업맨'이라는 평가를 받았다고 한다. 이후 1980년 스틸케이스로 이직한 해킷은 1990년에는 업체 사상 가장 젊은 나이인 39세에 CEO로 선임되었다. 이후 20년 넘게 회사를 이끌며 사무용 가구 부문 글로벌 최상위권 기업으로 키워냈다는 평가를 받는다.

포드 자동차 이사회는 그를 CEO로 임명한 이유로 '스틸케이스를 사무용 가구 업계의 글로벌 리더로 이끈 혁신 역량'을 높이 평가했다고 밝혔다. 그리고 해킷은 "단순히 자동차를 판매하는 전통적인 방식으로는 더 이상 수익을 내기 어렵다. 소비자에게 경험을 같이 팔아야 경쟁에서 앞설 수 있다. 고객 경험을 처음부터 새롭게 디자인해야 한다"고 말했다.

그러면서 혁신과 구조조정 효과가 본격적으로 나오는 2020년의 순이익 목표를 140억 달러로 선언했다. 말하자면 그는 포드의 혁신 방향을 '단지 자동차를 판매만 하는 전통적인 방식으로는 더 이상 수익을 내기 어렵다'는 것에서부터 출발하고 있는 것이다. 이것은 지금 이 장에서 설명하는 내용과 정확하게 일치한다. 제품 중심의 경영은 한계를 맞고 있는 것이다.

이런 사례에서 볼 수 있듯이 관계 중심 경영이 요즘 같은 세상에 더 적합한 이유는 무엇일까? 간단하게 말하면 시장의 변화와 경쟁, 즉각적인 커뮤니케이션에 의해 방해를 받는 것이 아니라 오히려 그런 요인들 덕분에 번영을 누리기 때문이다. 변화에 유리하게 대응할 수 있는 전략과 시스템 덕분에 새로운 기회, 즉 예상 밖의 높은 이윤을 제공하는 기회를 즉시 움켜잡을 수 있는 것이다.

관계 중심의 기업이 경쟁에 크게 연연하지 않는 것은 제품 중심과 달리 기본적으로는 경쟁자가 없기 때문이다. 모순처럼 들리지만 고객에게 독특한 가치를 주는 제품을 점차 영역을 넓혀가는 강물처럼 지속적으로 제공해주기 때문에 고객의 마음속에 독특한 존재로 각인되는 것이다.

그리고 이때 사업자 입장에서는 제품이나 서비스 중심이 아니라 고객 중심으로 통합된 정보 시스템을 갖고 있기 때문에 커뮤니케이션을 자신에게 유리하게 이용함으로써 고객 및 잠재 고객과 더욱 돈독해질 수 있는 것이다.

그러면 관계 속에서 답을 찾아야 한다는 것은 무엇을 의미하는 것일까? 사실 마케팅에서 이야기하는 '관계'란 고객의 니즈(Needs)와 원츠(Wants)를 충족시키는 과정을 말한다.

관계 중심 경영을 도입한다면 이때의 포인트는 자기가 자신 있는 부분을 보여주는 것이 아니라 오히려 상대(고객)가 좋아할 만하고 그가 원하는 것이 무엇인지를 치밀하게 준비하고 연습해서 보여주는 것이다. 무엇을 원하는지 끊임없이 소통하고 진심을 보여주어야 경쟁에서 벗어난 비즈니스가 시작되는 것이다.

이때 가장 필요한 것은 상대방에 대한 지나칠 정도의 선행 학습이다. 왜냐하면 이것은 불특정 다수를 향한 관계가 아닌 특정 소수를 위한 관계를 복합적으로 설계한 비즈니스 사업 모델이기 때문이다. 이는 다시 말하면 나의 장점을 보여줘야 하는 것이 '제품 중심'이라면 상대의 필요와 관심에 특화되어야 하는 것이 '관계 중심'이라고 할 수 있다.

정리하면 제품 중심에서는 내 제품이 왜 좋은지, 다른 곳과 비교하여 얼마나 싼지를 말하는 것으로 충분했다. 그러나 관계 중심에서는 내가 아니라 상대방(고객)이 관심을 가지고 좋아하는 것을 제공해 주어야 한다. 이렇게 관계 중심의 사업 방식에서는 '내'가 아닌 '그'가 주인공이 되어야 한다.

실제 사업에서는 두 가지 방법이 혼재되겠지만 점차 관계 중심으로 옮겨가는 것이 시대의 흐름인 것만은 분명하다. 더구나 제품 중심의 마케팅에서는 업체 간에 끊임없는 경쟁은 물론 약간의 가격 차이에도 충성도 약한 소비자와 신경전을 해야 한다면, 관계 중심의 방식에서는 인간을 중심으로 마케팅을 펼침으로써 치열한 경쟁에서 벗어날 수 있다.

지금까지의 내용을 정리해보면 부자가 되는 것이 쉽지는 않겠지만 불가능한 것도 아니라는 말을 하기 위해 이 책을 쓴 셈이다. 그 주제를 위해 '가난한 사람은 왜 가난한지'와 '부자 마인드'를 살펴보았고, 구체적인 비즈니스 모델로는 관계 중심, 이른바 '내'가 아니라 '그'를 중심에 두는 자세를 가져야 한다고 서술했다.

저자는 처음 책을 구상한 후 자료를 모으고 형식을 결정하는 등 이제 쓰기만 하면 될 만큼 집필 준비를 마쳤지만 이때까지도 하나의 문제가 해결되지 않아 고민하고 있었다. 그것은 '부자의 기준'이었다. 왜냐하면 '부자'라는 것이 추상적으로 흐를 수밖에 없으며 잘못하면 공허하고 뜬구름 잡는 이야기가 되기 쉬운 용어였기 때문이다.

그런데 무거운 마음을 안고 취재 차 방문한 명동에서 아주 의미 있는 이야기를 듣게 된다. 명동은 대한민국의 돈을 움직이는 지역 중 한 곳이고, 취재에 응해주신 분 역시 이곳에서 오랫동안 터줏대감 역할을 하고 있으며 누구에게도 뒤지지 않을 만큼 큰 부자이다.

"교수님, 여기가 돈이 몰리는 지역이잖아요. 이곳에는 몇백억, 몇천억 가진 어마어마한 부자들도 많아요. 제가 이곳에서 49년을 지켜보니 그들보다는 몇십억 정도의 재산으로 돈 걱정 없이 마음 편하고 자유롭게 사는 부자가 행복한 것 같아요. 사실 꼭 필요한 돈은 몇천억이 아니잖아요. 물론 몇십억 원도 엄청나게 큰돈이지만 이왕 책을 쓰려면 그런 행복한 부자가 되는 데 도움을 주는 내용을 써주세요."

저자는 그와 대화를 나누면서 고민이 해소되었다. 그 의견에 동의함으로써 나름의 집필 기준이 생긴 것이다. 물론 부자의 기준이 정액으로 표시할 수도 없고 돈에 대한 각자의 가치관도 다르기에 액수를 특정할 수는 없을 것이다. 그러나 저자는 그의 충고를 받아들여 집필 과정에서 '행복한 부자'라는 원칙에 충실하려 노력했다.

'행복한 부자'라는 원칙에서 벗어나지 않고자 저자는 나름대로 최선을 다해 집필했으나 이 책에서 아이디어를 얻어 원하는 부자(富者)가 되는 것은 여러분의 몫이다. 진심으로 건투를 빈다.

중앙경제평론사 **Joongang Economy Publishing Co.**
중앙생활사 | 중앙에듀북스 **Joongang Life Publishing Co./Joongang Edubooks Publishing Co.**

중앙경제평론사는 오늘보다 나은 내일을 창조한다는 신념 아래 설립된 경제 · 경영서 전문 출판사로서
성공을 꿈꾸는 직장인, 경영인에게 전문지식과 자기계발의 지혜를 주는 책을 발간하고 있습니다.

젊은 부자의 수수께끼 부자는 너처럼 안해

초판 1쇄 인쇄 | 2020년 3월 25일
초판 1쇄 발행 | 2020년 3월 30일

지은이 | 김정수(JyungSoo Kim)
펴낸이 | 최점옥(JeomOg Choi)
펴낸곳 | 중앙경제평론사(Joongang Economy Publishing Co.)

대   표 | 김용주
책임편집 | 김미화
본문디자인 | 김경아

출력 | 한영문화사   종이 | 에이엔페이퍼   인쇄 · 제본 | 한영문화사

잘못된 책은 구입한 서점에서 교환해드립니다.
가격은 표지 뒷면에 있습니다.

ISBN 978-89-6054-244-0(03320)

등록 | 1991년 4월 10일 제2-1153호
주소 | ⑨ 04590 서울시 중구 다산로20길 5(신당4동 340-128) 중앙빌딩
전화 | (02)2253-4463(代) 팩스 | (02)2253-7988
홈페이지 | www.japub.co.kr 블로그 | http://blog.naver.com/japub
페이스북 | https://www.facebook.com/japub.co.kr 이메일 | japub@naver.com
♣ 중앙경제평론사는 중앙생활사 · 중앙에듀북스와 자매회사입니다.

도서
주문
www.japub.co.kr
전화주문 : 02) 2253-4463

※ 이 도서의 국립중앙도서관 출판시도서목록(CIP)은 서지정보유통지원시스템 홈페이지(http://seoji.nl.go.kr)와
국가자료공동목록시스템(http://www.nl.go.kr/kolisnet)에서 이용하실 수 있습니다.(CIP제어번호: CIP2020009326)

중앙경제평론사에서는 여러분의 소중한 원고를 기다리고 있습니다. 원고 투고는 이메일을 이용해주세요.
최선을 다해 독자들에게 사랑받는 양서로 만들어드리겠습니다. **이메일** | japub@naver.com